施工组织设计实训系列教程

建设项目网络计划编制软件实训教程

主　编：王全杰　刘　姹
副主编：叶　雯　陆　媛　陈月萍
参　编：李国昌　尚文勇　涂劲松
　　　　王友国　伊安海　张劲松

中国建材工业出版社

图书在版编目（CIP）数据

建设项目网络计划编制软件实训教程／王全杰，刘姹主编．—北京：中国建材工业出版社，2013.10

（施工组织设计实训系列教程）

ISBN 978-7-5160-0194-3

Ⅰ.①建… Ⅱ.①王… ②刘… Ⅲ.①网络计划技术—设计软件—应用—基本建设项目—教材 Ⅳ.①F282

中国版本图书馆CIP数据核字（2013）第084408号

内 容 简 介

本书以实训的方式讲解《梦龙网络计划编制软件》的应用，通过用软件完成工程实例，学习软件的操作流程与软件基本功能。课程分为四部分：一、通过实例学习软件；二、流水施工实战；三、里程碑实战；四、网络计划编制实战；本书以业务实例为主线，层层深入讲解软件功能，并将软件功能与实际业务紧密结合在一起。

本书可以作为大专院校工程管理、土木工程、工程造价、施工技术、工程监理等相关专业的实训教材，亦可作为广大工程技术相关人员学习的参考用书。

建设项目网络计划编制软件实训教程

主　编：王全杰　刘　姹
副主编：叶　雯　陆　媛　陈月萍
出版发行：中国建材工业出版社
地　　址：北京市西城区车公庄大街6号
邮　　编：100044
经　　销：全国各地新华书店
印　　刷：北京雁林吉兆印刷有限公司
开　　本：787mm×1092mm　1/16
印　　张：12.25
字　　数：298千字
版　　次：2013年10月第1版
印　　次：2013年10月第1次
定　　价：**36.00元**

本社网址：www.jccbs.com.cn
本书如出现印装质量问题，由我社发行部负责调换。联系电话：（010）88386906

编审委员会

主　任：吴耀伟
副主任：高　杨
委　员：陈月萍　安庆职业技术学院
　　　　李国昌　安徽建筑大学
　　　　尚文勇　青岛理工大学
　　　　石义海　铜陵学院
　　　　涂劲松　皖西学院
　　　　王　玲　商丘职业技术学院
　　　　王友国　青岛理工大学
　　　　谢志秦　西安职业技术学院
　　　　伊安海　山东水利职业学院
　　　　张劲松　合肥学院

前　言

本书为土建类相关专业施工管理系列实训教材之一，是根据高等教育工程管理、工程造价、建筑工程技术等专业对计算机辅助造价工作应用能力的要求，按照现行的广联达软件股份有限公司梦龙公司的标王版网络计划编制软件编制的。本书具有如下特点：

（1）满足学生就业需要。本教材以就业岗位的技能要求为导向，增强在校生的就业竞争力；

（2）提升学生学习兴趣。有别于理论课程教材偏重知识传授的特点，注重理论与实际业务的结合，让学生在体验中提升学习兴趣；

（3）倡导学生轻松学习。本教程精选工程实例，透过案例讲解软件应用和相关知识点，讲练结合，边练边学，让学生轻松学习，教师愉快教学。

本书既可作为网络计划编制软件应用教程，也可作为建筑企业施工人员、技术人员、管理人员学习网络计划编制软件的参考用书。

本教程在编制过程中，大连职业技术学院黄梅老师、武汉工业大学工商学院张西平老师，提出了很多宝贵意见，在此表示衷心的感谢。同时，对广联达工程教育事业部全体人员的关心和支持，表示真挚的感谢。

本教程的著作权归广联达软件股份有限公司所有。

由于编者水平有限，书中错误和不妥之处在所难免，敬请读者指正。为了大家能够更好地使用本系列教程，教材及软件应用问题反馈至 wangqj@glodon.com；经验交流QQ群227014060。

编者

2013年7月

课程介绍

网络计划编制系统

网络计划技术的基本原理并不深奥，它的主要思路就是"统筹兼顾"、"求快、求好、求省"。人们在工作实践中，经常不自觉地运用这种方法，只不过是没有进行科学的分析，没有掌握它的规律性。例如搬家，但是像这样只有几项活动组成的任务，它的安排合理与否，凭经验或进行简单的分析是可以解决的。但是，在现代化的庞大复杂系统中，如何最合理地组织管理好，使系统中各个环节互相配合，协调一致，任务完成得既快又好，这并不是单凭经验或稍加分析就可以解决的，而是需要运用网络计划技术，进行统筹安排，合理规划。越是复杂的、多头绪的、时间紧迫的任务，运用网络计划技术就越能取得更大的经济利益。

课程特点

本课程以真实工程案例的实际操作过程为主线，讲解软件的基本功能及应用，让学生在做工程的体验过程中掌握软件的操作步骤；课程案例设置从简到繁、从易到难，让学生在实战中过程中提升操作能力。

软件的功能简单，易学易用，学生通过反复操作练习，能够掌握和理解软件并在实际业务中应用，从而提升学生的职业综合素质。

学习方式

本课程的目标是让学生更多地参与主动学习，以团队的方式学习分享，增加学生间的交流，加强学生沟通能力的培养；让学生在做中学，通过相互分享讨论，加深对软件功能的理解。

本课程以实例的方式提炼了软件的基本功能，体现了以用带学，学以致用的思想，让学生在实例编制过程中掌握软件的操作，从而掌握网络技术方法的信息化解决方案，为学生走向工作岗位积累必备的业务技能。

本课程提供了实例操作过程视频，为教师节省了基础内容的讲解时间，可以有更多的时间进行答疑和指导，更好地调动学生的学习积极性，更好地组织教学。

培养对象

学习过工程项目管理、施工技术等相关专业课程，希望从事招投标或施工项目部工程技术工作编制施工组织设计的人员。

课程目标
◇ 掌握并运用网络编制计划系统基本功能
◇ 熟悉并能熟练运用流水施工
◇ 能够独立编制砖混结构、框架结构、剪力墙结构等常见工作的网络计划

学习成果

顺利完成本课程后，应能够：

√ 熟悉新建、引入、引出、修改、调整、增加、自定义资源曲线、七种图表的转换与查看等功能

√ 绘制有施工队数限制的流水施工、录入各施工队的总人数从而输出人力资源曲线、设置网络图、横道图输出格式

√ 应用组件功能解决提前和涉后的工作关系

课程计划

序号	内容	课时（分钟）	课次
1	通过实例学软件	90	1
2	流水施工实战	90	2
3	里程碑实战	90	3
4	网络计划编制实战	90	4

目 录

上篇 软件学习应用

第1章 通过实例学软件 ·· 3
1.1 学习目标 ··· 3
1.2 网络计划实例操作 ·· 3
 第1步 建立新文档 ·· 3
 第2步 开始绘图 ··· 5
 第3步 快速新建工作 ··· 5
 第4步 按图增加工作"布套1设计" ··································· 7
 第5步 完成主线工作 ··· 7
 第6步 增加并行工作 ··· 7
 第7步 增加跨节点工作 ·· 8
 第8步 引入布套2设计 ··· 8
 第9步 修改工作属性 ··· 9
 第10步 查看时标网络图 ·· 10
 第11步 增加工作资源 ··· 10
 第12步 查看逻辑网络图 ·· 14
 第13步 查看梦龙单双混合网络图 ···································· 15
 第14步 查看单代号网络图 ··· 15
 第15步 查看梦龙单代号网络图 ······································· 16
 第16步 查看横道图 ·· 16
 第17步 切换横道图模式 ·· 16
 第18步 导航模式 ··· 17

第2章 流程施工实战 ·· 19
2.1 案例描述 ··· 19
2.2 案例分析 ··· 19
2.3 案例软件操作要点 ··· 20
2.4 知识拓展 ··· 30

第3章 里程碑实战 ·· 31
3.1 案例描述 ··· 31

3.2 案例分析 ·· 33
3.3 案例操作要点 ·· 33
3.4 知识拓展 ·· 42
第4章 网络计划编制实战 ···································· 44
分析竞赛计划实例，编制年级运动会计划 ············ 44
附录 ·· 45
附录1 竞赛计划网络图
附录2 某高速公路11合同段控制性施工进度计划网络图
附录3 某大桥施工进度网络计划图

下篇 网络计划编制系统备查手册

第1章 概述 ··· 49
第2章 网络计划技术 ··· 51
2.1 引言 ··· 51
2.2 网络计划表示方法及规则 ······························ 56
2.3 梦龙模式网络图表示方法 ······························ 58
2.4 梦龙模式与其他模式表示比较 ························ 59
第3章 系统安装 ··· 65
3.1 系统平台 ··· 65
3.2 软件安装与卸载 ··· 65
3.3 软件狗的安装 ··· 71
第4章 编辑操作基础 ··· 72
4.1 光标指示 ··· 72
4.2 鼠标操作 ··· 73
4.3 系统界面操作 ··· 74
第5章 工具条操作 ·· 75
5.1 通用工具条 ·· 75
5.2 网络图编辑状态条 ······································· 84
5.3 格式转换条 ·· 90
5.4 横道编辑条 ·· 95
5.5 状态信息条 ·· 96
第6章 菜单操作 ··· 97
6.1 文件菜单 ··· 97
6.2 编辑菜单 ··· 100
6.3 显示菜单 ··· 102
6.4 设置菜单 ··· 104

6.5　报表菜单 ·· 105
　6.6　窗口菜单 ·· 107
　6.7　帮助菜单 ·· 108
第 7 章　工作 ·· 109
　7.1　工作分类 ·· 109
　7.2　工作信息卡 ··· 112
　7.3　工作日志 ·· 122
第 8 章　怎样编制网络计划 ··· 123
　8.1　网络图编辑操作 ·· 123
　8.2　网络图编制方法 ·· 142
　8.3　横道图编辑操作 ·· 148
　8.4　横道图表格编辑操作 ·· 152
第 9 章　资源图表处理 ·· 153
　9.1　资源定义 ·· 153
　9.2　资源分类表 ··· 153
　9.3　网络计划资源输入 ·· 154
　9.4　处理资源图表 ·· 158
第 10 章　数据库维护 ··· 161
　10.1　资源数据库维护 ··· 161
　10.2　网络图库维护 ·· 167
　10.3　数据库定位与信息交换 ··· 169
第 11 章　网络图属性设置 ··· 170
　11.1　区域划分 ·· 170
　11.2　一般属性设置与网图选项 ·· 171
　11.3　时间属性设置 ·· 172
　11.4　横道参数设置 ·· 172
　11.5　图注属性设置 ·· 173
　11.6　资源设置 ·· 174
　11.7　名称设置 ·· 175
　11.8　区域分割设置 ·· 175
　11.9　日历设置 ·· 178
第 12 章　打印处理 ·· 179
　12.1　打印网络图和横道图 ·· 179
　12.2　打印报表 ·· 184

China Building Materials Press

我们提供

图书出版、图书广告宣传、企业/个人定向出版、设计业务、企业内刊等外包、代选代购图书、团体用书、会议、培训，其他深度合作等优质高效服务。

编辑部	图书广告	出版咨询	图书销售	设计业务
010-88386904	010-68361706	010-68343948	010-68001605	010-88376510转1008

邮箱：jccbs-zbs@163.com　　网址：www.jccbs.com.cn

发展出版传媒　　服务经济建设

传播科技进步　　满足社会需求

（版权专有，盗版必究。未经出版者预先书面许可，不得以任何方式复制或抄袭本书的任何部分。举报电话：010-68343948）

上 篇
软件学习应用

第1章 通过实例学软件

1.1 学习目标

通过本章学习，您将能够：

1. 根据需要新建工作
2. 应用引入，引出功能
3. 修改工作属性
4. 调整工作关系
5. 增加工作资源
6. 自定义资源曲线
7. 七种图表的转换与查看

1.2 网络计划实例操作

如图 1-1 所示的网络图，请使用网络计划编制软件进行。

打开软件，进入软件操作界面。

第1步 建立新文档

鼠标光标移到建新网络图按钮 ☐ 上单击，出现屏幕如图 1-2 所示。

此时弹出项目属性对话框，最好在此时将开始时间、名称等项先给定，如果需要加密，可以设置密码。这样在作图时本软件会自动根据输入的值做工作。如果选取消，当需要给定名字或将名字改变时，可以通过在标题位置点击鼠标右键进行设置。

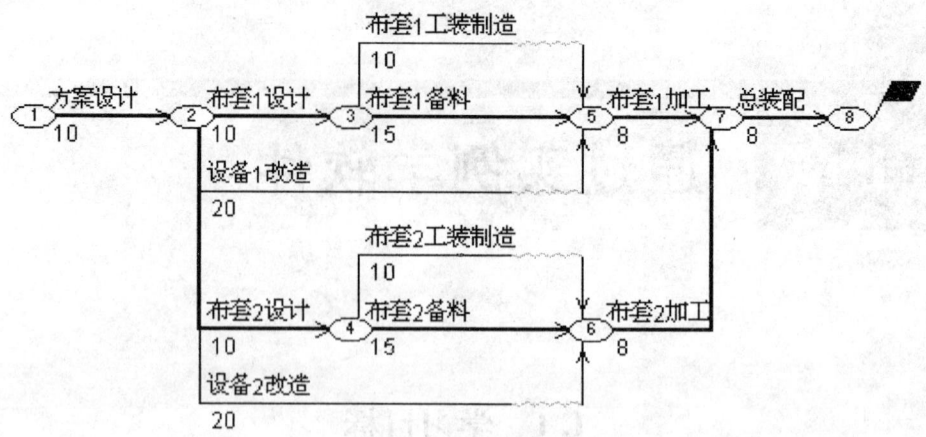

图 1-1

图 1-2

第2步 开始绘图

移动光标到按钮 添加 上，按下按钮，处于编辑添加状态，然后移动光标 到绘图窗口中，如图 1-3 所示，在空白处鼠标双击（或直接拖拉），出现工作对话框。输入工作名称："方案设计"，持续时间："10"【确定】，在文档中就加入了第一个工作，如图 1-4 所示。

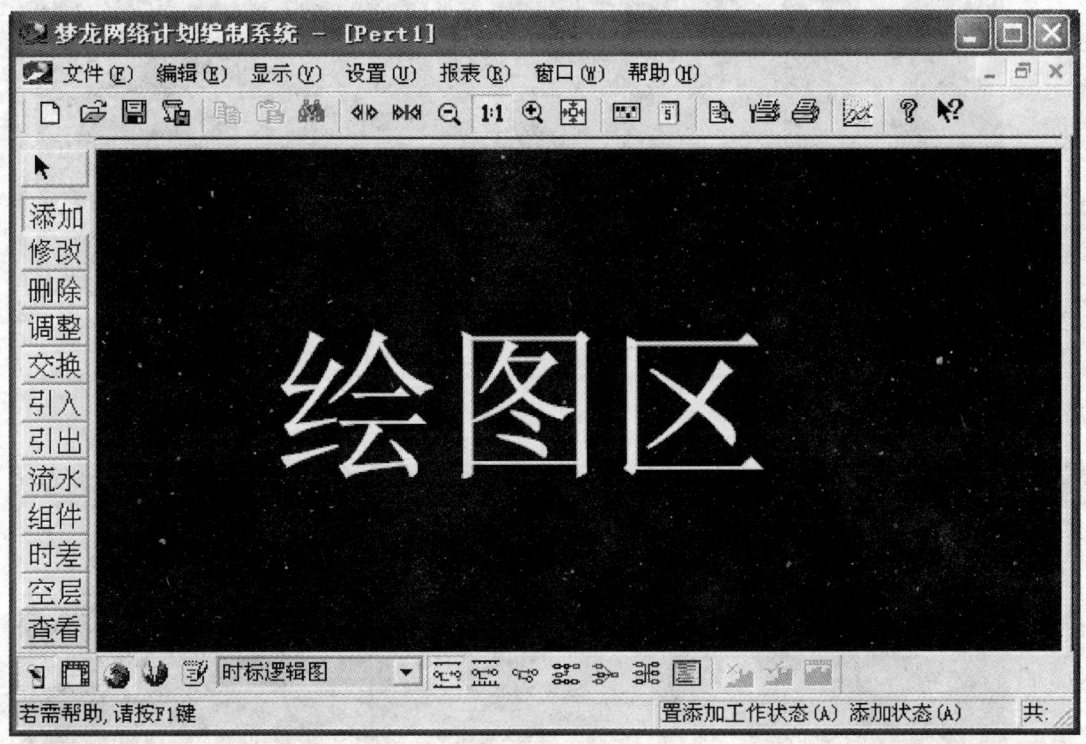

图 1-3

第3步 快速新建工作

将光标移动到工作的不同部位，会有 4 种不同形状，表示 4 种不同建立新工作的方式。

1. ⊙ 表明在节点上，双击后在当前节点后，增加新工作；

2. 右向光标 ➡ ▷ 表明光标在工作的右端，双击左键在当前工作项后增加新工作；

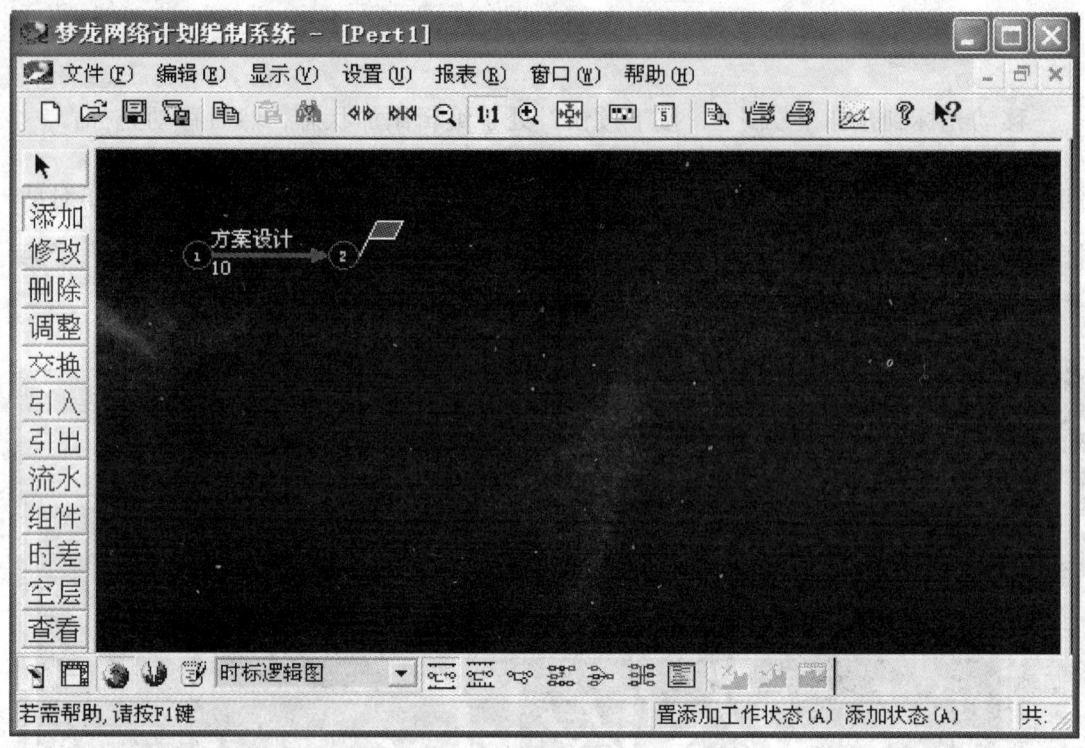

图 1-4

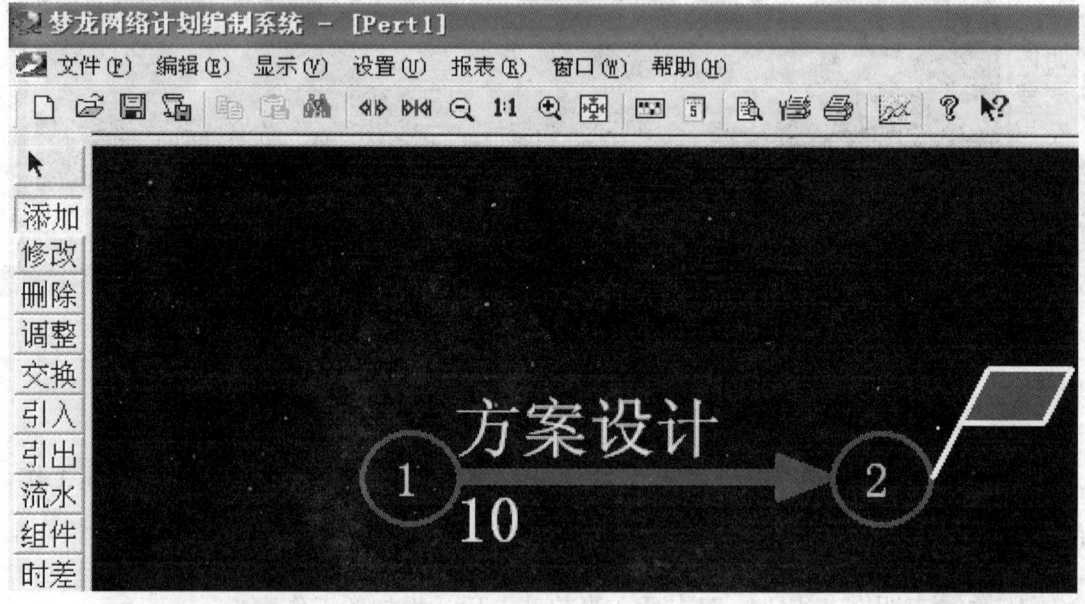

图 1-5

3. 上下光标 表明光标在工作的中间,双击左键在当前工作的上方增加新工作；

4. 左向光标  表明光标在工作的左端，双击在当前工作插入新工作。

第4步　按图增加工作"布套1设计"

操作如下：移动光标至节点②上，出现十字光标，按下鼠标左键向后拖动（图1-6所示），然后松开左键出现对话框，输入名称"布套1设计"，确定如图1-6所示。

另外，除在点上拖拉添加"布套1设计"外，还可以用右向光标双击插入，或在②点上十字光标处双击插入该工作。

图1-6

第5步　完成主线工作

将"布套1备料"，"布套1加工"，"总装配"连续画到屏幕上，计算机自动进行节点编号，智能建立起紧前紧后逻辑关系，自动计算关键线路等，结果如图1-7所示。

图1-7

第6步　增加并行工作

"布套1备料"的同时可以进行"布套1工装制造"，移动光标到工作"布套1备料"上，双击添加一平行工作"布套1工装制造"，过程如图1-8所示。

图1-8

出现对话框输入名称时间，确定结果如图1-9所示。

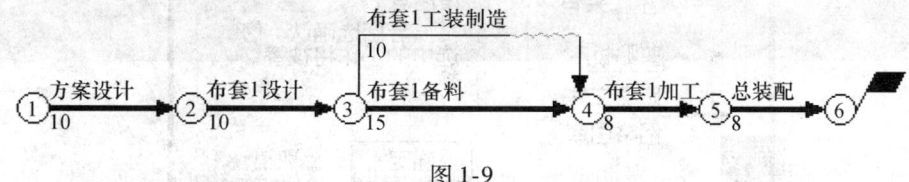

图1-9

同样，用点到点拖拉的办法，也可完成该操作。

第7步 增加跨节点工作

从节点②到节点④之间加一工作"设备1改造",光标移至②按下左键拖动光标至④松开,出现对话框,输入名称时间等确定,结果如图1-10所示。

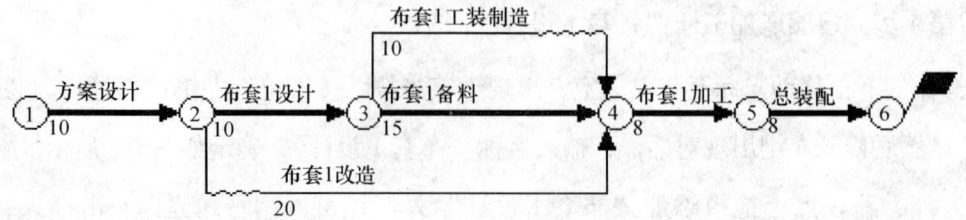

图 1-10

第8步 引入布套2设计

用引入进行块复制,首先添加一个工作为复制做准备,然后选择【引入】,拉框选择要复制的内容,结果如图1-11所示。

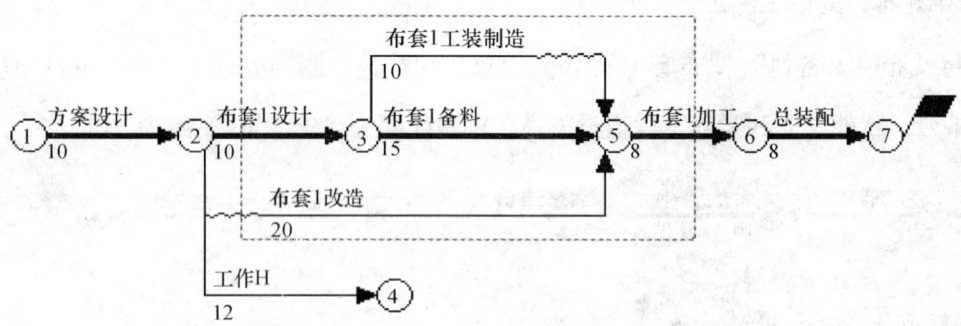

图 1-11

再点【复制】按钮 ![], 将选择内容复制到剪贴板中,在【引入】状态,光标移至工作H上双击出现对话框提示,如图1-12所示,选择【剪贴板】确定,结果如图1-13所示。

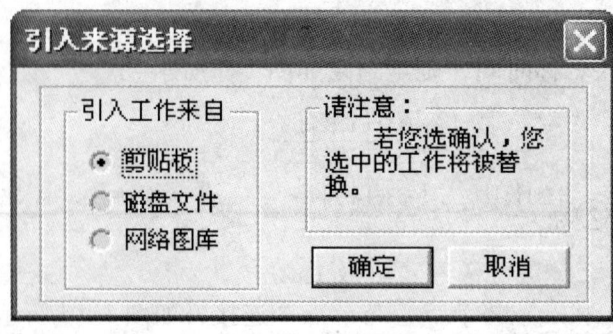

图 1-12

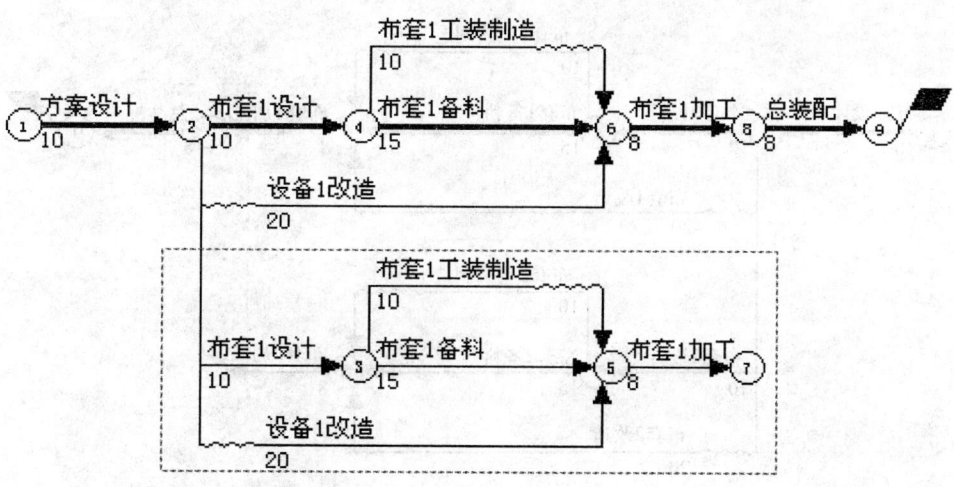

图 1-13

第 9 步 修改工作属性

选择修改状态，双击"布套 1 设计"，弹出工作信息卡窗口，修改为"布套 2 设计"，同样操作完成所有工作的名称修改，如图 1-14 所示。

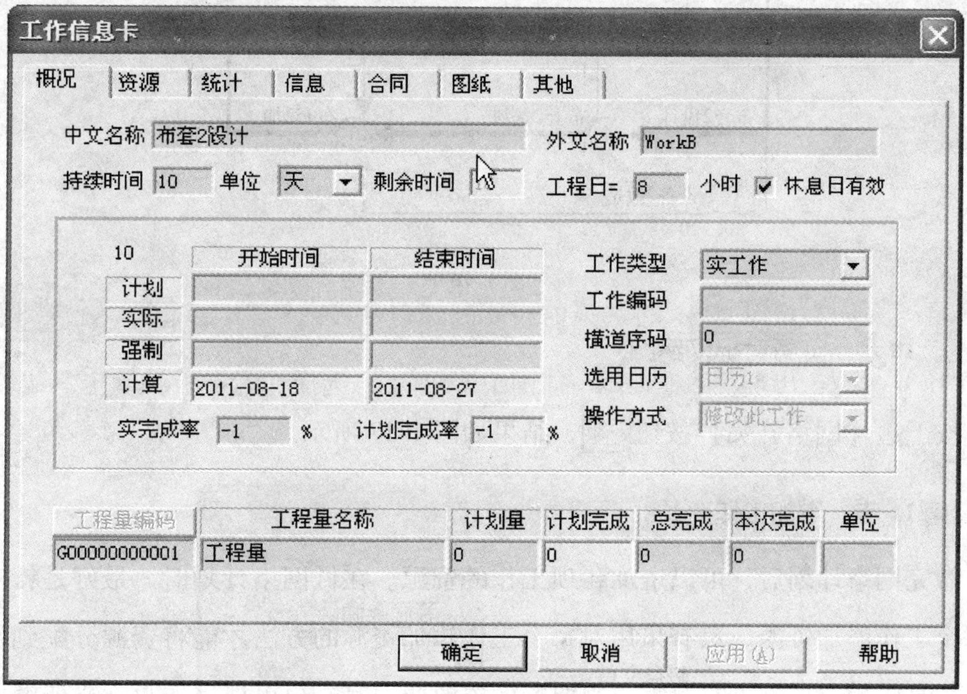

图 1-14

再选择【调整】状态，将节点⑦与节点⑧连接，如图 1-16 所示。

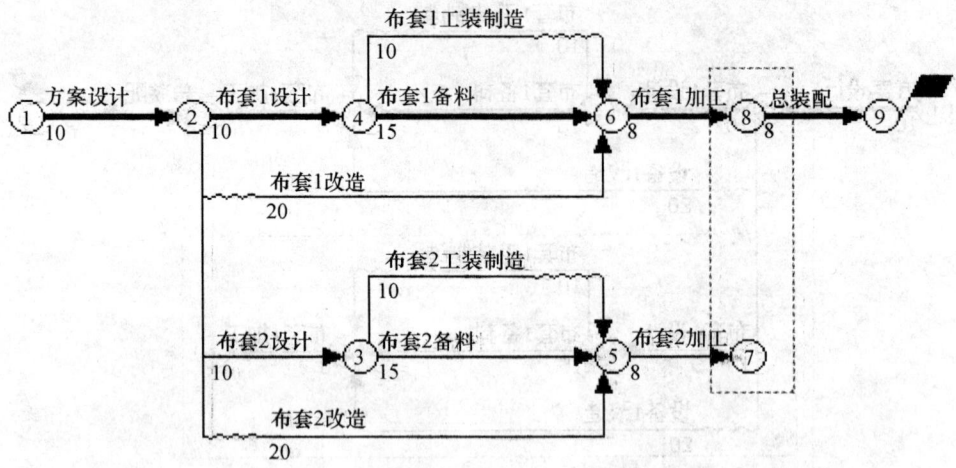

图 1-15

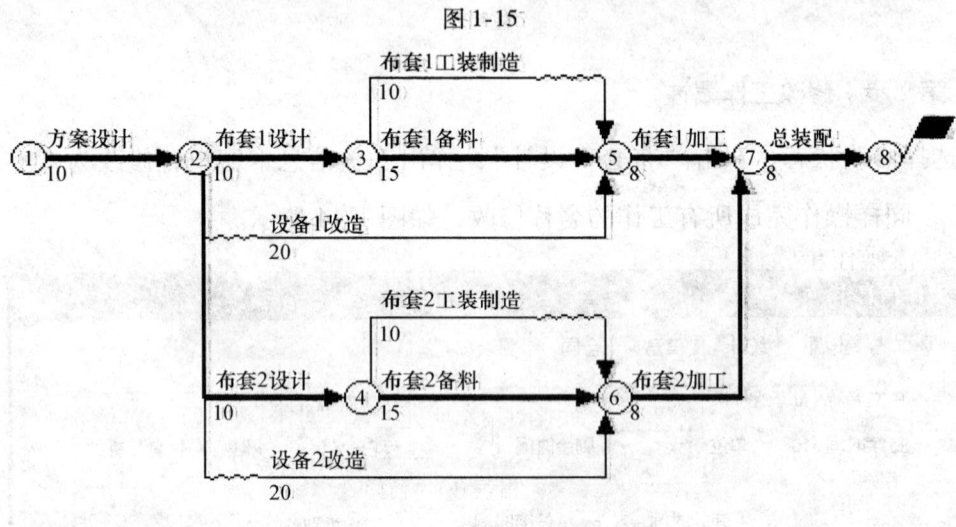

图 1-16

第10步 查看时标网络图

按下边【网络开关】按钮 ▣，结果如图 1-17 所示。

第11步 增加工作资源

做完网络计划后，可以增加各项工作的资源。在做网络计划时，最好是针对具体每个工作添加资源，只有采用对每个工作添加资源的方法才能将资源分配到每个工作，真正用于控制。有时需要很粗略的资源曲线时，也可以采取自定义资源曲线方法来分配。下面以自定义资源曲线的方式进行分配。

（注：本方式常用于投标阶段，快速完成用工图曲线的绘制。）

第1章 通过实例学软件

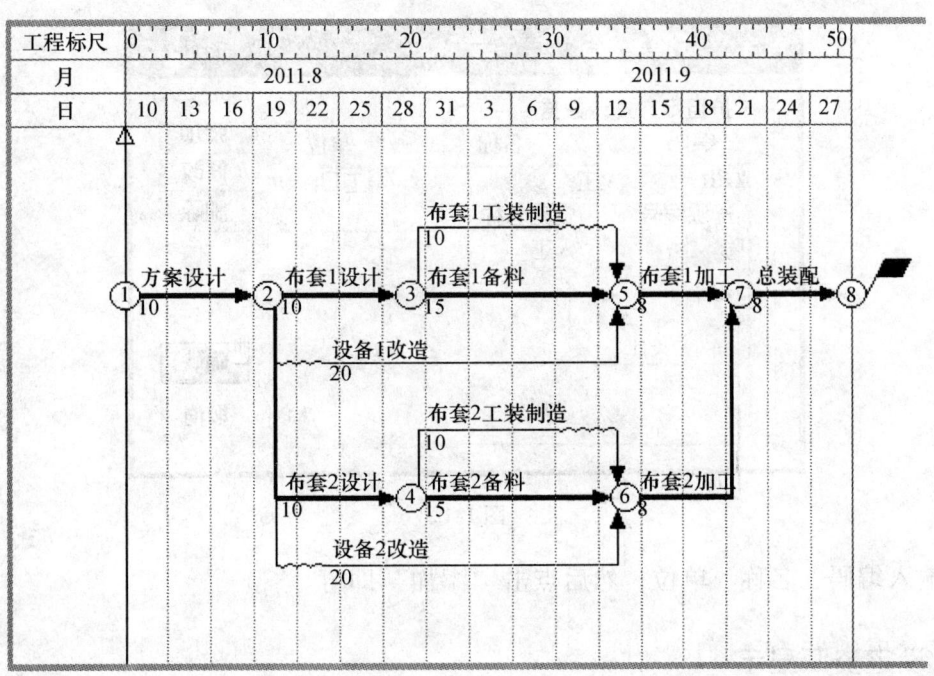

图 1-17

具体操作步骤如下：

1. 定义资源

点击【自定义资源图设置】如图 1-18 所示，弹出图 1-19 所示对话框：

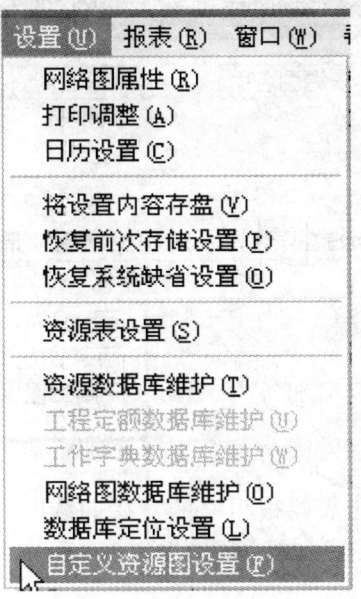

图 1-18

11

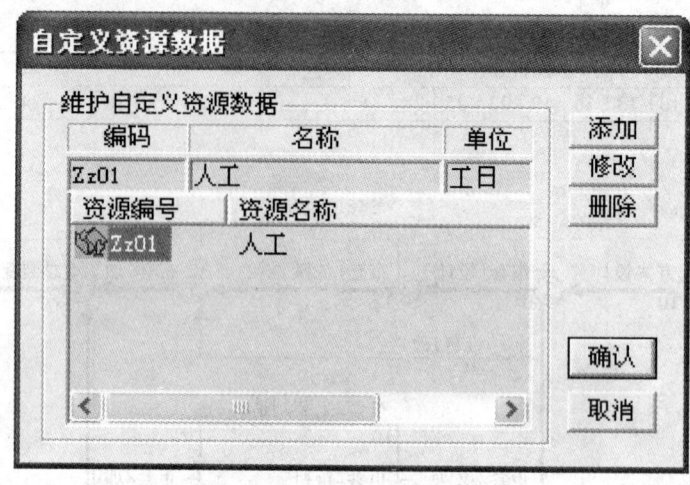

图 1-19

输入编码、名称、单位,然后点击"添加"即可。

2. 设定资源显示

将资源分配完毕,选"含资源的网络图"状态 ,并在网络图下方,鼠标变为资源状态 时,单击鼠标右键,将弹出资源图表设置窗口,如图 1-20 所示的资源图表设置对话框,将自定义的人工资源曲线选中。

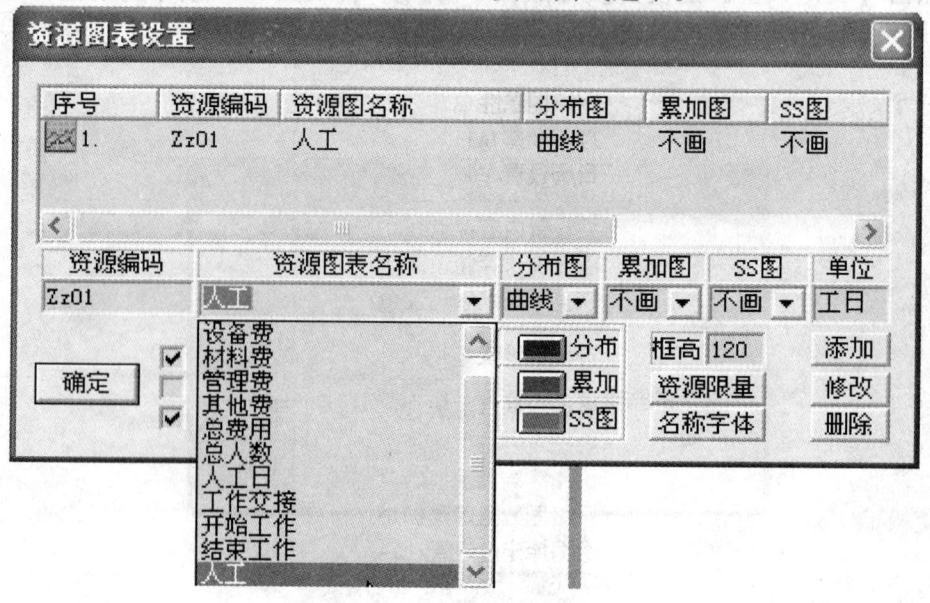

图 1-20

3. 绘制曲线

表 1-1 为每个工作项配置资源量：

表 1-1

工作名称	人工数/天
方案设计	10
布套 1 设计	20
布套 1 备料	10
设备 1 工装制造	10
布套 1 加工	30
布套 2 设计	20
布套 2 备料	10
设备 2 工装制造	10
布套 2 加工	30
总装配	30

点击【资源】，用鼠标左键在人工曲线图位置，从起始日期拉到结束日期，弹出资源用量窗口，输出对应工作的每天需求量，如图 1-21 所示。

图 1-21

分为三个阶段需求量粗略估值为 10、60、30，结果如图 1-22 所示。

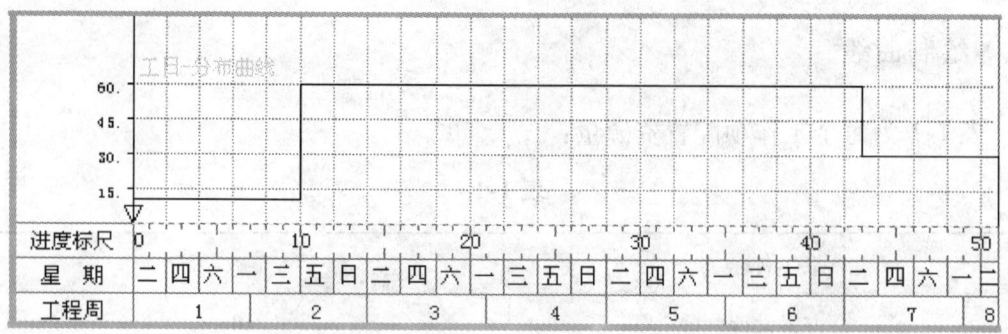

图 1-22

带资源曲线的网络图，如图 1-23 所示。

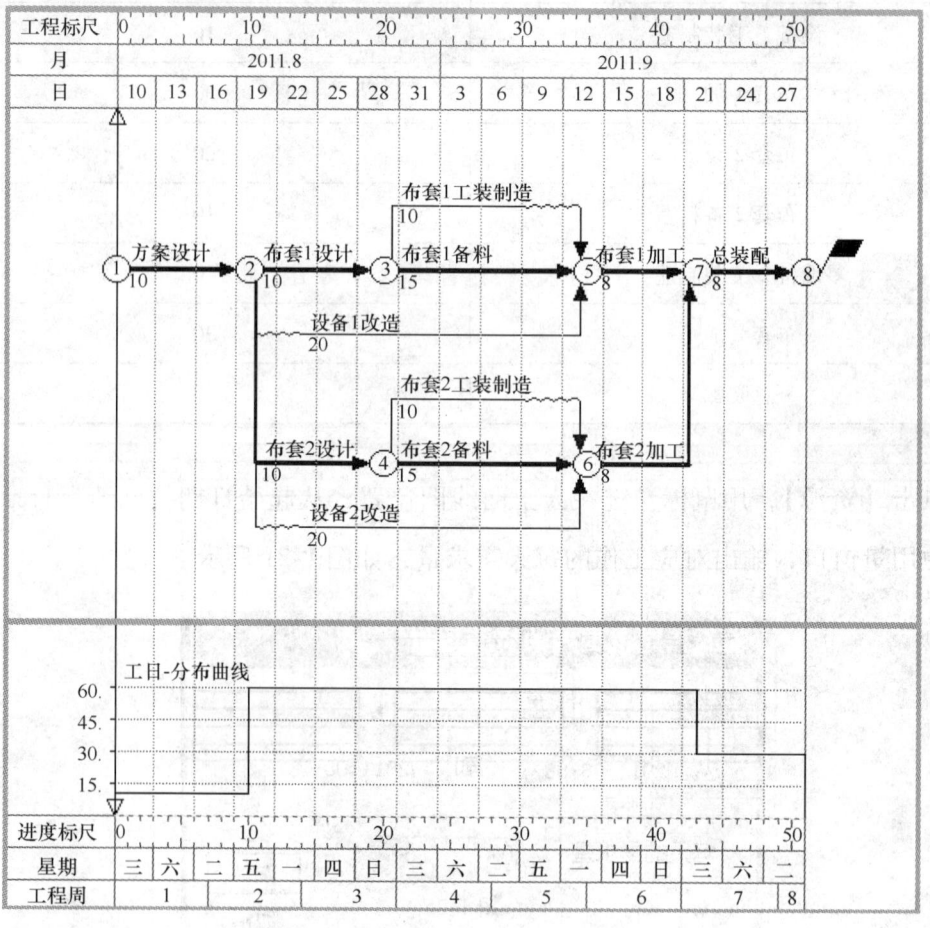

图 1-23

第12步 查看逻辑网络图

按下【逻辑网络图】按钮 ，网络图转换如图 1-24 所示。

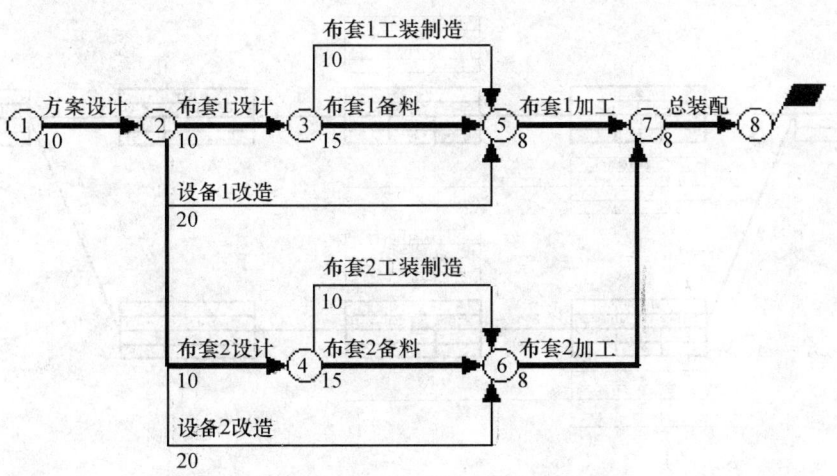

图 1-24

（注：只显示各工作之间的逻辑关系。）

第 13 步　查看梦龙单双混合网络图

按下【梦龙单双混合网络图】转换按钮 ，网络图转换如图 1-25 所示。

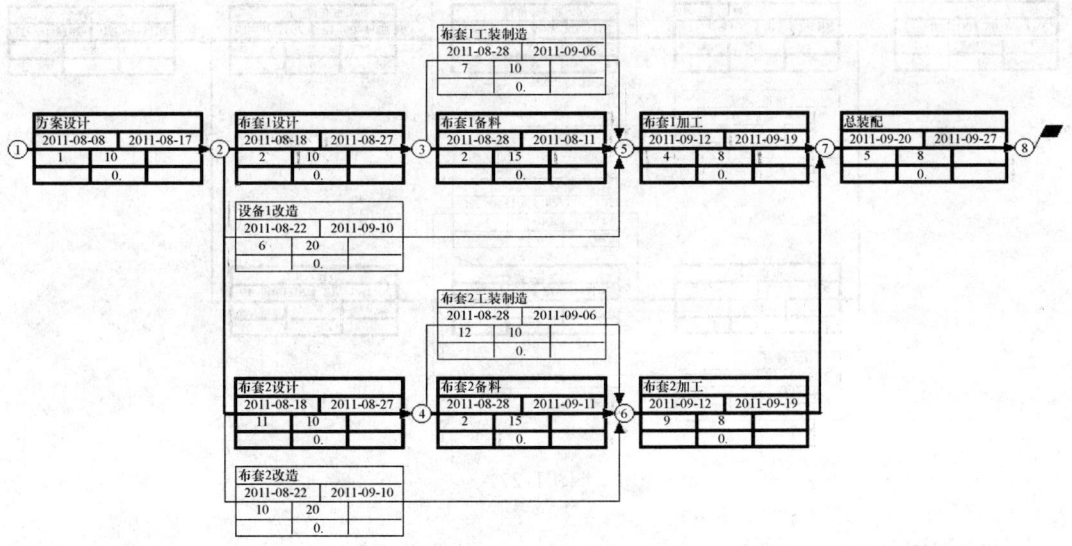

图 1-25

第 14 步　查看单代号网络图

按下【单代号网络图】转换按钮 ，网络图转换如图 1-26 所示。

15

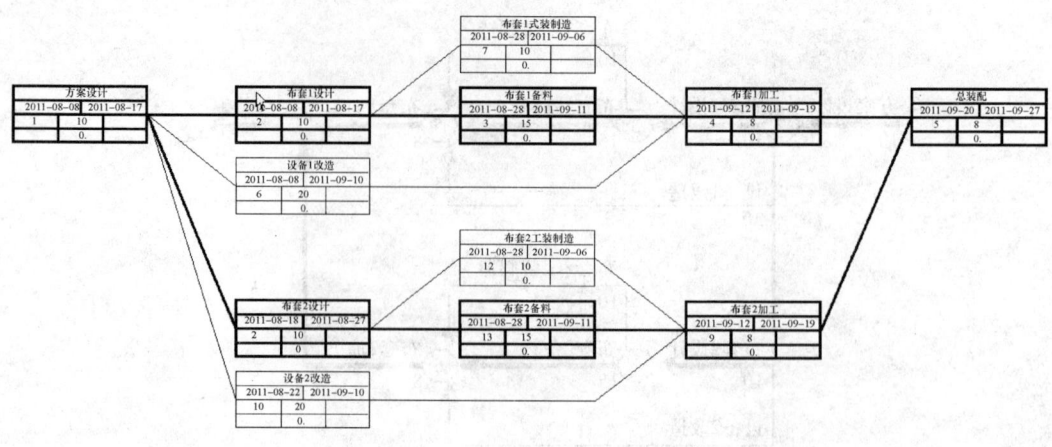

图 1-26

第 15 步　查看梦龙单代号网络图

点击【梦龙单代号网络图】转换按钮 ，网络图转换如图 1-27 所示。

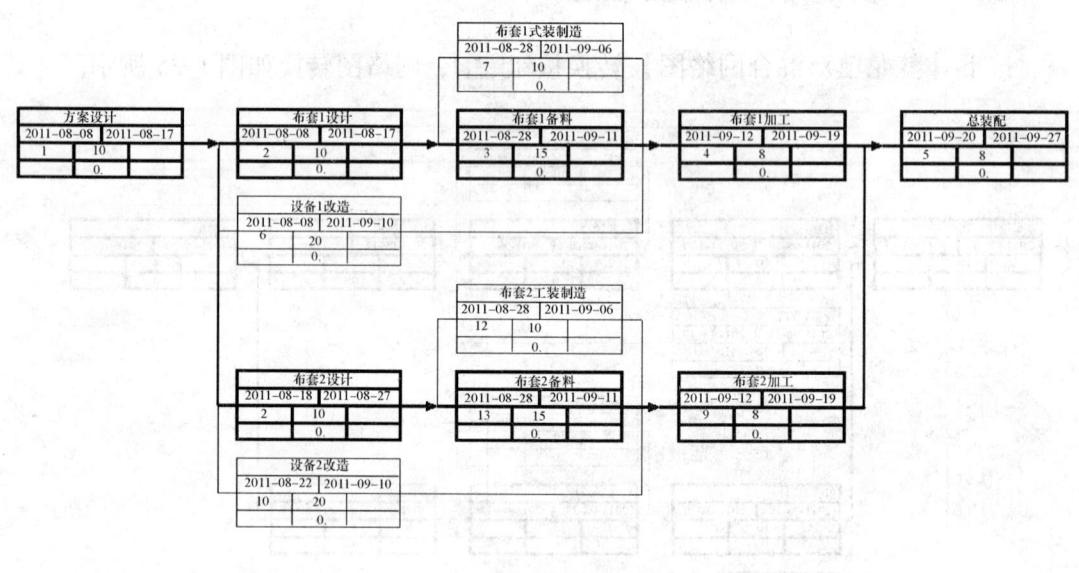

图 1-27

第 16 步　查看横道图

按下【横道图】转换按钮 ，横道图转换如图 1-28 所示。

第 17 步　切换横道图模式

按下【横道图格式】按钮 ，横道图转换如图 1-29 所示。

第1章 通过实例学软件

序号	工作名称	持续时间
1	方案设计	10
2	布套1设计	10
3	布套2设计	10
4	设备2改造	20
5	设备1改造	20
6	布套1工装改造	10
7	布套2工装改造	10
8	布套2备料	15
9	布套1备料	15
10	布套1加工	8
11	布套2加工	8
12	布套总装置	8

图 1-28

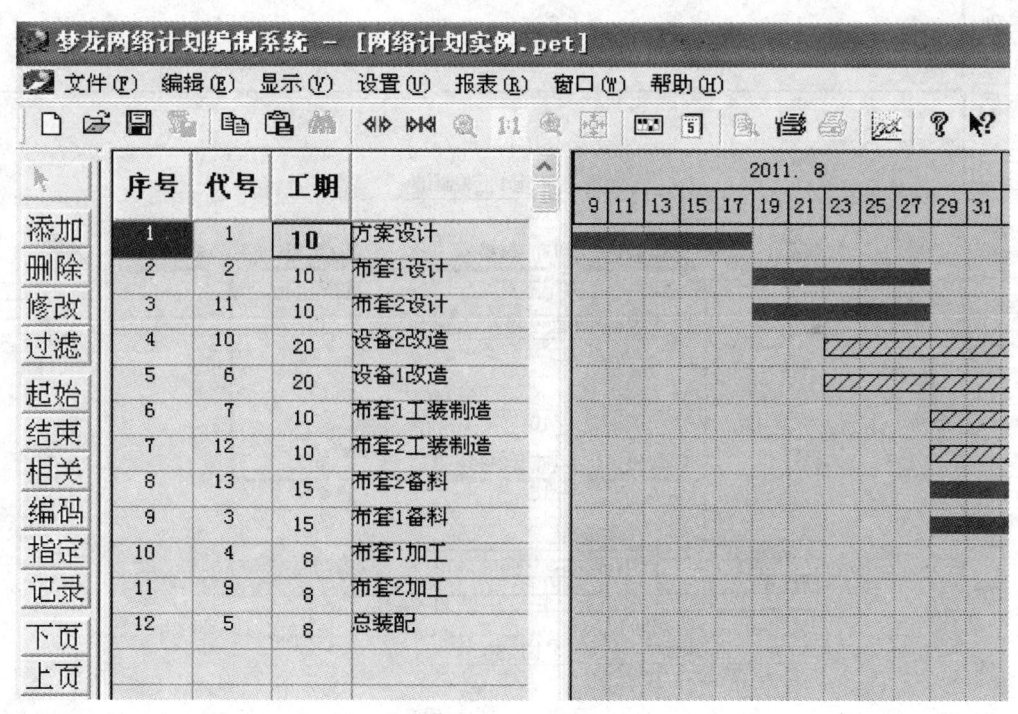

图 1-29

第18步 导航模式

在【时标网络图】状态按下局域按钮 ，网络图转换如图 1-30 所示。当然也可以在其他模式下转成双窗口显示模式。在上窗中显示整个网络图全貌，在下窗中显示局部放大内容。

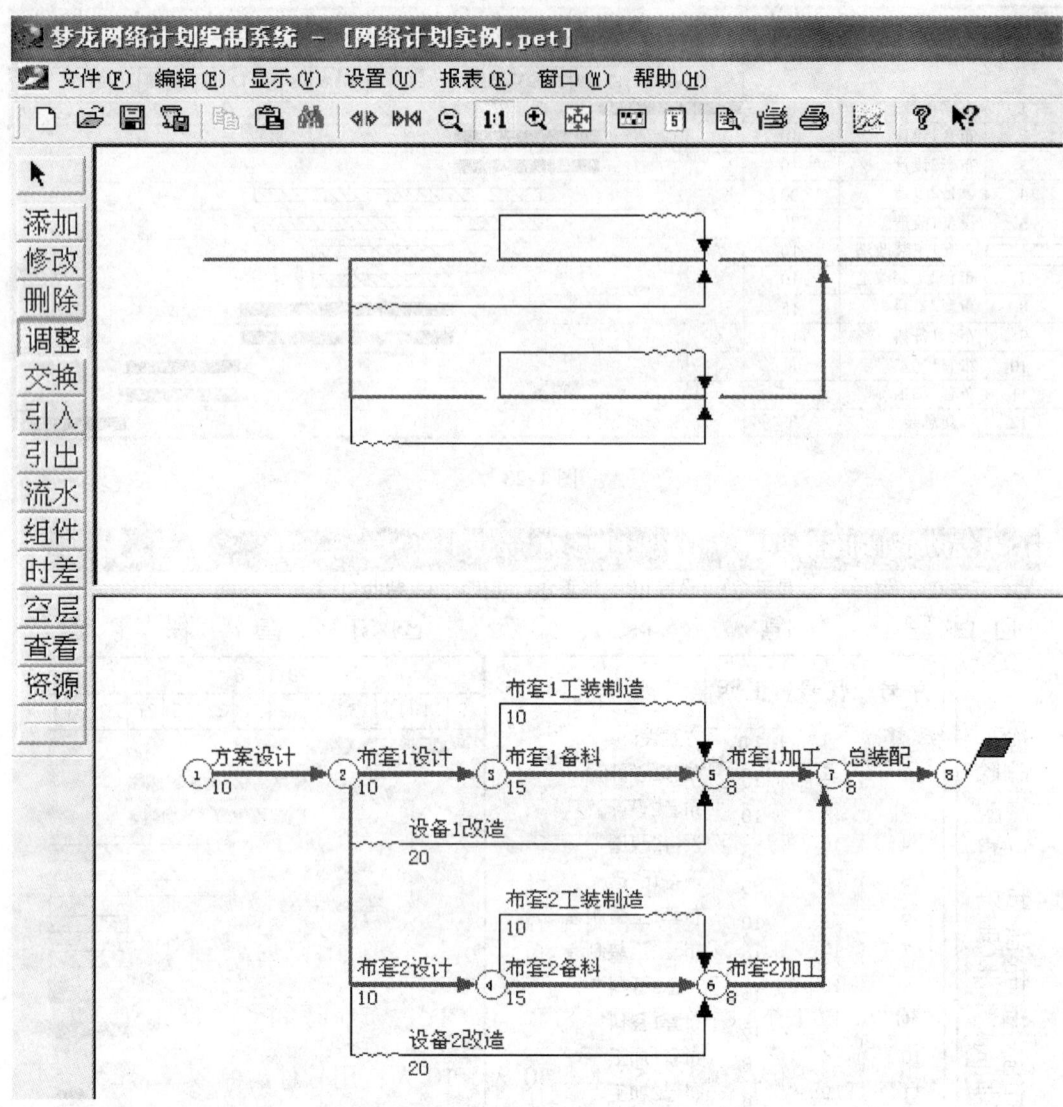

图 1-30

除了双屏功能外,该软件还有窗口复制功能(参见【窗口】),同一个文档还可以通过复制窗口(可多次复制)方式在几个窗口操作一个文档,这对于复杂网络图的编制非常有好处,尤其与组合键的【添加】及【调整】配合非常默契,对于长图的处理非常方便。

通过十八步的操作完成网络计划图的绘制,您是否感觉到软件的应用其实很简便,绘制一份精美的网络图是非常容易的事情,多练习、多思考,您将很快成为网络图编制高手。

第 2 章 流程施工实战

通过本案例的学习您将能够：

1. 绘制流水施工网络
2. 绘制有施工队数限制的流水施工
3. 录入各施工队的总人数，输出人力资料曲线
4. 设置网络图、横道图输出格式

2.1 案例描述

某建筑项目有六栋同类型的房屋，每栋房屋主要有以下四道工序组成：土方工程、基础与主体结构、装修工程、室外工程。以上四道工序由四个专业施工队采用大流水方法施工，若每栋房屋的定额工期为300天，则其节拍分别为30天，150天，90天，30天，四道工序分别以 A、B、C、D 表示，合同总工期定为540天，每个专业队的人数分别为10人、50人、30人、10人；用软件编制双代号时标网络图及横道图。

2.2 案例分析

分析：因为建筑群需要在540天内完成，则需对 B 工序、C 工序增加专业施工队。现对 B 工序组建3个专业施工队（B1、B2、B3），C 工序组建2个专业施工队（C1、C2），A、D 工序均为1个专业施工队，见表2-1。

表 2-1

工序代号	施工队名称	持续时间	人数
A1-1	1号楼土方施工队	30	10
A1-2	2号楼土方施工队	30	10
A1-3	3号楼土方施工队	30	10
A1-4	4号楼土方施工队	30	10
A1-5	5号楼土方施工队	30	10
A1-6	6号楼土方施工队	30	10
B1-1	1号楼基础与主体结构施工1队	150	50
B2-2	2号楼基础与主体结构施工2队	150	50
B3-3	3号楼基础与主体结构施工3队	150	50
B1-4	4号楼基础与主体结构施工1队	150	50
B2-5	5号楼基础与主体结构施工2队	150	50
B3-6	6号楼基础与主体结构施工3队	150	50
C1-1	1号楼装修工程施工1队	90	30
C1-2	2号楼装修工程施工2队	90	30
C1-3	3号楼装修工程施工1队	90	30
C2-4	4号楼装修工程施工2队	90	30
C1-5	5号楼装修工程施工1队	90	30
C2-6	6号楼装修工程施工2队	90	30
D1-1	1号楼室外施工队	30	10
D1-2	2号楼室外施工队	30	10
D1-3	3号楼室外施工队	30	10
D1-4	4号楼室外施工队	30	10
D1-5	5号楼室外施工队	30	10
D1-6	6号楼室外施工队	30	10

2.3 案例软件操作要点

本方法为建议操作的方式，也可以采用先画横道图的方式进行；

1. 按要求建立 4 个工作项 A1-1、B1-1、C1-1、D1，并在工作信息卡中，统计页签，录入人数 50。如图 2-1 所示。

第2章 流程施工实战

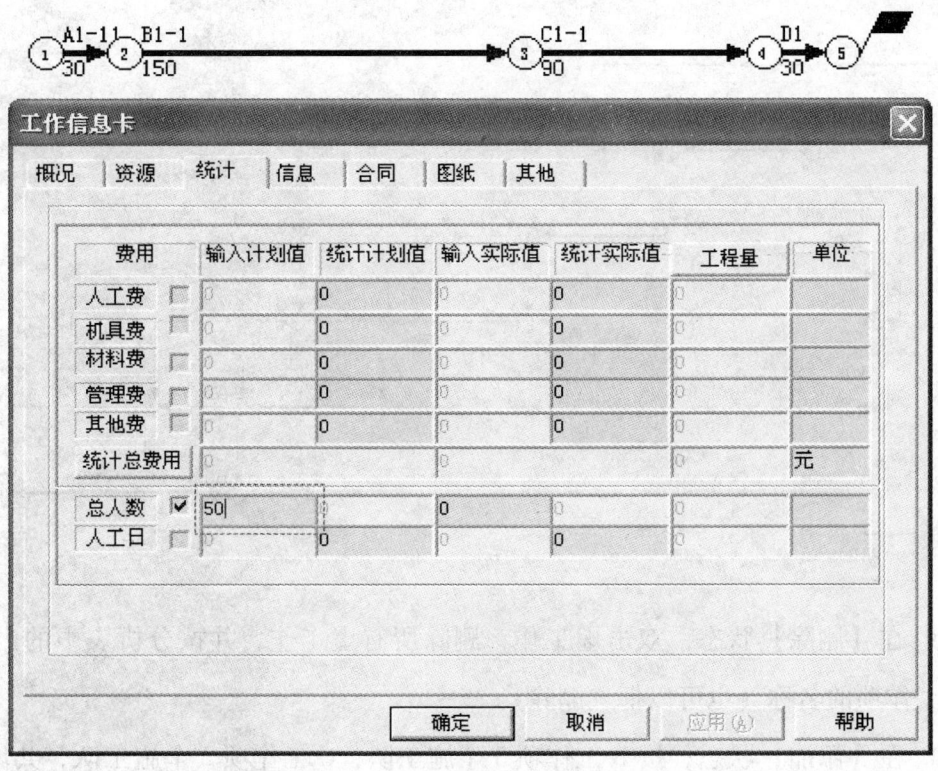

图 2-1

2. 选择【流水】状态，框选 4 个工作项，弹出流水参数设置窗口，如图 2-2 所示，在流水段数输入 6，点击确定。结果如图 2-3 所示。

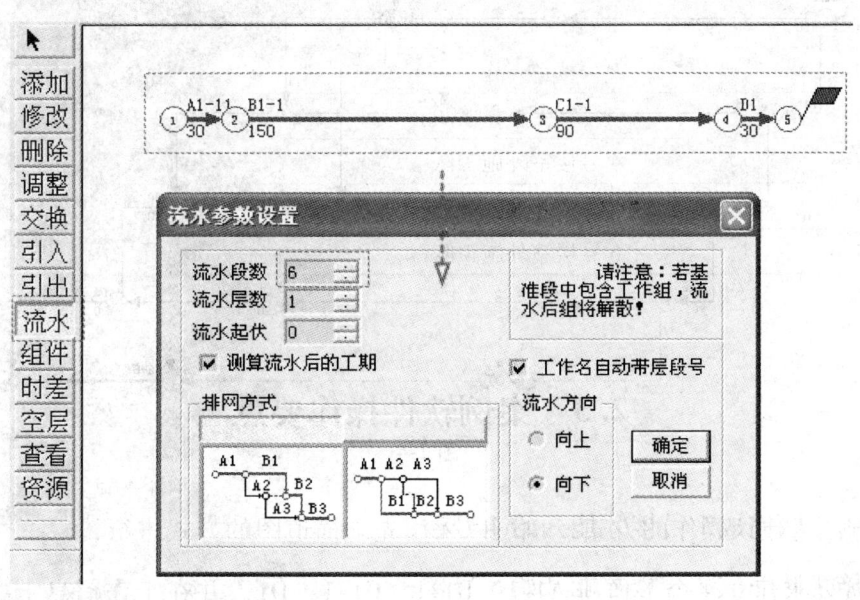

图 2-2

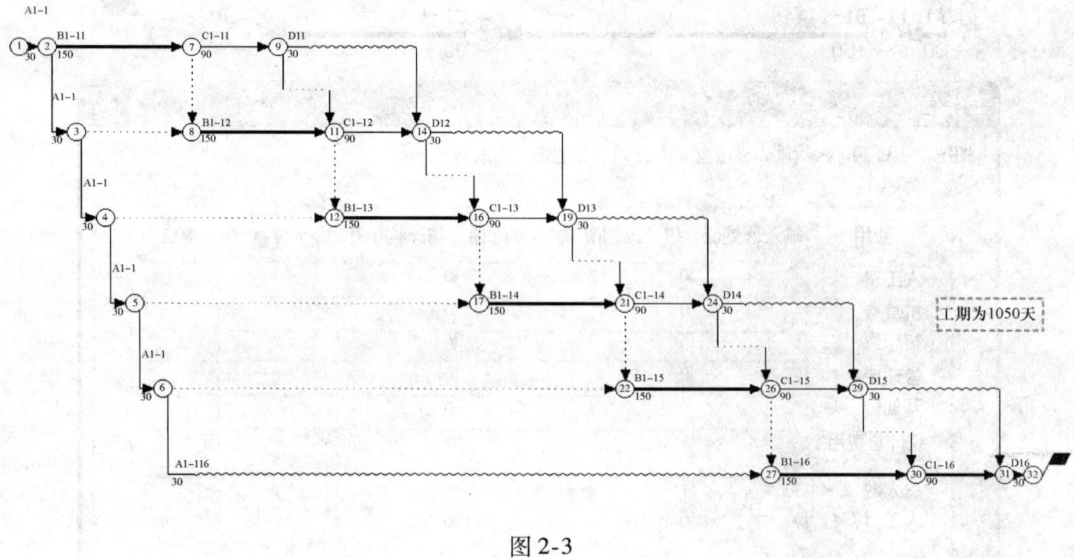

图 2-3

3. 在【删除】状态，双击虚工作，删除所有虚工作，并按分析表中的内容修改各工作项的名称（也可以框选删除）。

4. 在【添加】状态，按 B 工作项 3 个施工队，C 工作项 2 个施工队，共增加 7 项虚工作，如图 2-4 所示。

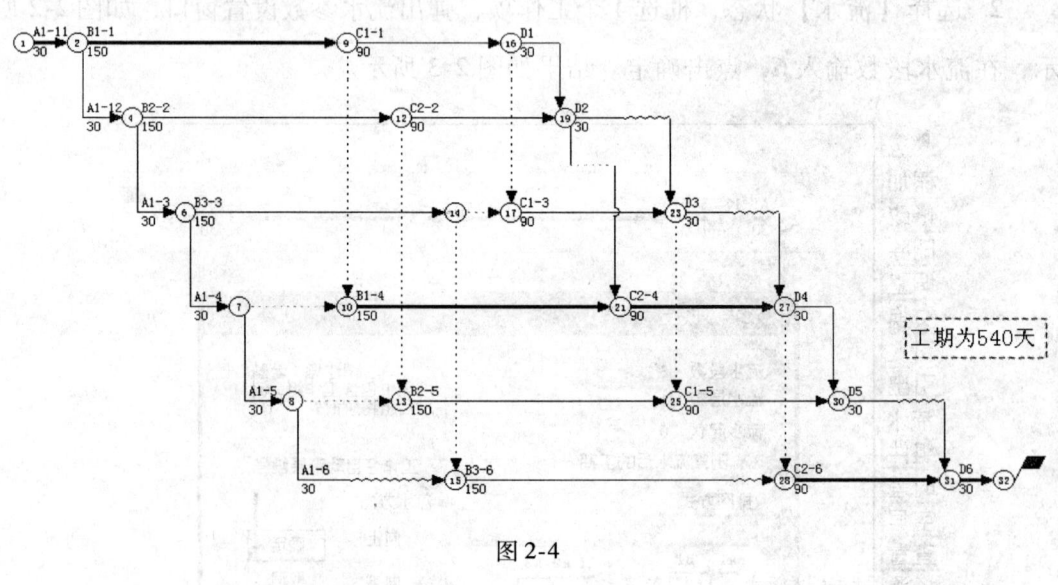

图 2-4

B1 施工队完成 1 号楼才能开始 4 号楼；

B2 施工队完成 2 号楼才能开始 5 号楼；

B3 施工队完成 3 号楼才能开始 6 号楼。

C1 施工队完成 1 号楼才能开始 3 号楼，完成 3 号楼才能开始 5 号楼；

C2 施工队完成 2 号楼才能开始 4 号楼，完成 4 号楼才能开始 6 号楼。

5. 增加人力资源曲线。选择左下角 时标开关，选择含资源曲线 ，在时标图下方出现如图 2-5 图标时，点右键，弹出【资源图表设置】窗口如图 2-6 所示。在【资源图表名称】下拉框中，选择总人数，分布图选择曲线，点击添加，还可以根据实际情况调整曲线与字体的颜色。确定后，即可显示有资源曲线的时标网络图，如图 2-7 所示。

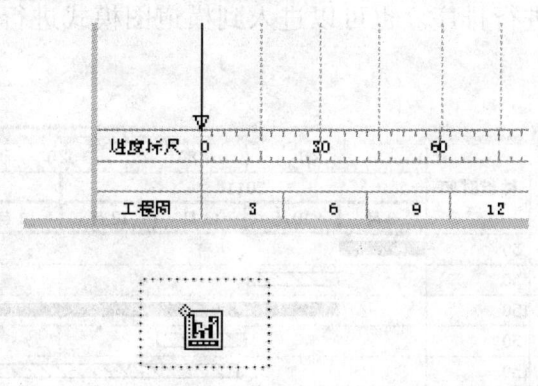

图 2-5

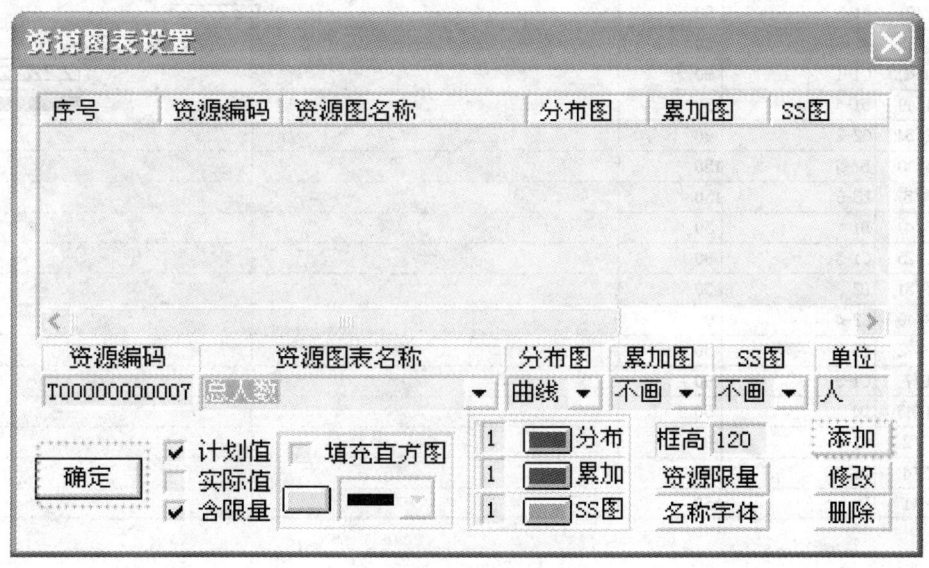

图 2-6

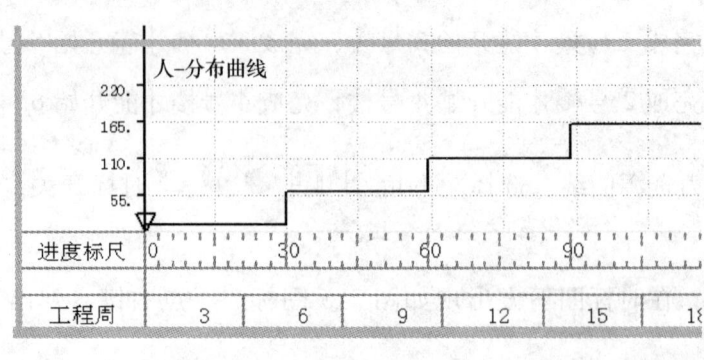

图 2-7

6. 查看本工程的横道图。选择 ![icons] 横道网络图。点击【起始】按开始时间进行排序。也可以进入到横道图模式进行编辑 ![icons]，如图 2-8 所示。

序号	工作名称	持续时间
1/26	A1-1	30
2/45	A1-2	30
3/44	B1-1	150
4/39	A1-3	30
5/37	B2-2	150
6/30	A1-4	30
7/28	B3-3	150
8/21	A1-5	30
9/12	A1-6	30
10/42	C1-1	90
11/19	B1-4	150
12/34	C2-2	90
13/10	B2-5	150
14/3	B3-6	150
15/40	D1	30
16/25	C1-3	90
17/31	D2	30
18/16	C2-4	90
19/22	D3	30
20/7	C1-5	90
21/13	D4	30
22/2	C2-6	90
23/4	D5	30
24/1	D6	30

图 2-8

7. 完成网络图编制，要出一份精美的网络图，还需要进一步的进行调整设置。首先我们来认识一下双代号时标网络图的页面及相关的设置，如图 2-9 所示。

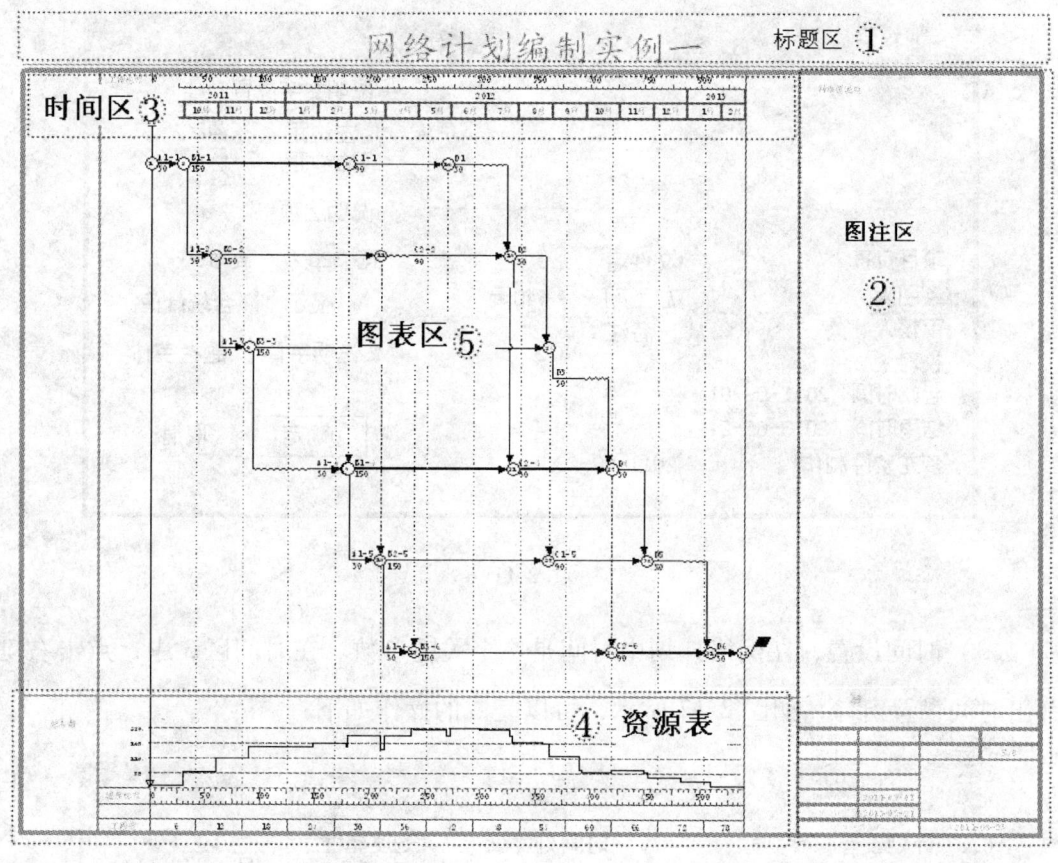

图 2-9

（1）标题设置，在标题区域点右键，弹出【网络计划一般属性】窗口，可以对如下属性进行修改，修改内容包括名称、字体以及间距、标题框，如图 2-10 所示。

图 2-10

（2）图注属性，网络图的说明及标题栏可以直接进行编辑，如图 2-11 所示。

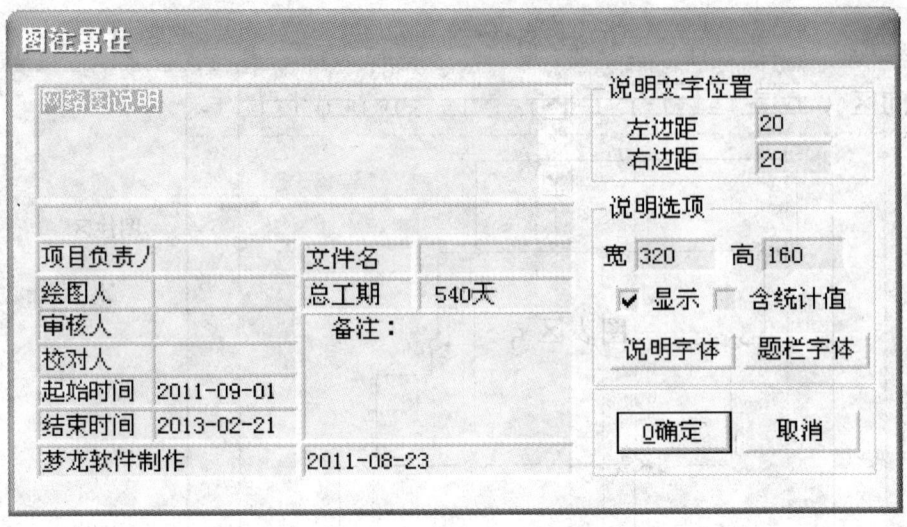

图 2-11

（3）时间设置，在网络计划中时间是一个关键参数。在时间区 3 中，点击右键弹出时间设置窗口，如图 2-12 所示，可以完成的操作如下：

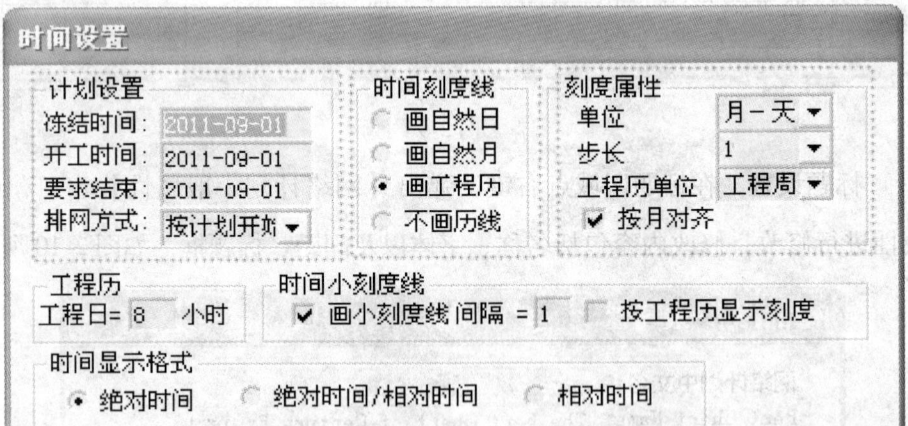

图 2-12

a) 开工时间：网络计划编制的起始时间；

b) 时间刻度线：要根据工期的长短不同，显示不同时间粒度的网络计划图，共 4 种方式；图 2-13 是画自然日，图 2-14 是画自然月；

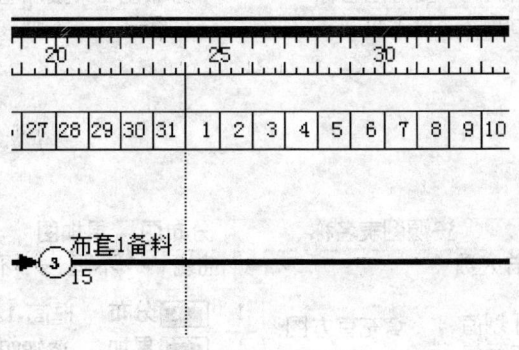

图 2-13

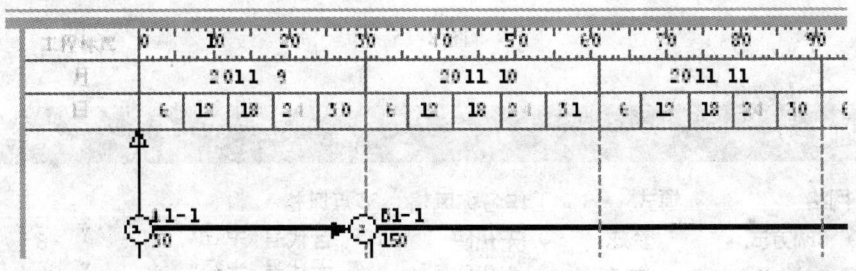

图 2-14

c) 刻度属性：是指刻度的内容如何进行显示，有月—天，年—月两种模式，可以根据实际情况选择使用，当时间跨度长时，经常使用年—月的模式；

d) 显示范围：在一个较大计划中可以只显示指定时间段的网络图输出；

e) 刻度字体：从美观的角度可以调整刻度的字体。

（4）资源区属性，可以根据输入的资源量，确定输出的资源类别、曲线方式、类型、颜色，如图 2-15 所示。

（5）图表区，本区域是网络图的主要输出内容，输出的内容主要包括网络图的方式、模式、工作名称风格及显示位置、箭头的形式等内容；为了保障整体的页面风格通常要结合 扩展与压缩，调整横向的长度与显示的内容；结合空层，调整纵向的尺寸，如图 2-16 所示。

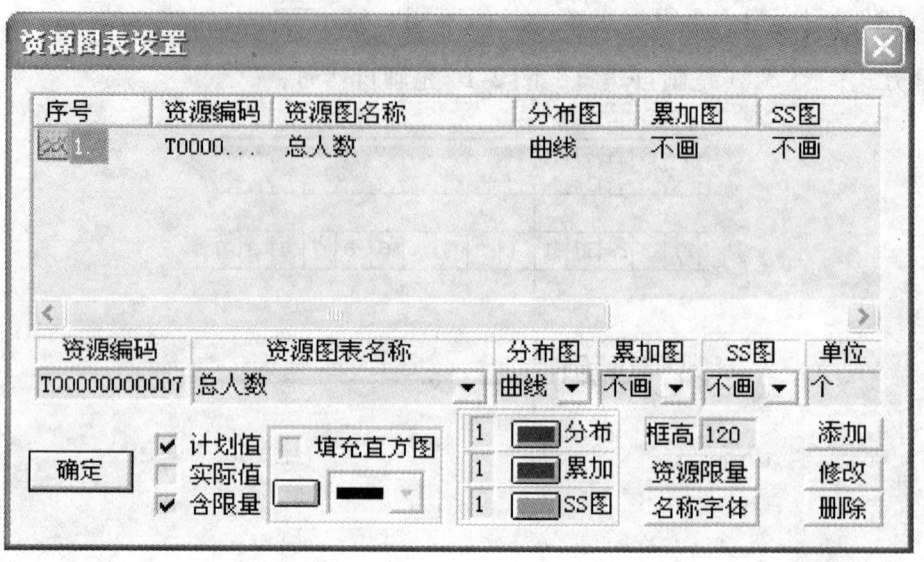

图 2-15

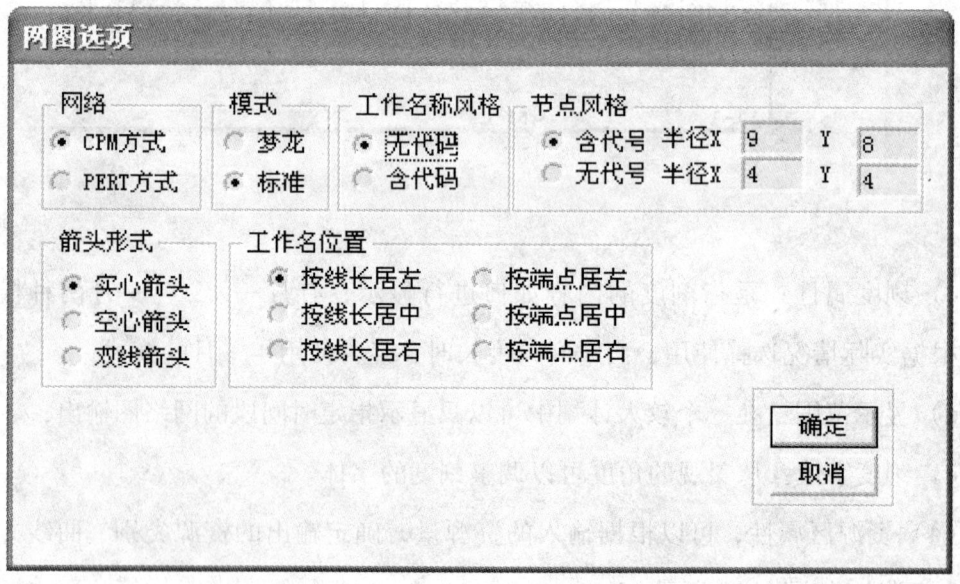

图 2-16

8. 横道图页面设置，在横道图显示区域如图 2-17 所示，单击右键，弹出横道选择窗口，可以设置输出列、列宽、高度、每页的行数等内容，如图 2-18 所示。

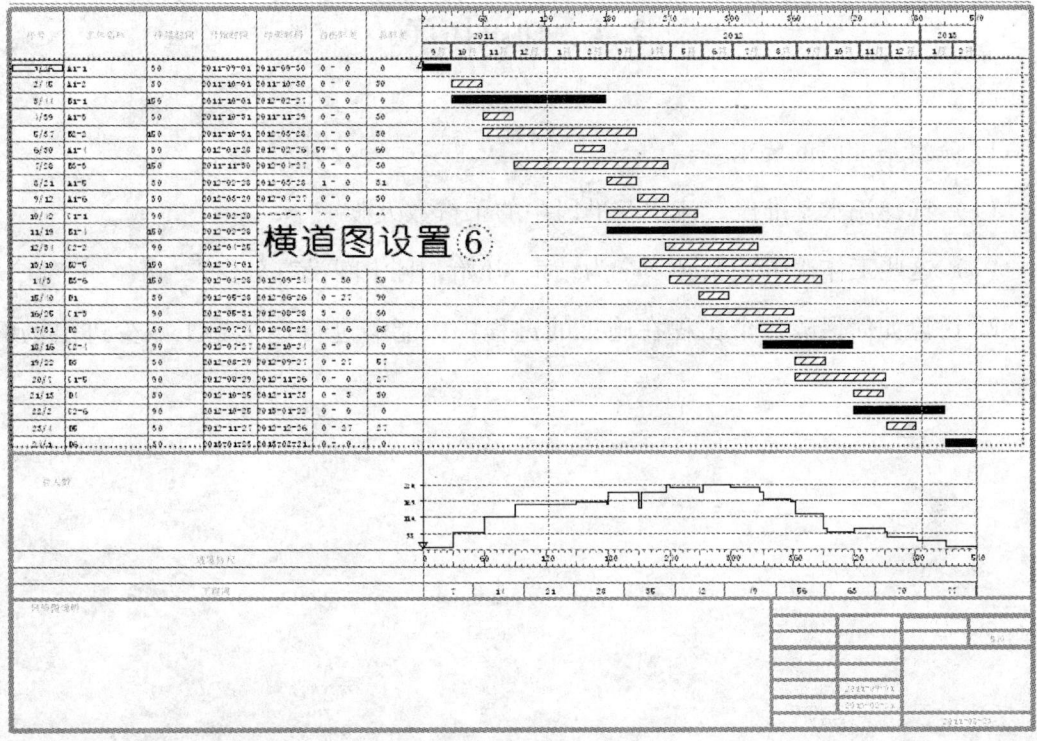

图 2-17

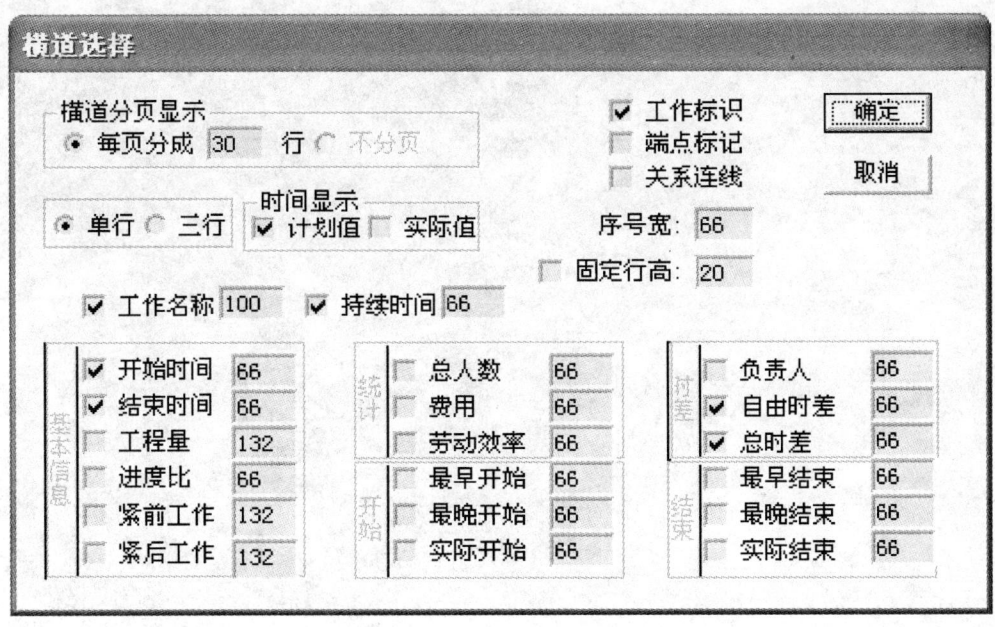

图 2-18

2.4　知识拓展

1. 流水基准段的要求

（1）选择流水基准段，流水基准段中的工作数大于一个；

（2）这些工作逻辑关系必须全为结束-开始，且中间没有分支。

2. 讨论如何保障各个工程在施工的过程中，能够进行连续施工减少进出场的次数？

第 3 章　里程碑实战

通过本案例的学习，您将能够：

1. 设置里程碑
2. 应用组件功能解决提前和滞后的工作关系
3. 应用辅助工作
4. 划分区域

3.1　案例描述

某小学教学楼项目，砖混结构，建筑面积为 2400m^2，共 2 层，无地下室，主要分为土方工程、基础工程、主体工程、装饰工程、水电安装工程、外线工程。工程的开工日期为 2011 年 7 月 1 日，工程工期为 90 天。

主要工程里程碑，见表 3-1。

表 3-1

序号	部位	强制时间
1	基础工程完工	2011-07-13
2	主体结构完工	2011-07-27
3	装饰工程完工	2011-09-13

编制本项目的逻辑网络图如图 3-1 所示。请用网络计划编制软件实现图 3-1 的编制。

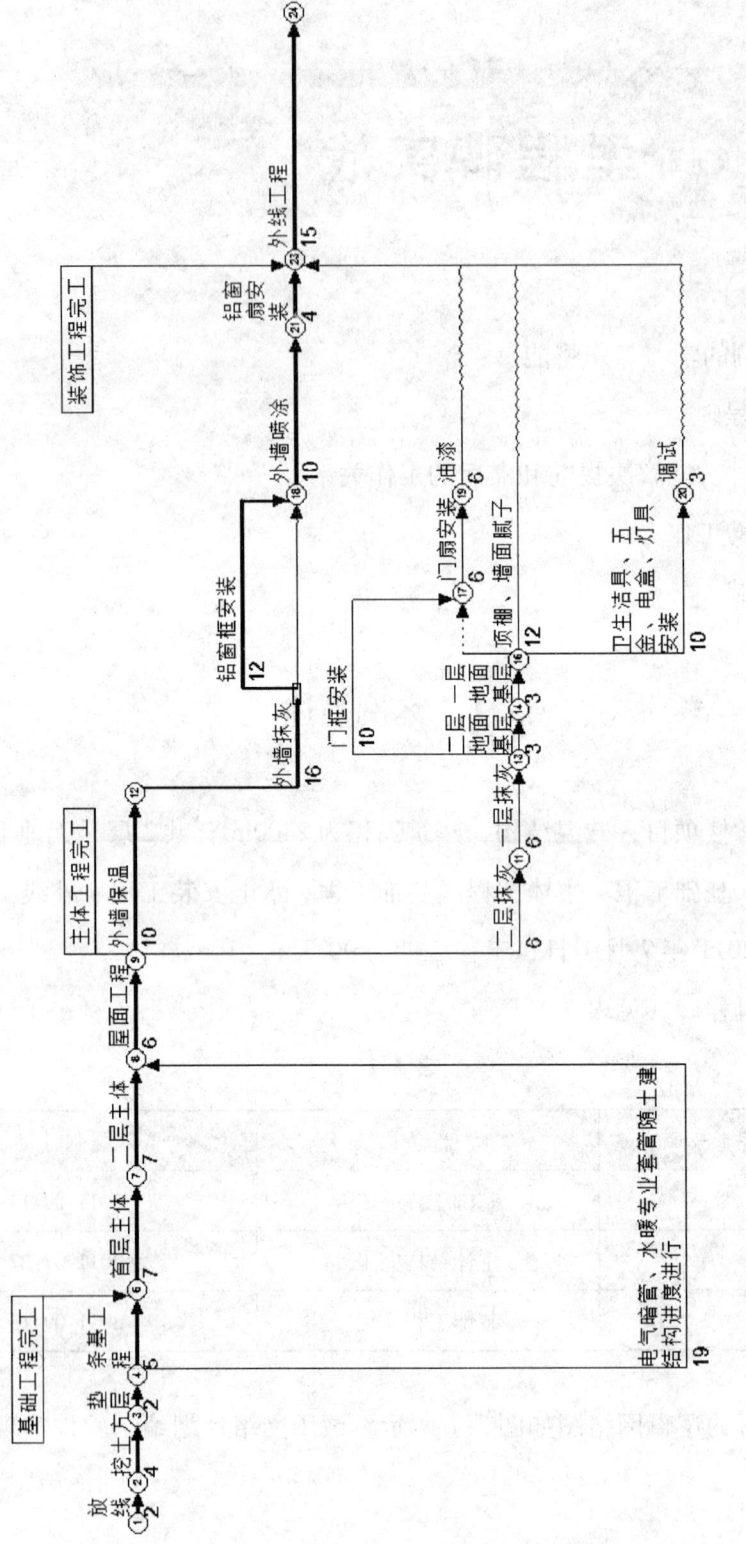

图 3-1

3.2 案例分析

按工程施工的过程，进行网络计划编制；根据计划进行里程碑的设置；按不同的施工队伍划分显示区域；电器暗管、水暖专业套管随土建工程进度同步进行；铝窗框安装在外墙抹灰开始6天后进行。

（注：编制时不考虑资源因素，本案例重在于学习软件功能。）

3.3 案例操作要点

1. 采用工程主线法编制网络图

按提供的网络计划图，编制关键线路上所有工作项，注意外墙抹灰工作后，增加一项工时为10天的工作，便于进行工作组件的操作，结果如图3-2所示。

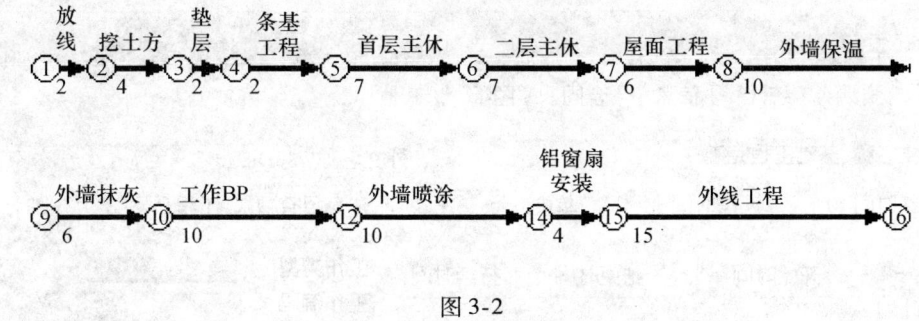

图3-2

为了便于查看，分解成了两部分，如图3-3所示。

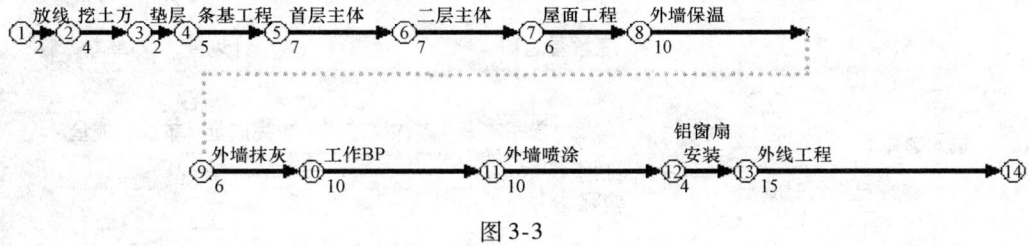

图3-3

2. 建组件　点击【组件】功能，框选"外墙抹灰"与"工作BP"弹出组件窗口，确认后即完成组件，组合如图3-4所示。

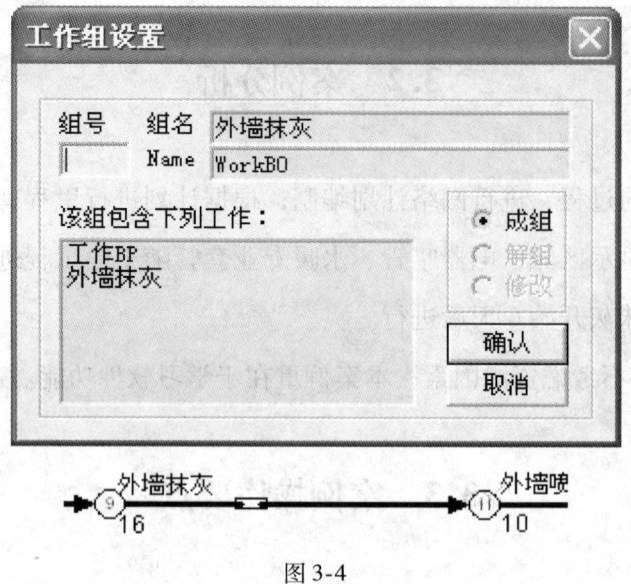

图 3-4

3. 设置工程里程碑，在【添加】状态，在节点 5 上点左键，向左上方拖动，放开左键时弹出工作信息卡窗口，如图 3-5 所示。修改名称为"基础工程完工"，并将工作类型选择为"里程碑"，如图 3-6 所示。

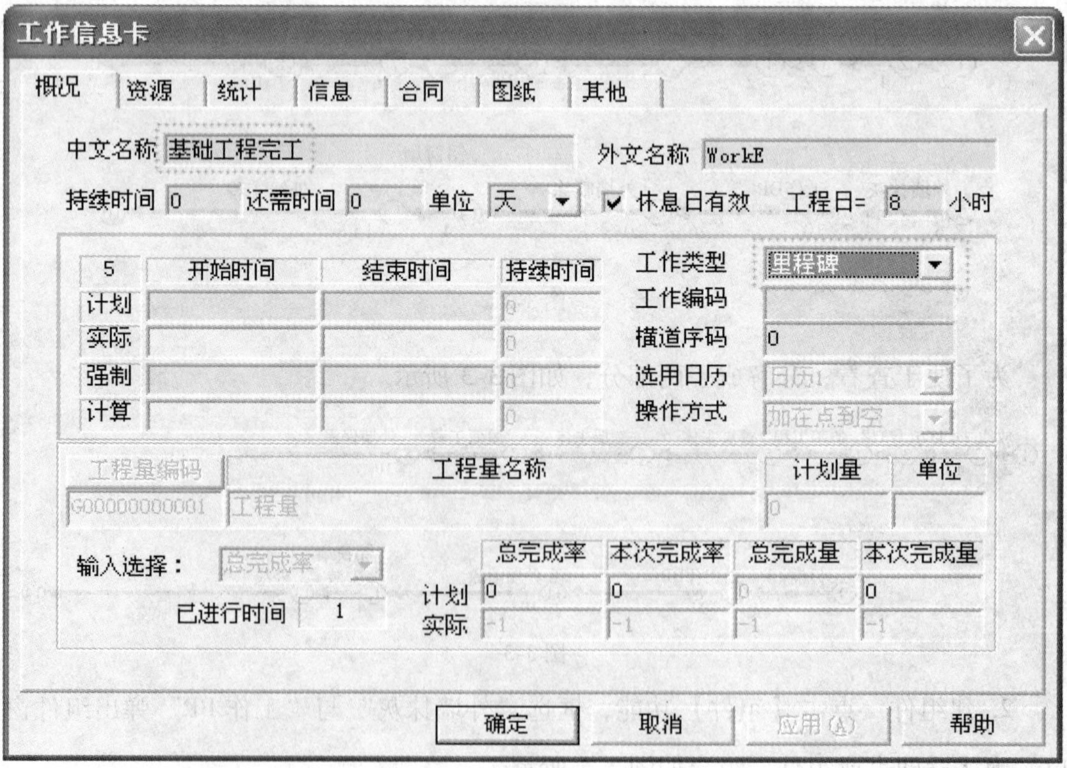

图 3-5

第3章 里程碑实战

图 3-6

4. 增加辅助工作，条基工程与主体同步完成辅助工作"套管作业"，在【添加】状态，在 4 和 8 节点增加工作，弹出工作信息卡窗口，如图 3-7 所示。输入名称"电气暗管、水暖专业套管随主体进度进行"，工作类型为"辅助工作"，无须输入持续时间，软件自动计算，如图 3-8 所示。

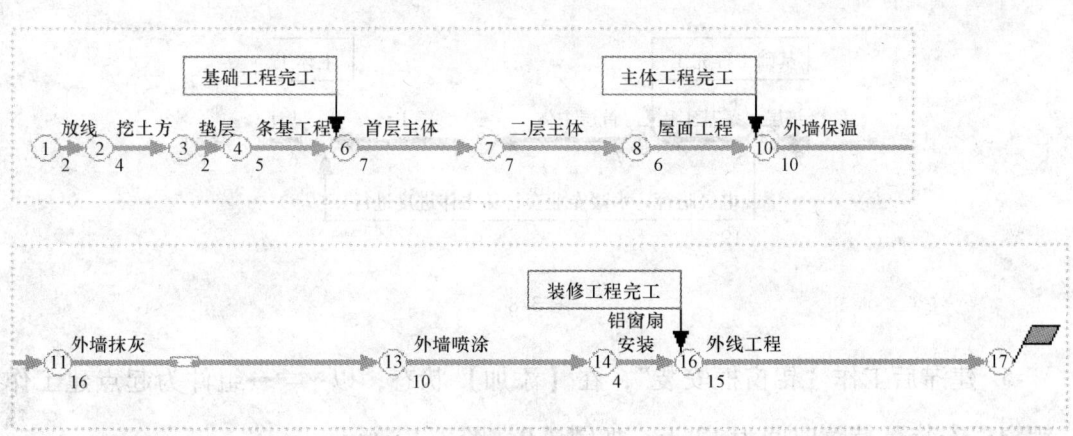

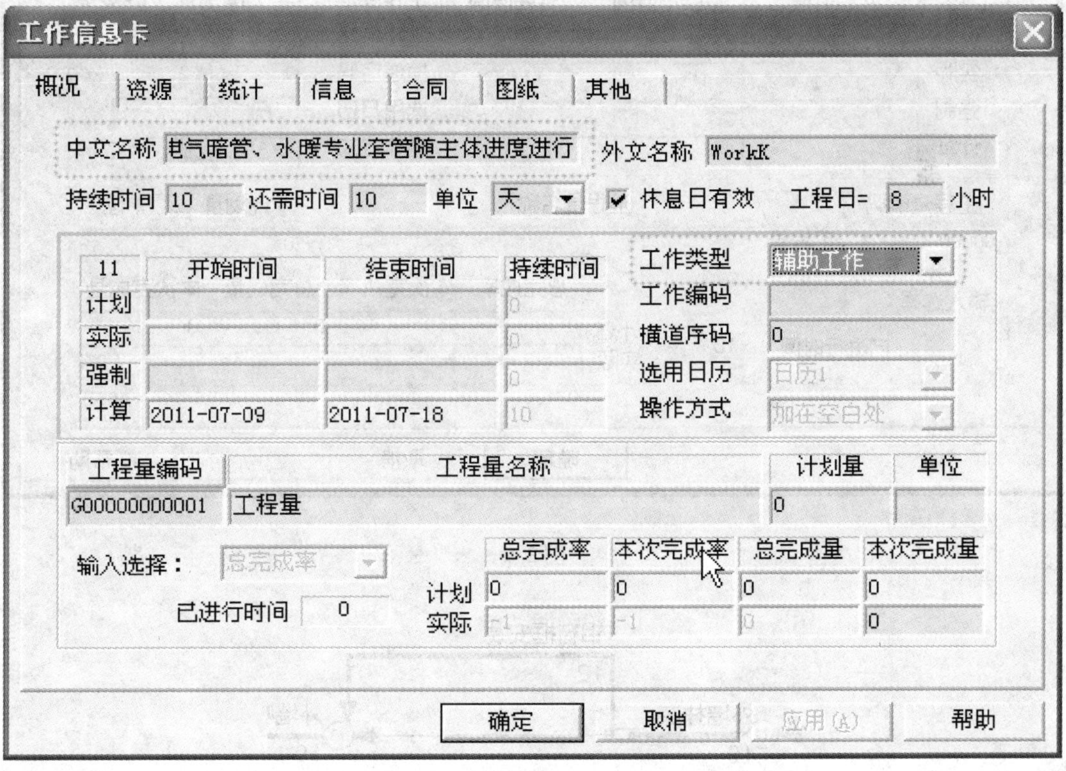

图 3-7

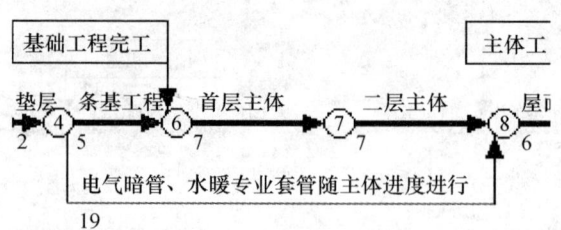

图 3-8

5. 建滞后工作"铝窗框安装",在【添加】状态,以 ━━━ 组件为起点建工作"铝窗框安装"持续时间为 12 天,如图 3-9、图 3-10 所示。

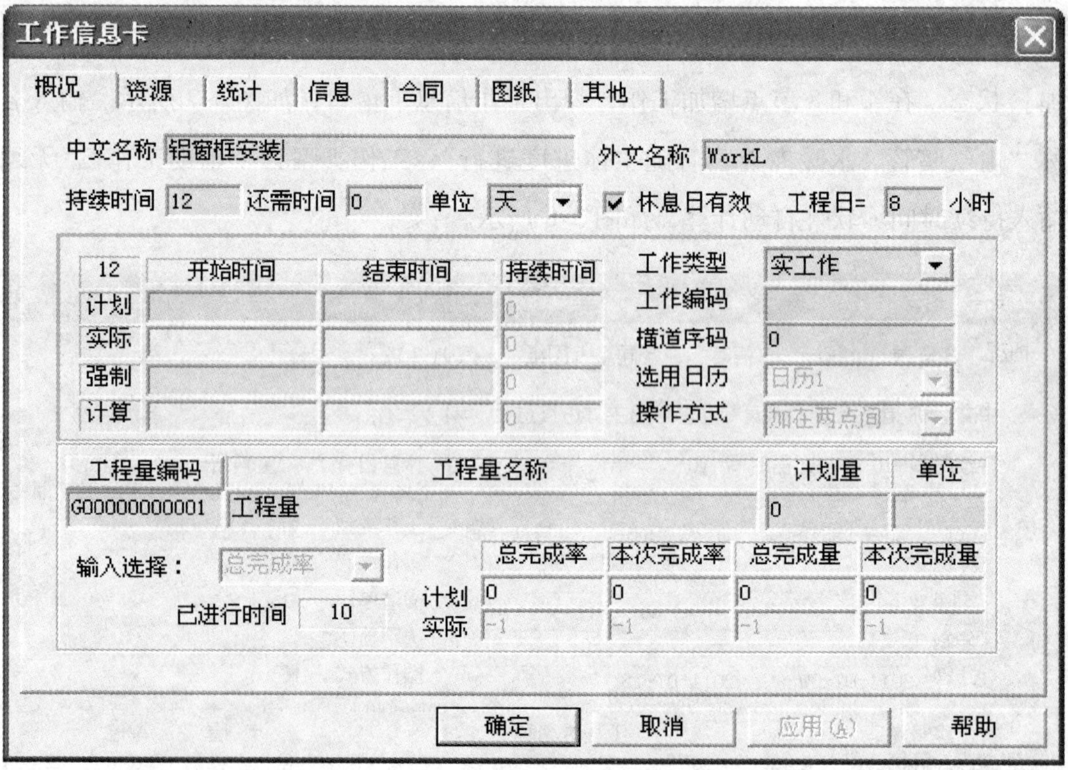

图 3-9

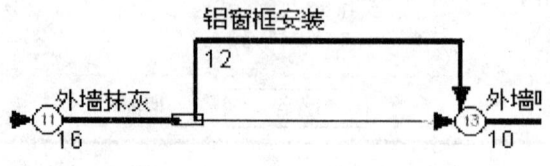

图 3-10

6. 同样方法完成余下的工作项，"一层地面基层"完成后才能进行"门扇安装"，增加虚工作一项。完成后如图 3-11 所示。

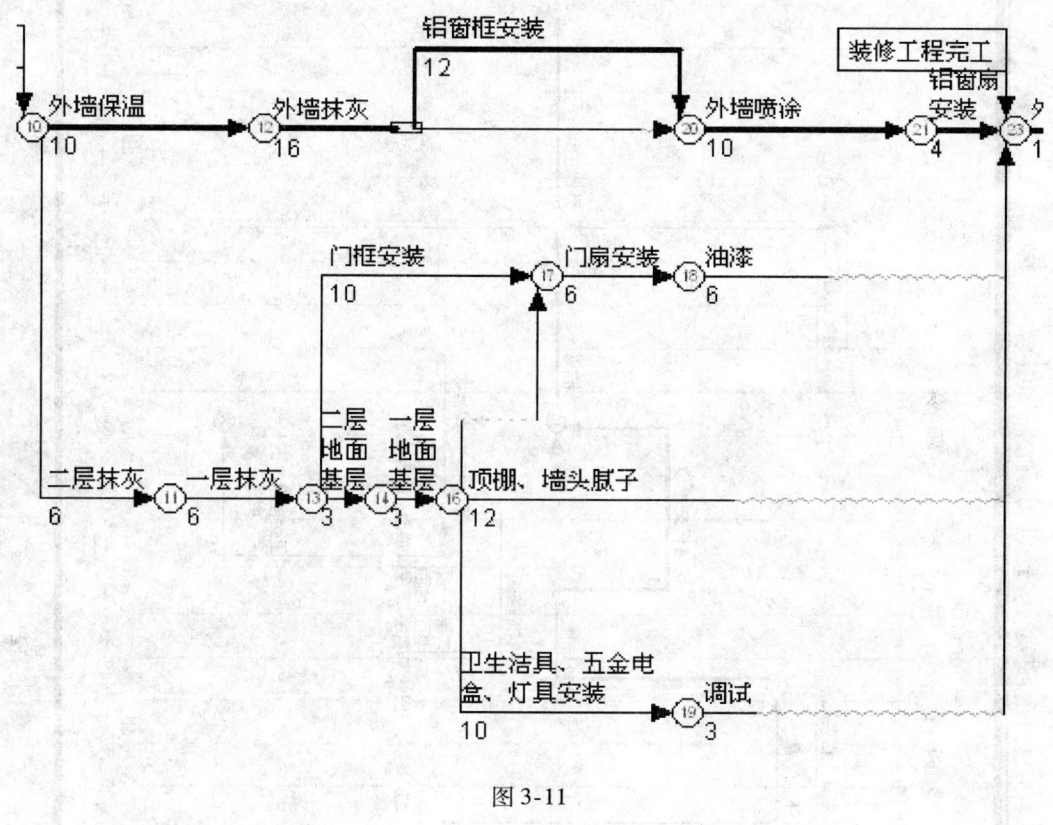

图 3-11

点击【网络开关】如图 3-12 所示。

7. 增加图注属性部分，在表右侧空白处，鼠标变为 ▦ 时，点击右键，弹出图注属性窗口，将宽度设为 240，如图 3-13 所示。

8. 增加网络图区域分割，在表左侧，鼠标变为 ▦ 时，点鼠标右键，弹出"网络图区域分割设置"窗口，如图 3-14 所示设置名称宽度为 120，如图 3-15 所示。

9. 增加空层，在【空层】状态，在需要增加空行的位置双击左键，即可以增加纵向间距，如图 3-16 所示。

10. 增加区域说明及分割线，在左侧的区域分割区内，双击即会出现区域说明字样，在文字附近点击右键，弹出网络图区域分割设置窗口如图 3-17 所示。对应关系如图 3-18 所示，输入文字距分割线的垂直距离 30，选择"加分割线"。

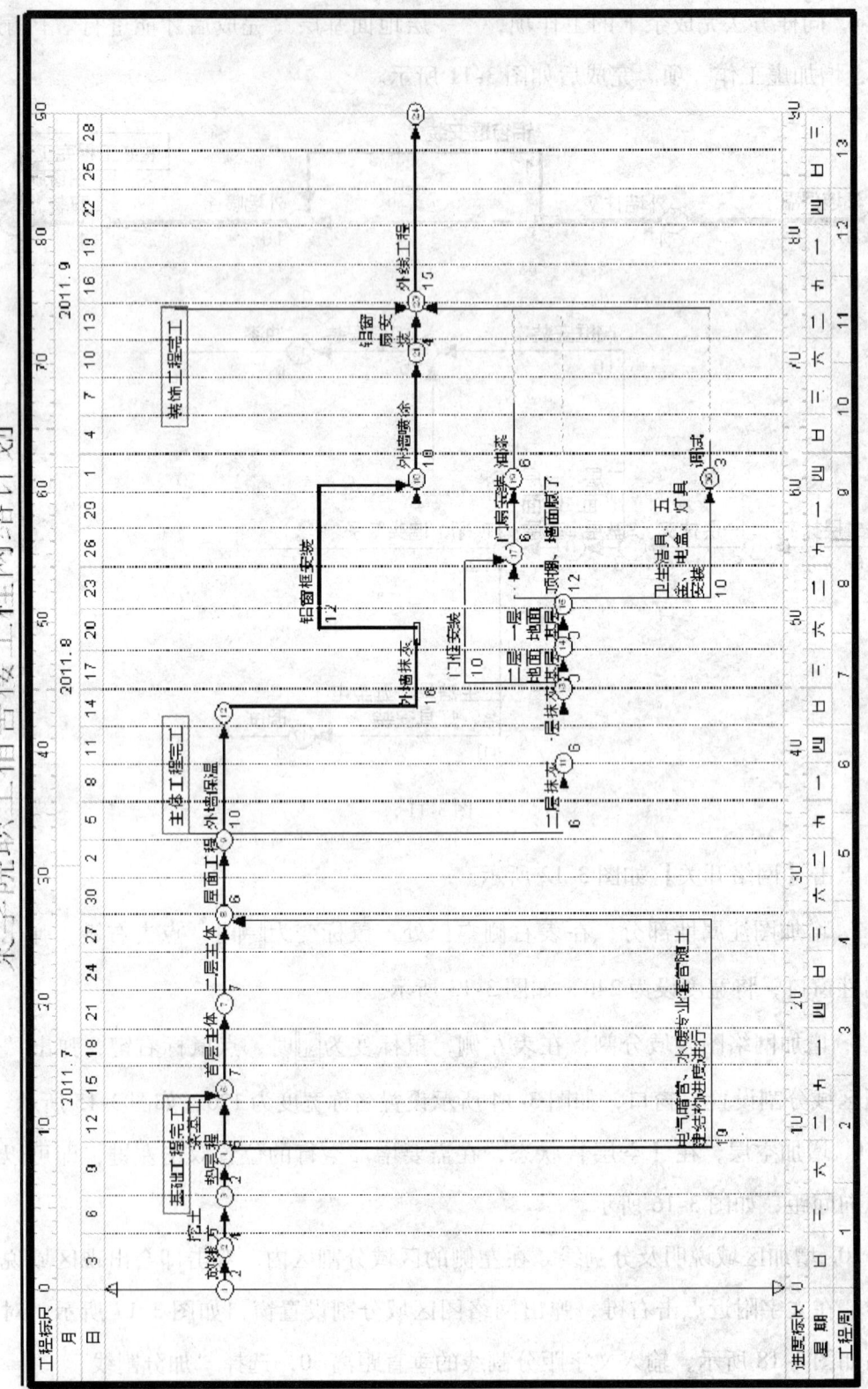

图3-12

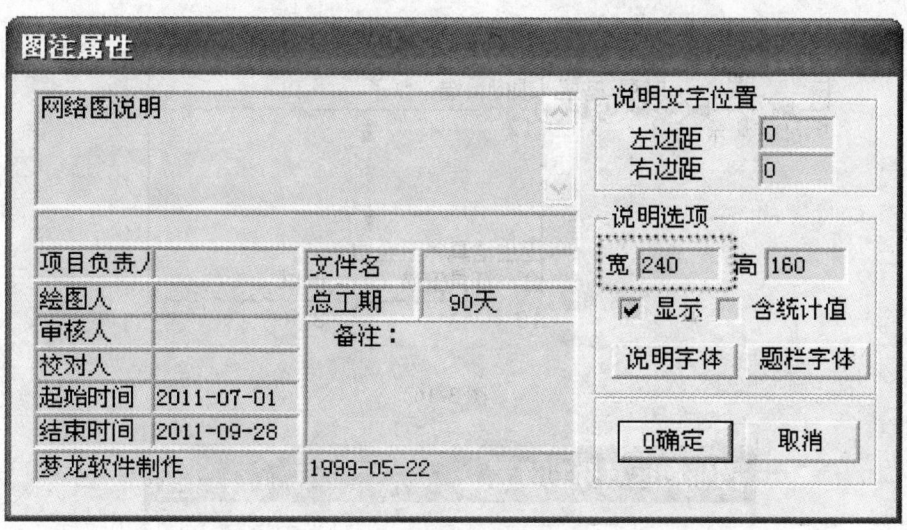

图 3-13

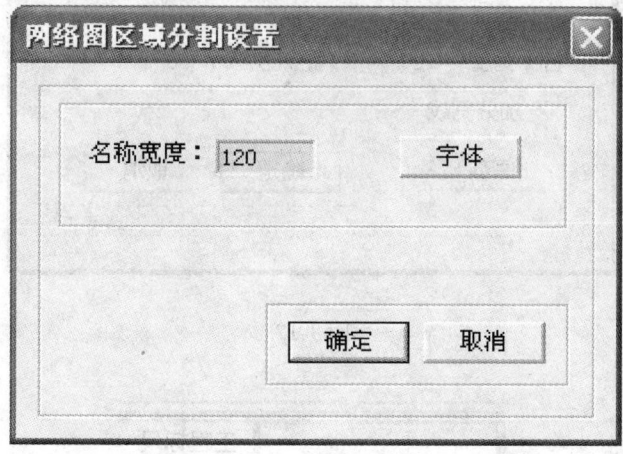

图 3-14

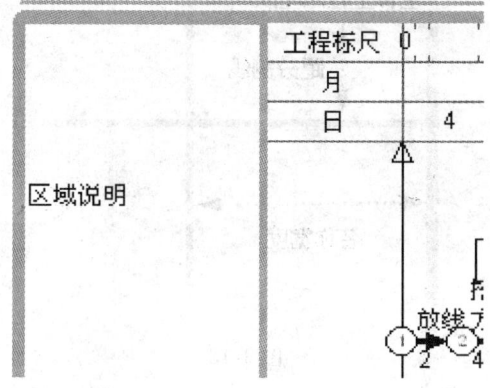

图 3-15

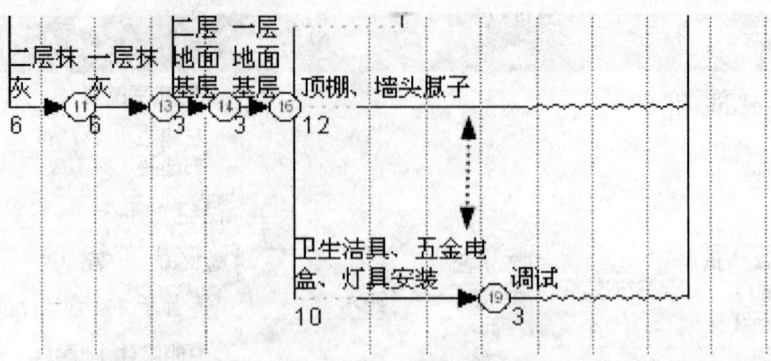

图 3-16

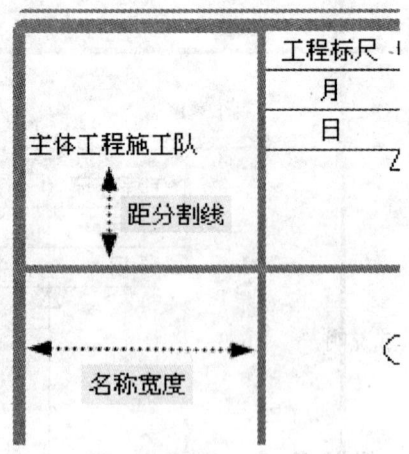

图 3-17

图 3-18

分割后的网络图，如图 3-19 所示。

第3章 里程碑实战

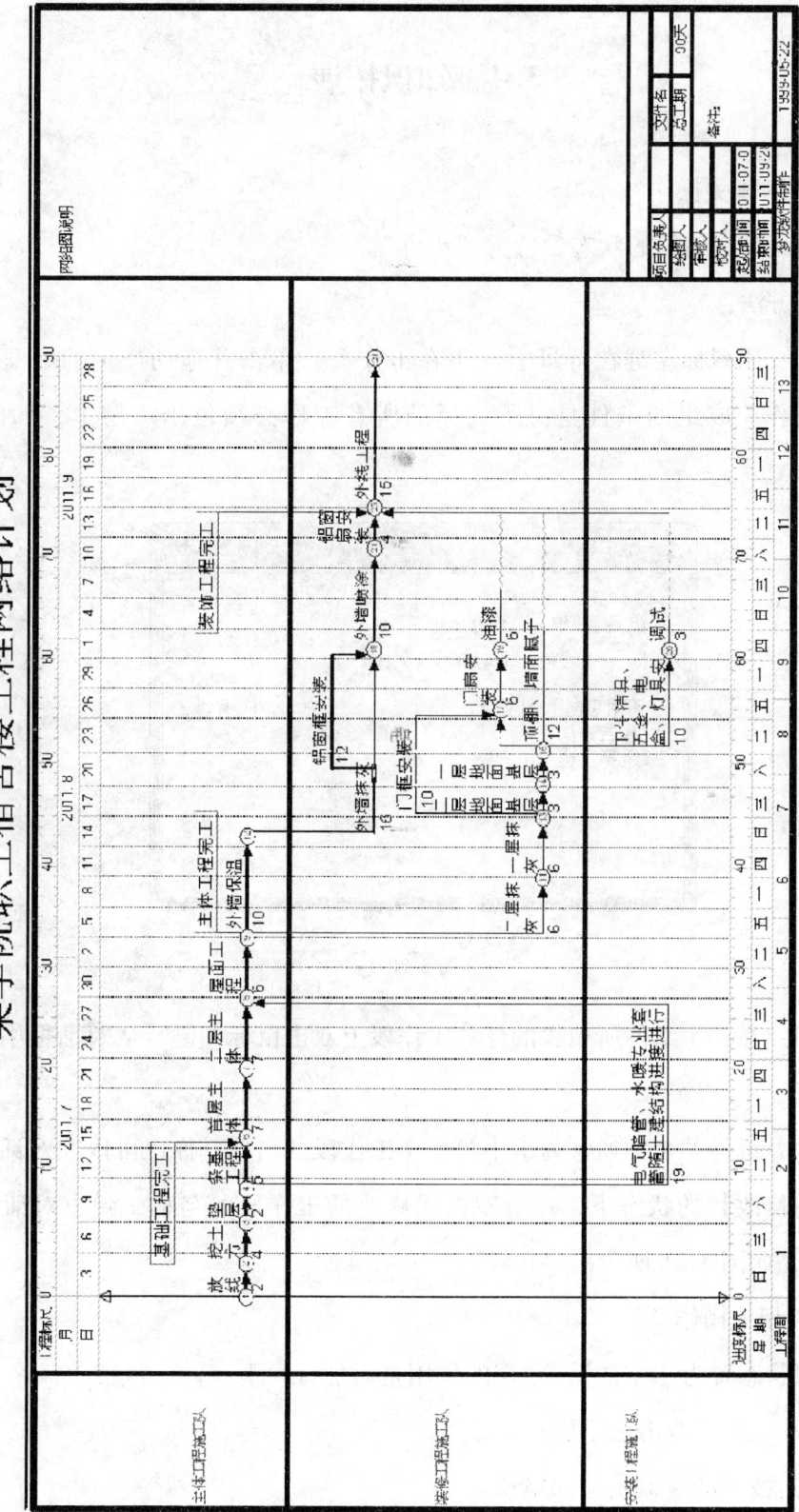

图3-19

3.4 知识拓展

1. 组件的相关操作

该命令用于将编辑的状态设置为"组件"。

🖎 操作方法：

☞ 成组：用鼠标左键在背景上（不在工作上）单击并拖动产生的虚框选择将要成组的工作。成组的条件是：所选择的所有工作必须位于一层上，如图 3-20 所示。

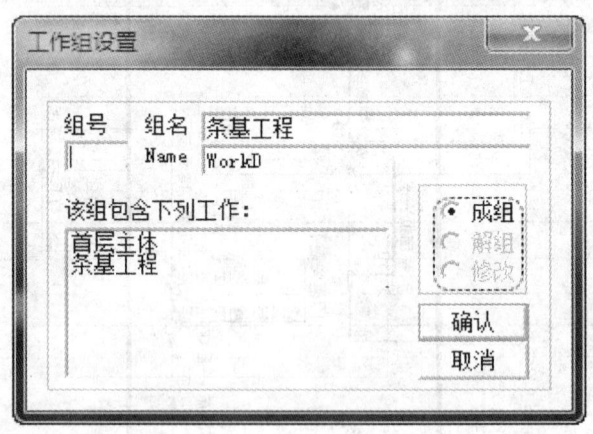

图 3-20

☞ 解组：在一个组件所包含的任一工作段上双击鼠标左键，从对话框中选择解组处理即可。

☞ 修改：组件的名称通常为组中第一个工作段的名称，你也可以在对话框中修改它。在【修改】的状态下，左键双击要修改的工作段的名称，弹出对话框【工程信息卡】，如图 3-21 所示。

2. 空层相关操作

将编辑状态置为"空层"。空层的作用是增加行间距。

☞ （1）光标处双击加空层；

☞ （2）按 Shift + 双击删除空层。

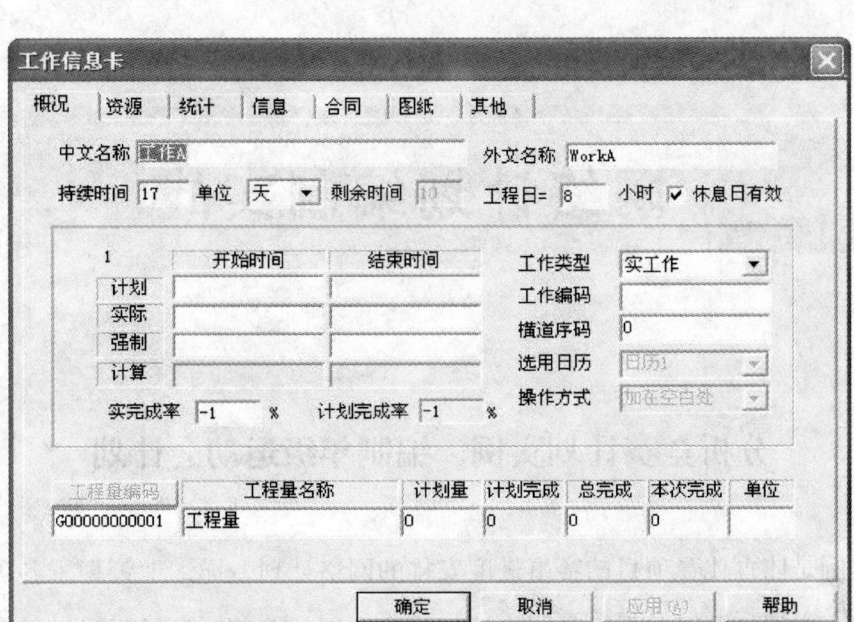

图 3-21

第4章 网络计划编制实战

分析竞赛计划实例,编制年级运动会计划

本案例是体育比赛项目的赛事进度安排的网络计划,详细地策划了各项赛事的时间与相互之间的逻辑关系,是网络计划技术应用的范例,学员可以进行分析,并参照完成下面的任务。(见附录1)

1. 学员利用网络计划编制软件打开竞赛计划.pet文件,以小组为单位分析网络计划。

2. 以小组为单位编制本年级运动会网络计划,要求如下:

1)从策划到颁奖完毕总工期为45天;

2)任务项不少于15项,编制完成后进行网络计划展示,并对计划进行合理性解释。

附 录

通过工程实例，学员可以了解网络计划图在不同专业中的应用，了解各类工程的工作项的划分，工作间的逻辑关系。

通过实例可以拓展学员视野，提高学习兴趣。由于受纸张大小的限制，实例显示会有些影响，大家可以直接查看实例的电子文件。

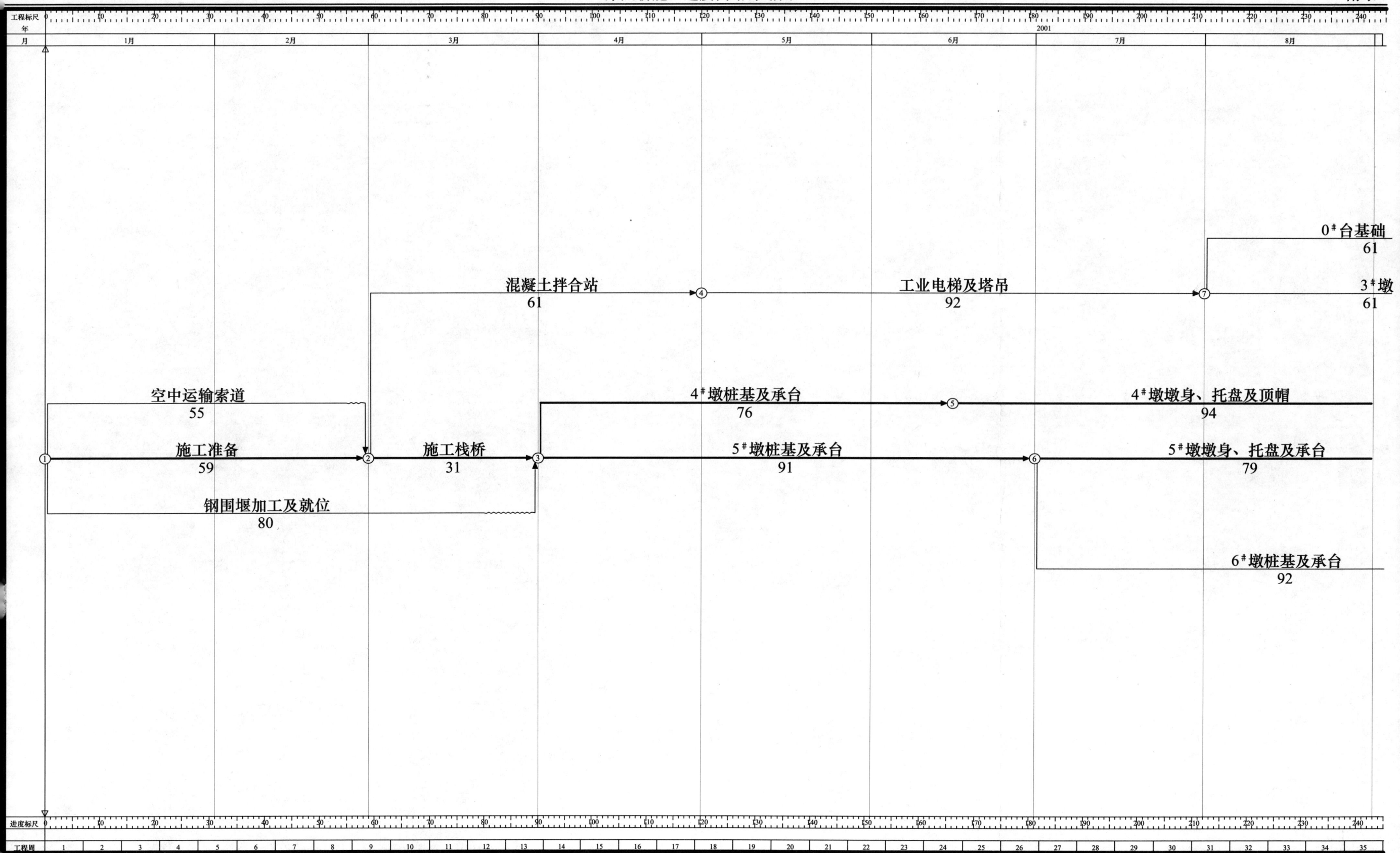
某大桥施工进度网络计划图

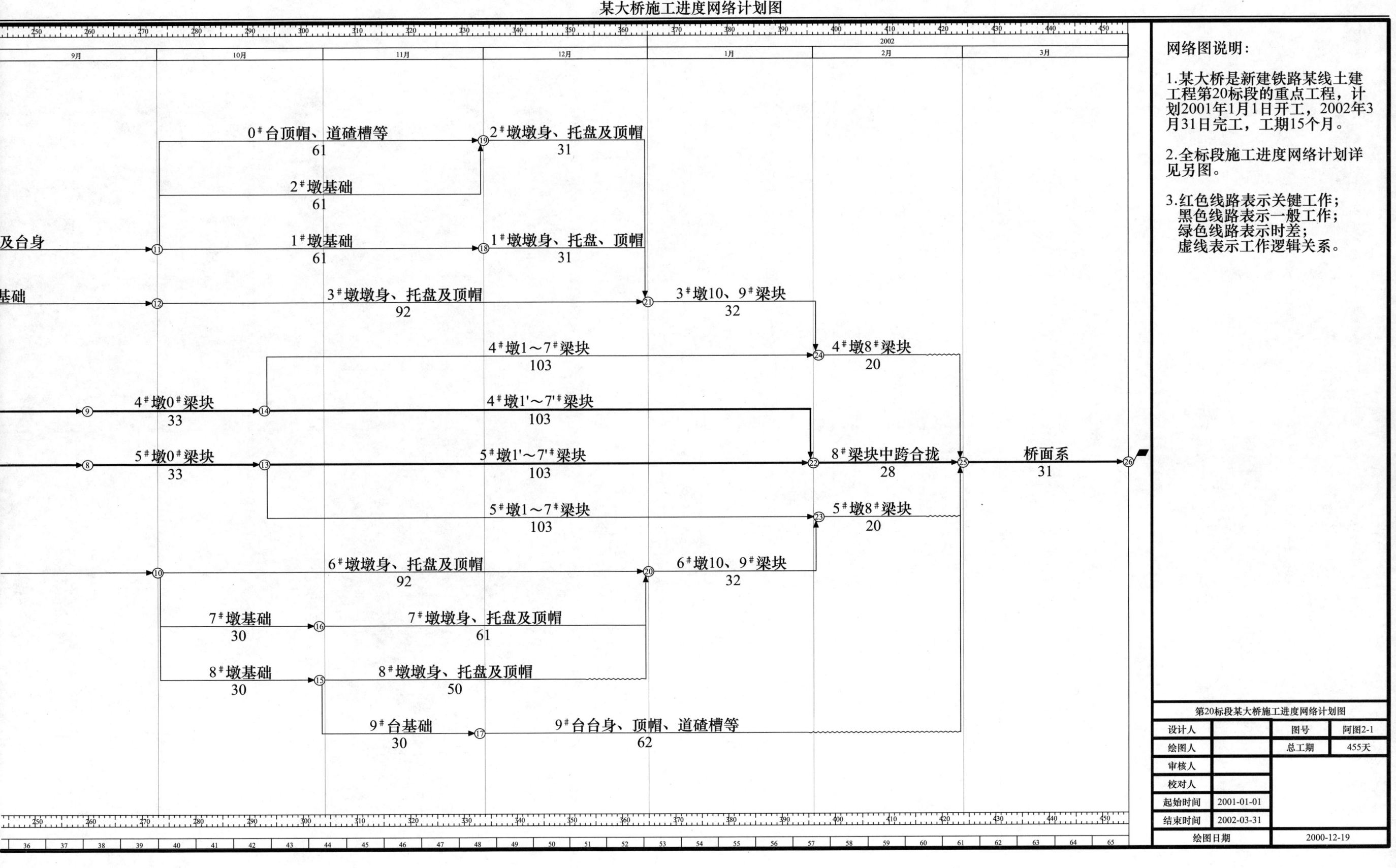

竞赛计划网络图

附录1

竞赛计划网络图

| 2001.7 | 2001.8 | 2001.9 | 2001.10 | 2001.11 | 2001.12 |

女子垒球冠军杯赛
26

U-21可扣可乐全国奥林匹克足球赛(第二阶段) — 橄榄球锦标赛 — U-21可口可乐全国奥林匹克足球赛-决赛 — 超霸杯
30　　　　　　　　　　　　　　　　33　　　　　29　　　　　　　　　　　　　31　　　　　　　　　　30　　　　　28

网球巡回决赛
9

赛　男篮甲B联赛-1 — 排球优胜赛(男子组) — 男篮甲B联赛-2 — 女篮俱乐部联赛 — 青年棒球联赛
17　　10　　　　　　8　　　　　　　　　　12　　　　　　　8　　　　　　　9　　　　　　　57

公路摩托车锦标赛-2 — 越野摩托车锦标赛-3 — 公路摩托车锦标赛-3
3　　　　　　　　　　　　　13　　　20　　　　　　　　3

独轮车锦标赛
1

全国冰球联赛
118

花样滑冰锦标赛
27

击剑锦标赛暨九运会预赛 — 射箭重点学校锦标赛 — 射击系列赛第三站暨九运会热身赛 — 奥林匹克项目锦标赛
13　　　30　　　　　　　　5　　9　　　　　　　　12　　　　11　　　　　　6

会预赛 — 皮划艇预赛暨全国锦标赛 — 滑水锦标赛 — 蹼泳锦标赛
9　　　　5　　　20　　　　　　31　　　　　41　　　　5

女子自由式摔跤冠军赛
4

锦标赛暨九运会(女) — 健美操锦标赛 — 国际马拉松赛暨九运会决赛
4　　18　　　　　　6　　　　　　　　　　　　　1

某高速公路11合同段控制性施工进度计划网络图

附录2

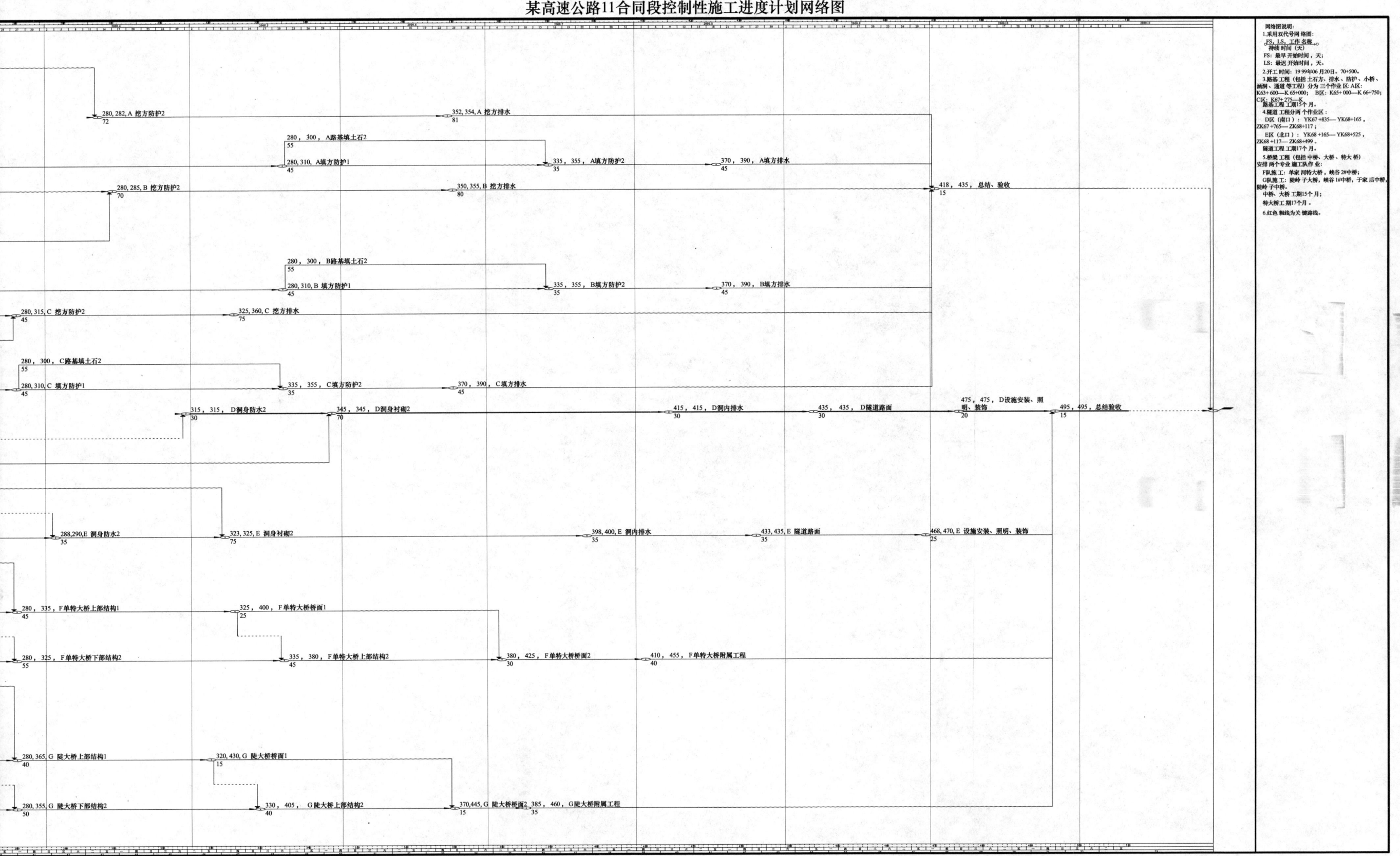

下 篇
网络计划编制系统备查手册

第1章 概　　述

　　网络计划技术为现代管理提供了科学的方法。这一技术主要用于制定规划、计划和实时控制，在缩短建设周期、提高工效、降低造价以及提高企业管理水平方面都能取得显著的效果。

　　该技术20世纪50年代中期出现于美国。1958年美国海军部在制定北极星导弹计划时，为了科学组织和管理参加这项工程的11000个企业（分布于美国48个州），应用网络计划技术，结果使得北极星导弹的制造时间缩短了两年。也就是说，因为采用了网络计划技术，美国比原计划提前两年时间拥有一枚可供使用的北极星导弹。为此，美国国防部在1962年就规定，凡承包有关工程的单位都需要采用这种方法来安排计划。美国政府也明确规定，凡与政府签订合同的企业，都必须采用网络计划技术，以保证工程进度和质量。在美国，建筑业普遍认为"没有一种管理技术像网络计划技术对建筑业产生那样大的影响"。日本于1961年引进了美国的网络计划技术，日本政府认为此项技术是最优方法，并规定全面采用。日本专家认为"时间是金钱，网络是专利"。原苏联在1970~1975年的第九个五年计划期间，在建筑业推行这一方法。根据大量的工程实践表明，应用网络计划管理后可以缩短建设周期20%，降低工程成本10%，而编制网络计划所需用的费用仅为0.1%。英国推广应用网络计划法比较普遍，除建筑业外，工业方面应用的也很多，他们为各级企业管理人员（包括经理和总工程师在内）举办不同类型的短期培训班，使各级管理人员都能懂得或运用这种管理方法，以适应各层管理人员的需要。原西德、法国、加拿大等发达国家应用网络计划技术也卓有成效。我国早在20世纪60年代初期，华罗庚教授结合我国"统筹兼顾，全面安排"的指导思想，将这种方法称为"统筹法"并组织了小分队深入重点工程推广应用，取得了较好的效益；但是由于当时条件的限制，推广网络计划技术只能靠人工计算画网络图，要普及十分困难。

北京市梦龙科技有限公司应用网络计划技术的原理，采用高新技术手段，经过十年的实践磨炼，开发出适用于各种项目（基本建设、设备制造及安装、科研、产品开发、军事等）计划管理的智能项目管理系统PERT。该系统被列入全国星火计划优秀项目推广成果；曾经获得全国施工优秀软件一等奖；化工部优秀软件一等奖；在现代化管理技术与计算机应用软件推广交流会上被与会代表无记名投票评为第一名；在安装协会计算机软件推广交流会上评为一等奖；被中建总公司、北京建工集团、北京住总、中信国际合作公司等单位发文指定推广。

它已成功应用于建筑、化工、石油、冶金、核电、工厂生产、维修、科研、军事等领域。例如：亚运会工程、三峡工程、秦山核电站、蓟县电厂、深圳电厂、珠海电厂、三河电厂、杨柳青电厂、邯峰电厂、上安电厂、衡水电厂、西柏坡电厂、海南加来机场、大连机场、宜昌机场、青岛胶州机场、陕京输气工程，北京"95·11"工程、翠微小区、翠微大厦、金融大厦、航华大厦、银宝大厦等项目管理中，产生了良好的社会效益和经济效益，受到了用户的一致好评。

该软件与国际上同类软件相比具有很多优越功能，它一改国内外同类软件设计思路，完全拟人化操作，甩开纸和笔，不用画草图且比画草图更容易地直接用鼠标在屏幕上制作网络图，智能建立紧前、紧后逻辑关系，节点及编号、关键线路实时自动生成，与表格输入方式制作网络图相比提高功效数倍至数十倍。不需更多的网络计划知识，仅懂工程和能看懂网络图，就可轻松愉快、快速准确地制作网络图。该软件是实现网络计划技术在各系统管理中科学、先进、快速的工具，它的应用普及必将在我国各行业、各部门计划管理工作中发挥巨大作用。

第 2 章 网络计划技术

2.1 引 言

网络计划技术是现代化科学管理的重要组成部分，它把整个项目当做一个系统去加以考虑，将项目的各项任务中的各个阶段和先后顺序，通过网络形式对整个系统统筹规划，并区分轻重缓急进行协调，使系统对资源（人力、物力、财力等）进行合理的安排，有效地加以利用，达到以最优的时间和资源消耗来完成整个系统的预期目标，取得良好的经济效益。

网络计划技术的基本原理并不深奥，它的主要思路就是"统筹兼顾"、"求快、求好、求省"。人们在生活和工作实践中，经常会不自觉地运用这种方法，只不过是没有进行科学的分析，没有掌握它的规律性。例如，家庭搬家可以看成是一个项目，首先要制订好计划，结合家庭成员情况和物品情况，对各房间的使用和物品摆放做出合理的规划。搬家是由许多工作组成的，如要打扫新房，清理包装好各种物品，联系好车辆，确定搬家人员，完成装车、运输、卸车工作直到物品到位等。搬家不是一个复杂的过程，但有些工作的顺序性很强，有些工作时间要求紧迫，如果计划组织不好，会产生窝工甚至返工，增加车辆运输次数，加大工作量，拖延总时间，增加总成本。

如果只有少数几项活动组成的任务，它的安排合理与否，凭经验或进行简单的分析是可以解决的。但是，在现代化的庞大复杂系统中，如何合理地组织管理，使系统中各个环节互相配合、协调一致，使任务完成得既快又好又省，这并不是单凭经验或稍加分析就可以解决的，而是需要运用网络计划技术，进行统筹安排，合理规划。越是复杂的、多头绪的、时间紧迫的任务，运用网络计划技术就越能取得更大的经济效益。

2.1.1 用传统横道图表示网络计划

"横道图"是人们常用的一种计划表示方法，它是用一条水平线来表示项目中工作进度的起止时间。

例如：加工某种成品有四项工作，如表 2-1 所示。

表 2-1

工作内容	代号	紧前工作	工作所需时间
按图下料	A	—	5
准备工具	B	—	10
废料处理	C	A	5
加工成品	D	A、B	10

只有与某个工作紧邻的一些工作完成，这些工作才能开始，称这一些工作是某个工作的紧前工作。

通过分析表 2-1 中的内容，我们知道 A、B（按图下料、准备工具）两项工作可同时进行，C 工作（废料处理）必须在 A 工作（按图下料）完成之后进行，D 工作（加工成品）必须在 A、B（按图下料、准备工具）两项工作完成之后进行，进而形成"横道图"计划，用于指导生产，如图 2-1 所示。

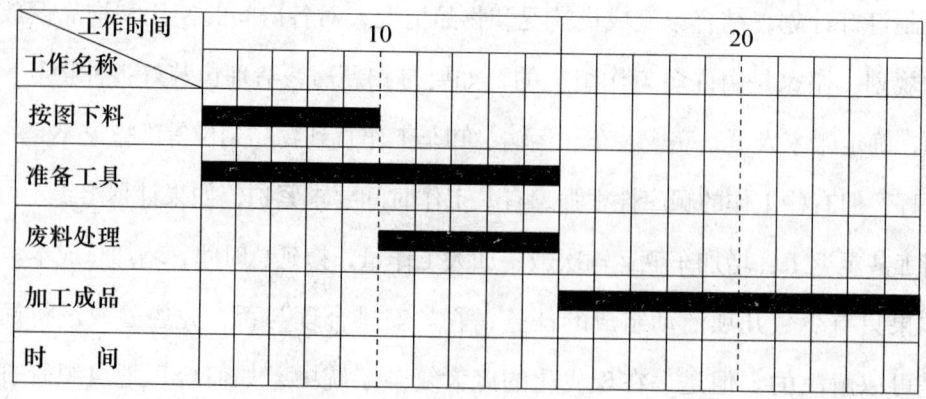

图 2-1

优缺点：这种横道图简单、直观，但它只能表明已有的静态联系，不能反映出各工作之间错综复杂、相互制约的关系，也不能反映出哪些工作是关键的，不利于合理地组织安排和整个系统的指挥，更不利于对整个系统进行动态优化管理。

当我们做横道图时，实际上已经对各工作之间的关系很清楚，但是从横道图看不出各工作之间的相互制约关系。如要表明这种关系，就需要用下面的图示方法来表示，也就是我们所说的网络图表示法。

2.1.2 用网络图表示网络计划

我们把一项工作用两个圆圈连接成一条实线段来表示，前后两个圆圈分别表示工作的起止点，圆圈称为节点，如图2-2所示。

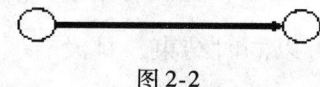

图 2-2

如图 2-3 所示，A 完工，C 才能进行；A、B 完工，D 才能进行。

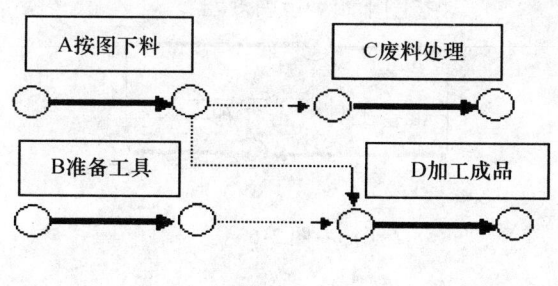

图 2-3

图 2-3 中虚线（---）表示工作间的联系及约束关系；箭头（→）表示工作前进的方向。为了清楚地表示各工作及各工作之间的连接关系，便于数学计算和计算机处理，用数字对节点进行编号，如图2-4所示。

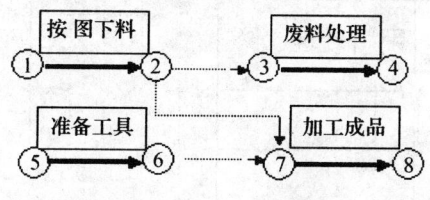

图 2-4

为使图形更紧凑、简洁，在保持工作连接关系不变的情况下，表示连接关系的一些虚线可去掉，将此虚线两端的节点合为一个（化简为图形表示，类似于公式化简)，去不掉的虚线便称为虚工作。

化简后如图2-5所示。

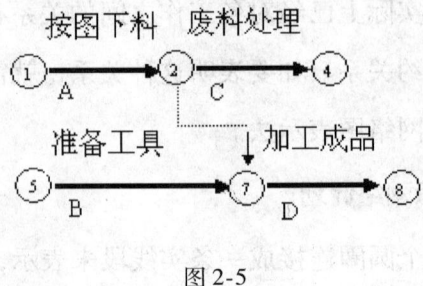

图2-5

由于A、B两工作可以同时开始，且没有紧前工作，用相同编号的节点表示两项工作的开始；C、D两工作可以同时结束，且没有紧后工作，用相同编号的节点表示两项工作的结束。然后，对节点重新编号得到逻辑网络图，如图2-6所示。

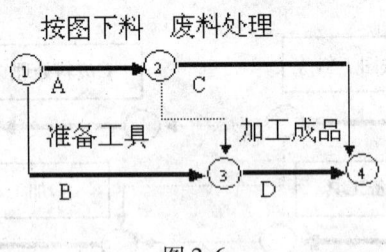

图2-6

图2-6虽然表示工作连接关系清楚，但没有表示出各工作的时间因素，而图2-7的时标网络图既表示清楚了工作的连接关系，又表示清楚了工作的时间因素，线段长度与时间成比例。

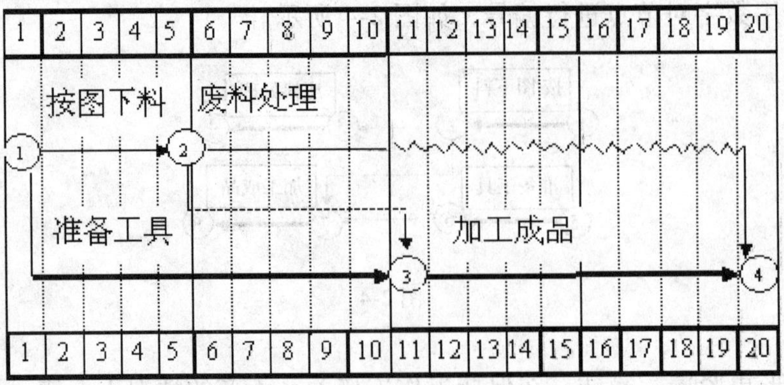

图2-7

网络计划技术是用工作时间及工作之间的相互约束关系形成的"网络图"，反映出整个项目的全貌，通过科学计算，可确定对全局有影响的关键工作，从而对项目的所有工作做出合理的全面规划和安排。

从起点①到终点④总共有三条路线，路线的总长度叫路长，也就是各工作时间的总和。如图2-8所示。

线　路	线　路　组　成	路　长
第一条	①—A,5→②—C,5→④	10
第二条	①—A,5→②---0--→③—D,10→④	15
第三条	①—B,10→③—D,10→④	20

图2-8

在各线路的路长中，可以找到一条所需时间最长的线路，这条线路在网络图中称为关键线路，在图上用红线（或粗线）标出。在关键线路上的工作称为关键工作。

图2-8的第三条线路的路长为20，为最长线路，因此它是关键线路，即B、D为关键工作。网络计划主要是找出项目中的关键线路，因为它决定项目的工期，如果在这条线路上工作进展延误，整个项目的工期就要延迟。相反，如果能想办法缩短这条线路的完工时间，完工日期就可提前。

非关键线路与关键线路上的工作相比，有一定的时间活动范围，如从时标网络图上可以看出，C工作（废料处理）最早不能早于第5天开始，最迟不能迟于第15天开始，最早不能早于第10天完成，最迟不能迟于第20天完成。因此，每项工作都有最早开始时间、最迟开始时间、最早结束时间、最迟结束时间，通过数学计算可以得出每项工作的这些时间值，以及时差等。这些时间值体现了每项工作在时间安排上有多大的活动余地，量力支援关键线路上的工作。

2.1.3　网络图表示方法的优势

网络计划技术与横道图计划相比，具有以下特点：

编制网络图的过程，就是深入调查研究的过程，有利于克服编制计划凭经验、想当然的主观主义，使之更符合客观实际。

网络图能够反映出各个工作之间的相互制约和相互依赖的关系。在计划的执行过程中，某一工作的完成时间由于某种原因要提前或推迟时，可以预见到它对整个工期的影响程度。

从网络图中可以了解到哪些工作是关键的，必须确保这些工作按期完成，同时也可查明哪些工作有潜力可挖。

网络计划可以根据项目的实际执行情况进行动态调整，指出关键工作，预测未来结果。

通过对网络图的分析，能够从许多可行方案中选出最优方案。

可以利用计算机进行分析和计算及快速制作网络图，由于实际情况是经常变化的，有些工作可能提前，有些工作可能延期，这时关键线路可能会发生变化，原来的主要矛盾变为次要矛盾，一些次要矛盾上升为主要矛盾，根据实际情况，用计算机及时运算指出新的关键线路，做到真正的动态管理。

重视和应用网络计划技术并不是削弱横道图在计划管理中的地位和作用，而是用它改进和弥补横道图的不足，在网络计划实施过程中，还要用横道图给具体部门制订计划。

2.2 网络计划表示方法及规则

2.2.1 我国网络计划表示方法及规则

智能项目管理系统 PERT 98 在网络图表示方法上是以中华人民共和国行业标准《工程网络计划技术规程》JGJ/T 121—1999 为准则的，除此之外，还对其做了扩展，也就是说 PERT 系统除包含国家标准表示方法外，还增加了一些国际通用表示方法及我们通过十年的实际探索与广大用户一起总结的一些更加合理、贴近实际的表示方法，对传统表示方法不完善的地方进行了改进，使之更加合理。

中华人民共和国国家标准 GB/T 13400.1992 网络计划技术网络图画法的一般规

定（General rule for representation on network planning techniques）：

图形符号的基本形式如图 2-9 所示。

图形名称	图形符号的基本形式	备注
节 点	○ □	优先选用圆形
箭 线	→	优先选用水平走向
虚箭线	⇢	优先选用水平走向

图 2-9

网络图中应用的基本形式如图 2-10 所示。

形式 名称	双代号	单代号
事 件	○	
工 作	○—→○	○ □
虚工作	○⇢○	
逻辑关系		→

图 2-10

2.2.2 梦龙软件表示网络计划方法

梦龙智能项目管理系统 PERT 98 网络图表示方法，严格按国家标准执行，如图 2-11 所示。

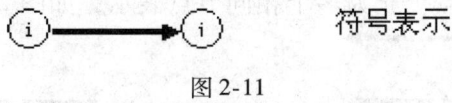 符号表示

图 2-11

1. 双代号

（1）工作：两圆圈之间的直线段表示工作。

（2）节点：线段（工作）两端的圆圈为节点，圆圈中的数字为节点代号，节点不表示工作，只表示工作间的逻辑关系。

(3) 规则及连接表示方法

❧ 任一工作的右节点代号必须大于左节点代号。如：⑤→⑨，因 9＞5，所以为合法表示。

❧ 每项工作的两端都有节点，以表示工作间的逻辑关系。

❧ 虚工作时间为 0，用虚箭线表示。

(4) 规定网络图只有一个起点和一个终点。PERT 98 包含该规定同时对其进行了扩展，还可以多起点和多终点。

(5) 由于传统双代号表示，计算是用节点来进行的，所以规定两个节点之间只能有一项工作。PERT 98 除可遵守规定之外，由于采用新算法，还允许两个节点之间有多项工作，如图 2-12 所示。

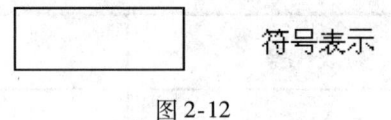　符号表示

图 2-12

2. 单代号

(1) 工作：用方框表示工作。

(2) 用箭线表示逻辑关系。

2.3　梦龙模式网络图表示方法

除了严格按国家标准实现网络计划的表示方法外，以国家标准为准，梦龙 PERT 98 系统结合计算机实际应用，对传统表示方法还做了部分扩充。

(1) 将原来同一节点扩充为多个相同节点表示，如图 2-13 所示。

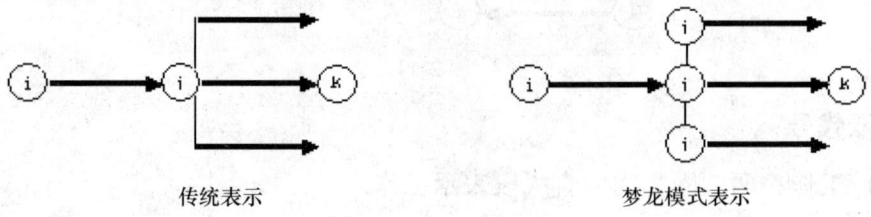

图 2-13

（2）梦龙模式对传统模式的单起点单终点扩充为多起点多终点。

（3）梦龙模式对传统模式规定的两个节点之间只能有一项工作进行改进，可以在两个节点之间有多项工作。

2.4 梦龙模式与其他模式表示比较

2.4.1 梦龙模式与普通模式相比有哪些好处？

（1）传统双代号方法规定：任何网络图中，所有的节点不能出现重复的编号，其根本原因是，一个工作是由两个节点编号来表示的。梦龙模式规定：一个工作是由工作代号来表示的，节点只表示逻辑关系。

（2）在传统双代号方法中，一个工作是由两个节点编号来表示的，对网络计划用计算机来计算其内存需求量为二维平面关系；而梦龙模式则为一维线性关系。另外传统方法要求所有节点不能重号，这样为了使平行工作的节点不重号，就增加了很多不必要而又没有任何意义的虚工作，这不但增加了计算量和计算机内存的需求，还使网络计划复杂化。梦龙模式只有逻辑连线，去除了虚工作的概念，使网络计划技术的应用简单化、易学、易掌握。

（3）梦龙模式既具有单代号表示工作的优点，又具有传统双代号结构紧凑、图面信息量大、直观明了的优点，是两者综合的产物。

（4）用传统双代号方法编制网络图时，如要增加或减少工作，节点往往要重新编号，这样所输出的网络图、报表、数据、横道图等中的工作对应的编号也跟着发生变化，对以往资料的继承性差，使查找、检索不利，易造成混乱。

（5）梦龙模式与传统双代号方法绘制网络图的比较。

梦龙模式用水平线表示工作（不用斜线表示），有和横道图相似的特点。梦龙模式水平线两端都有节点的优点（图2-14）：

1）由于编号相同的节点为同一节点，利于计算机窗口操作。例如：当在显示窗口中移动网络图形时，由图2-15情况变为图2-16情况，通过节点④便于查看B工作的所有紧前工作；同样也可通过节点⑧查看B工作的所有紧后工作。

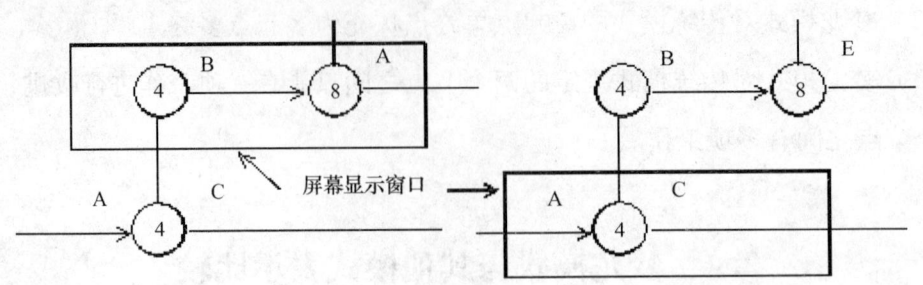

图 2-14

2）由于编号相同的节点为同一节点，图 2-15 中表示的连线关系清楚且无过桥线，B 的结束节点与 C 的开始节点编号相同，为同一节点，B、C 工作间的竖线只是为了便于查找同一节点，实际上没有竖线也能表示清楚逻辑关系。图 2-16 中 B 工作的结束节点和 C 工作的开始节点编号不同，不是同一节点，需加虚工作才能表示清楚且要有过桥线。

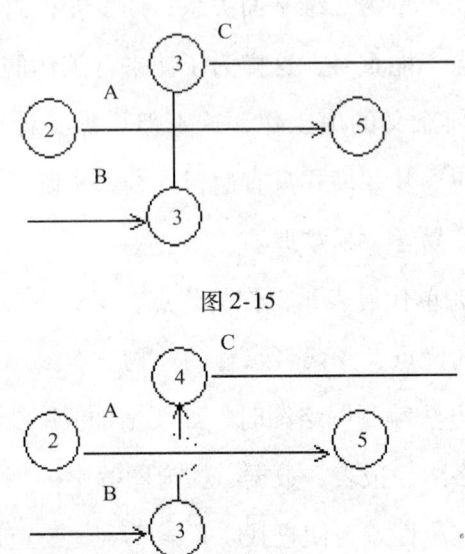

图 2-15

图 2-16

以上两种方法把 C 与 B 调整到同一水平层上，都能得到如图 2-17 所示。

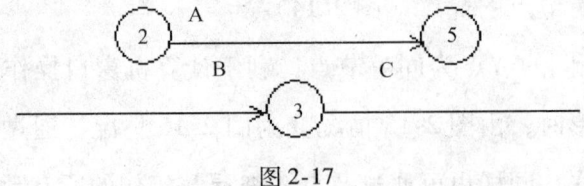

图 2-17

从这里可以看出调整工作的层次。在新方法网络图中节点的编号不改变，逻辑关系不变；在传统双代号网络图中有些工作节点编号可能改变，从而引起工作编号的改变，网络图继承性差，还会增加或减少虚工作。

3) 由于梦龙模式认为编号相同的节点是同一节点，图 2-18（b）能表示清楚逻辑关系，可清楚 C、H、I 都是 B 的紧后工作，D、E、F、G 都是 A 的紧后工作。此时 C、D、E、F、G、H、I 任何两个工作交换位置，仍能表示清楚它们的逻辑关系。而图 2-18（a）不能做到这些。

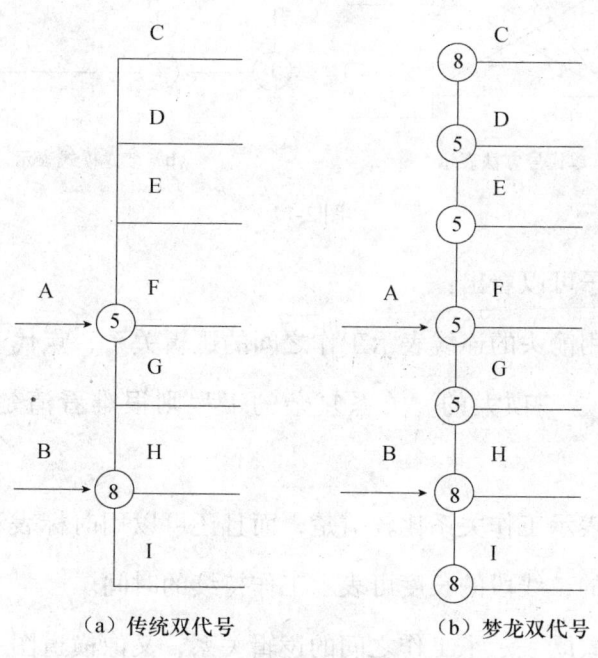

(a) 传统双代号　　　　　(b) 梦龙双代号

图 2-18

梦龙网络图与单代号网络图相比较如下：

单代号网络图对工作的表示是用圆或方框等，梦龙模式网络图对工作的表示是用线条等。图 2-19 为工作 A 的单代号表示方法，图 2-20 为工作 A 的新方法表示：

A

图 2-19

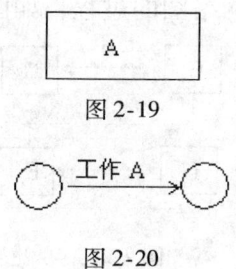

图 2-20

单代号方法与梦龙模式在表现形式上不同，但它们的本质都是一样的。下面举例说明：工作 A、B、C、D、E、F。

A、B、C 无紧前工作，D、E 的紧前工作都为 A、B、C，而 F 的紧前工作只有 B、C。两种方法表示如下，如图 2-21 所示。

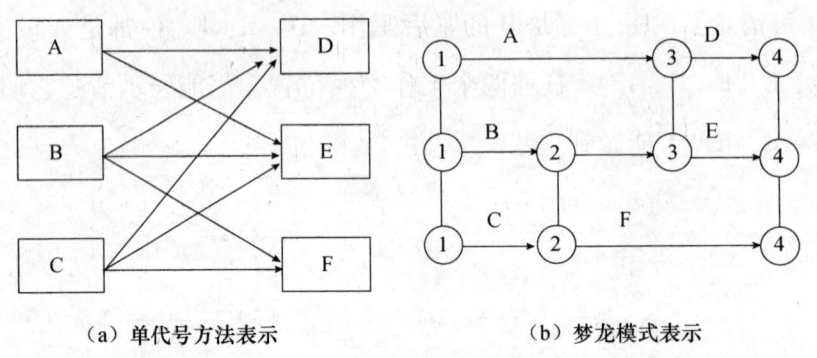

（a）单代号方法表示　　　　　　　　（b）梦龙模式表示

图 2-21

通过上面的例子可以看出：

单代号方法是用箭头的连线表示工作之间的逻辑关系，点代表工作，其图形表达比较混乱，如果是一项大的、关系复杂的工程则很难看清楚工作之间的相互关系。

梦龙模式不仅表示工作关系比较清楚，而且还可以用时标表示。因为梦龙模式是用线段表示工作的，线段的长度可表示工作持续的时间。

实际上梦龙模式既表示了工作之间的逻辑关系，又像横道图一样能表示工作的时间信息，而单代号方法却不能。总体来说，梦龙模式比单代号方法在同样的纸张上能清楚地表示更多的信息。

2.4.2　单代号与梦龙双代号表示法的比较

单代号网络图演变成新方法网络图的过程，如图 2-22 所示。

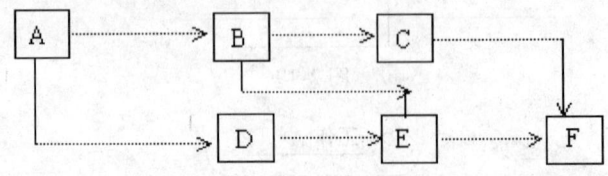

图 2-22

A→B、A→D、B→C、B→E、C→F、D→E、E→F 七条虚线表示了 A、B、C、D、E、F 六项工作之间的逻辑关系。单代号一般用实线表示，这里我们用虚线表示。

将每项工作用实线段表示后，则如图 2-23 所示。

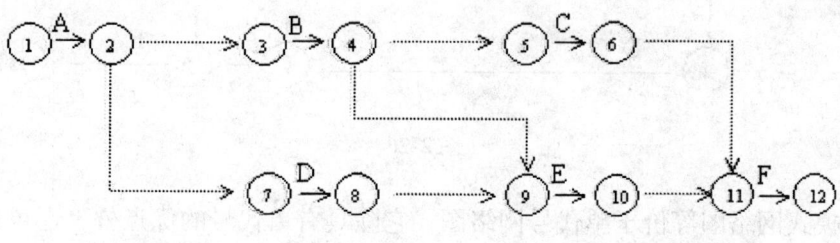

图 2-23

可以看出：②→③、②→⑦、④→⑤、④→⑨、⑥→⑪、⑧→⑨、⑩→⑪分别等价于 A→B、A→D、B→C、B→E、C→F、D→E、E→F 七条逻辑关系连线。

将逻辑连线②→③去掉，把 A 工作结束节点②与 B 工作的开始节点③合并为节点②，使图面简化。此时的节点②既是 A 工作的结束节点，又是 B 工作的开始节点，仍然保持逻辑关系不变，如图 2-24 所示。

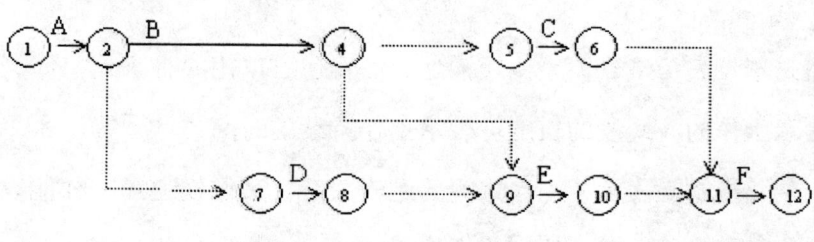

图 2-24

依次类推，将②→⑦、④→⑤、⑥→⑪、⑧→⑨、⑩→⑪逻辑连线去掉，合并节点，仍然保持逻辑关系不变，结果如图 2-25 所示。

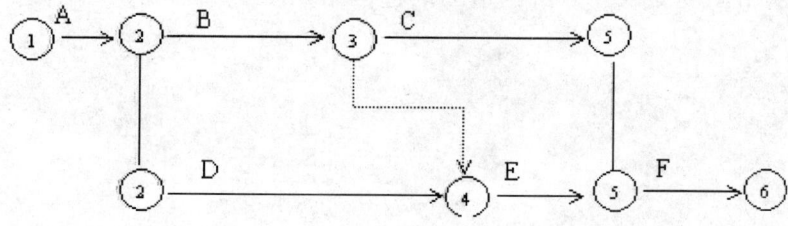

图 2-25

④→⑨逻辑连线不能去掉，如果去掉了，则多出了 D→C 这个逻辑关系。将图 2-25 重新排号，结果如图 2-26 所示。

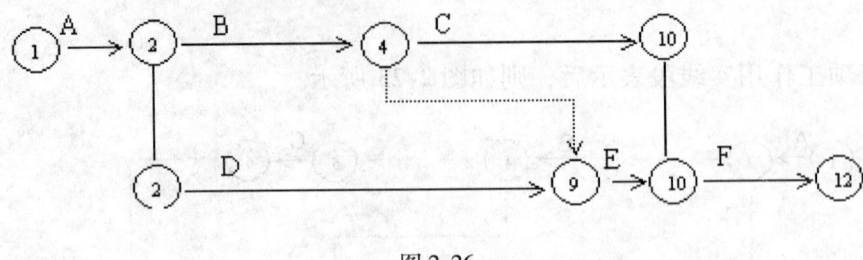

图 2-26

梦龙模式网络图等价于单代号网络图，它除具有单代号的优点外，还可以用时间坐标来表示，结构简单，关系清楚，同样大小的图幅可清楚地表示更多的信息。

第 3 章 系统安装

3.1 系统平台

系统需求

☞ 硬件平台

①1G 以上内存；

②硬盘自由空间 500MB 以上；

③显示器支持最好 1024×768 以上。

☞ 软件环境

①WinXP、Win7、Win2000；

②IE8.0 以上版本。

3.2 软件安装与卸载

在使用软件之前首先将该软件安装在相应的机器上。这样机器的硬盘介质就存储了该软件的信息，下次运行的时候就可直接运行此软件。

3.2.1 软件组成

您若购买了本软件的正版产品，您会发现本软件产品有以下几部分：

网络计划编制系统光盘 1 张；软件加密狗 1 个；用户注册卡一张；使用说明书一本。

3.2.2 软件的安装与卸载

将软件安装光盘放入光驱，找到 Setup.exe 文件并双击，将出现如图 3-1 所示界面，它表明安装程序正在准备安装、维护与卸载，它将判别 Windows 系统是否已经安装了"梦龙网络计划编制系统"，如果发现 Windows 未安装"梦龙网络计划编制系统"，安装程序将进入软件安装向导，如果发现 Windows 下已经安装了"梦龙网络计划编制系统"，安装程序将进入软件维护向导，下面将分别进行说明。

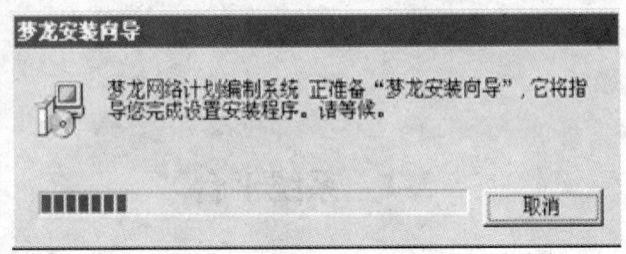

图 3-1

1. 系统未安装"梦龙网络计划编制系统"

双击启动安装程序进入安装向导，首先出现欢迎界面（图 3-2），点击【下一步】将出现询问是否接受许可证协议的画面（图 3-3），单击【否】将中止并退出安装，单击【是】将进行下一步安装。

图 3-2

这时进入如图 3-4 所示界面，要求用户选择安装文件的文件夹，可以单击【浏览】更换目的地文件夹（图 3-5），用户可以从列表中选择文件夹，也可键入或修改路径名称,若键入的文件夹不存在,安装程序将创建新的文件夹并安装文件到该文件夹下,单击【确定】后回到图 3-4,单击【下一步】将进行安装(图 3-6),安装完成(图 3-7),用户可以根据自己的选择完成安装。

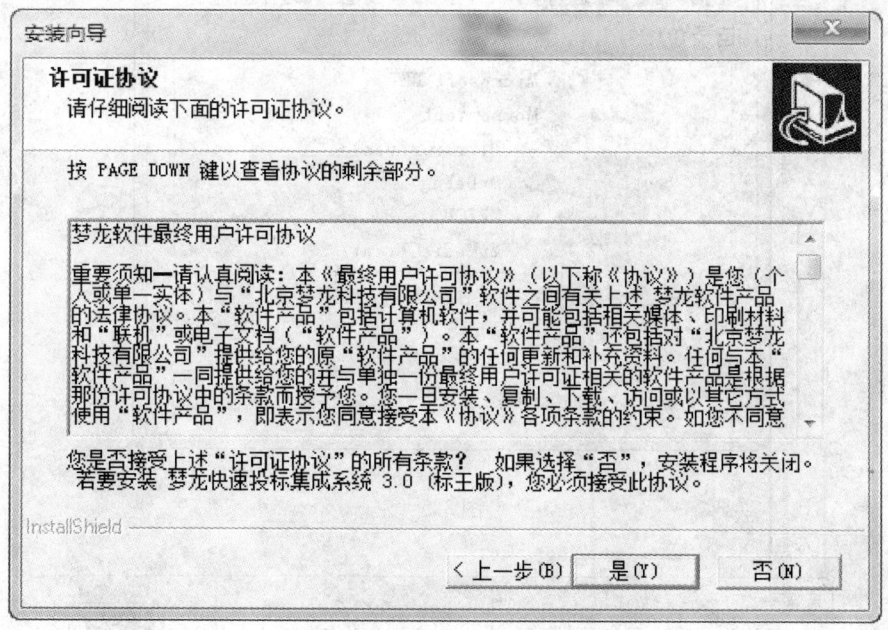

图 3-3

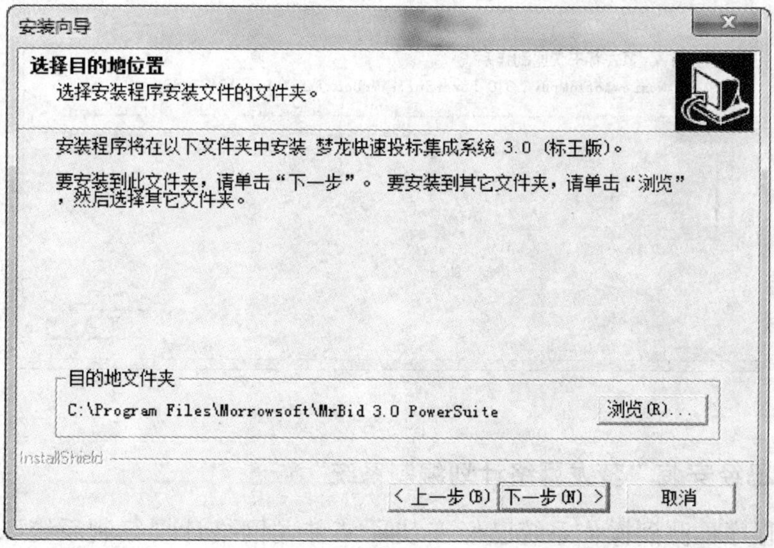

图 3-4

图 3-5

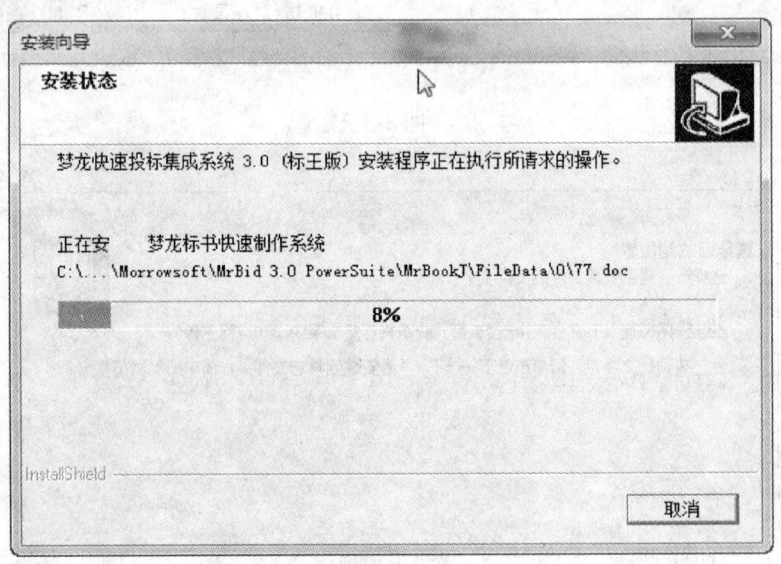

图 3-6

2. 系统已经安装"梦龙网络计划编制系统"

如安装程序检测到操作系统已经安装了"梦龙网络计划编制系统",安装程序将在初始化后进入维护向导(图 3-8),它允许用户对已经安装的程序进行"修改"、"修复"和"删除"。"修改"是对程序组件进行添加或删除;"修复"是对程序进行重新安装；"删除"就是卸载梦龙网络计划编制系统。

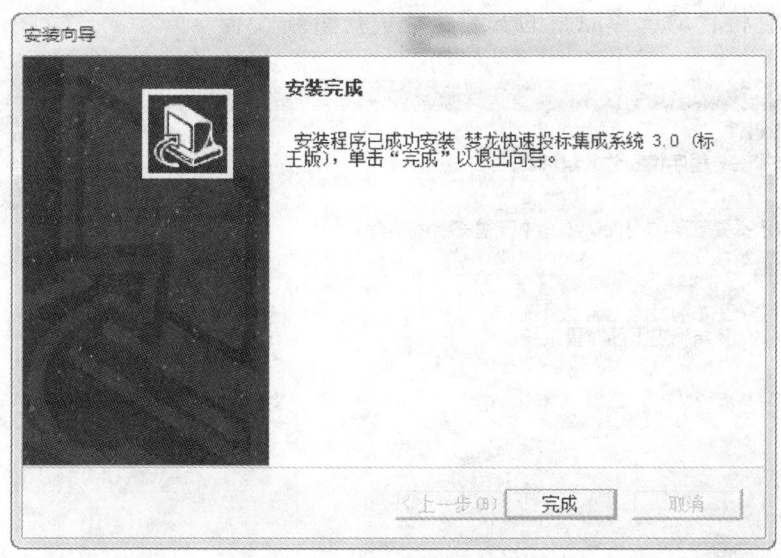

图 3-7

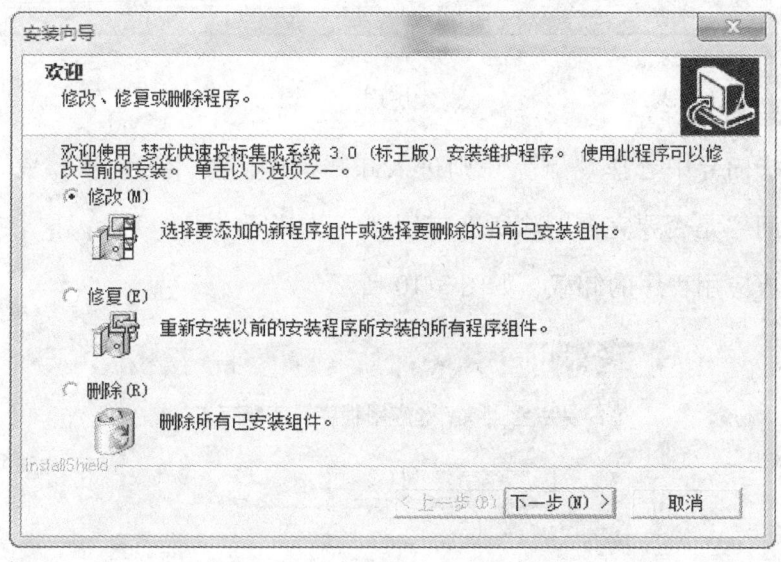

图 3-8

若在维护向导中选择"修改"，将进入图 3-9 所示的界面，可以选择要添加或删除其他组件，若全部不选中组件，则相当于卸载，选完后单击【下一步】将进行组件的添加或删除。

若在维护向导中选择"修复"选项，则进行重新安装以覆盖原文件，这样可以修复遭到破坏导致程序不能运行的文件，单击【下一步】安装程序将进入图 3-6 所示的界面，它将自动选择原来的安装路径进行重新安装。

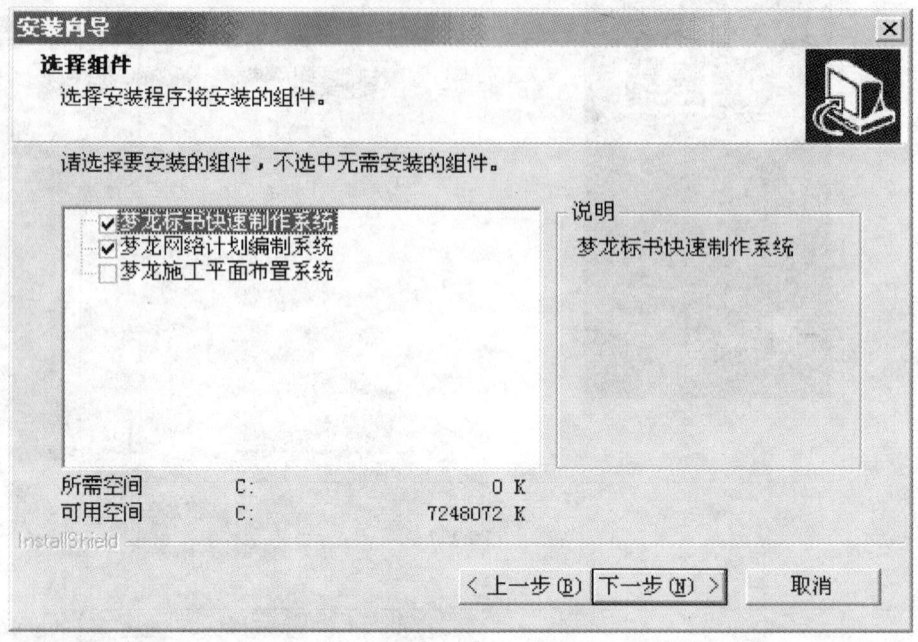

图 3-9

若在维护向导中选择"删除"则进入卸装程序，按【下一步】安装程序将弹出对话框询问"是否要完全删除所选应用程序及其所有组件"，单击【确定】后安装程序将完成应用程序的卸载，如图 3-10 所示。

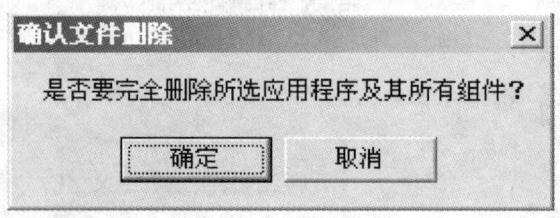

图 3-10

通过上面的操作即可完成程序的安装和维护工作，它们是通过运行安装盘中的"setup"文件进行的，如果是维护程序（修改、修复或卸装），也可通过下面两种方式进行：

(1) 从"控制面板"中选择"添加/删除程序"，在"安装/卸载"选项中选

"梦龙网络计划编制系统",单击【添加/删除程序】按钮。

(2)"程序"→"梦龙软件"→"梦龙网络计划编制系统"菜单中选择"卸载梦龙网络计划编制系统"。

3.3 软件狗的安装

USB 软件狗的安装:如您的计算机配置了 USB 接口,一般包含了两个标准的 A 型 USB 插座,将 USB 加密狗插入到 USB 插座即可。

注意事项:

1)插入 USB 连接软件前往往要先安装"加密锁管理驱动程序",如果在 USB 接口无法使用,请检查是否正确安装了驱动程序。

2)如果您在安装了 USB 连接卡以后无法找到 USB 设备,那么您最好检查一下您的主板 BIOS 里指定的 USB 资源功能项是否打开,否则将无法找到 USB 设备。

3)单击运行:如果你是单机锁,输入"MrLockc";如果是网络锁,输入"MrLocks"。此时在屏幕的右下角会出现小图标。

第4章 编辑操作基础

为方便操作，本软件提供了许多方便的操作向导，最常用的是光标指示。

4.1 光标指示

对光标的控制主要是通过鼠标或键盘进行的，光标形状的变化将引导您完成各种操作功能。

（1）一般光标：表明当前是空闲状态。

（2）十字光标：此光标出现在网络图编辑方式，表明当前光标位置有工作，且光标位于工作的节点上。

（3）左向光标：此光标出现在网络图编辑方式，表明当前光标位置有工作，且光标位于工作线的左段但不是在左端的节点上。

（4）右向光标：此光标出现在网络图编辑方式，表明当前光标位置有工作，且光标位于工作线的右段但不是在右端的节点上。

（5）上下光标：此光标出现在网络图编辑方式，表明当前光标位置有工作，且光标位于工作的中间段。

（6）继续光标：、、、这些光标出现在网络图编辑方式，表明当前的编辑操作动作没有结束，需要做下一步的动作。

（7）手型光标：此光标一般出现在横道编辑方式，表明当前光标位置有工作条，且光标位于工作的中部。

（8）手型光标：▨此光标出现在横道图编辑方式，表明当前光标位置有工作条，且光标位于工作条的左端。

（9）手型光标：▨此光标出现在横道图编辑方式，表明当前光标位置有工作条，且光标位于工作条的右端。

（10）T型光标：▨此光标出现在网络图或横道图方式，表明当前位置在标题区，此时点击鼠标右键可以对标题进行设置。

（11）尺型光标：▨此光标出现在时标网络图或横道方式，表明当前位置为时间标尺区，此时点击鼠标右键可以对时间标注属性进行设置。

（12）区域分割：▨此光标出现在网络图方式，表明当前位置为分割区，此时可以对区域进行分割或属性设置。

（13）题栏光标：▨此光标出现在网络图或横道图方式，表明当前位置为标题栏区，此时点击鼠标右键可以进行各种图注属性设置。

（14）资源光标：▨此光标出现在时标网络图或横道图方式，表明当前位置点鼠标右键可以进行资源的分布与显示设置。

4.2 鼠标操作

通过"光标指示"控制，要完成一项功能的操作，必须借助于鼠标的各种动作实现操作。

4.2.1 左键单击操作

一般用于选择一个或多个工作的操作。若按下左键，并保持按下，然后移动鼠标会出现虚框，它表示一个选择范围。你可以对选择的内容做下一步的操作。如：移动、拷贝、流水等等。

4.2.2 右键单击操作

用于查看或设置光标所在位置的网络计划的绘图区域内容。如：当光标位于标题区域时，单击右键则会出现标题设置对话框，你进而可改变它们。

4.2.3 左键双击操作

在网络图编辑方式的添加状态，在屏幕中双击左键，将加入一个新的工作。工作加入的方式将视光标所在位置的情况而定。参见"添加"操作。修改状态，在工作上双击左键，将出现对话框。你可以对该工作的某些信息进行修改。在横道图编辑方式也是如此。

4.3 系统界面操作

系统界面包括：主窗口、主菜单、通用工具条、网络图（横道图）编辑条、网络图格式设置条、状态信息条、窗口滚动条等，如图4-1所示。

图 4-1

对主界面上所有内容的详细操作可参考以下各章节内容。

第 5 章　工具条操作

工具条是快速编制网络计划，进行动态控制的有效工具。网络图操作中的绝大部分功能都可以通过工具条提供的功能直接或间接地实现。下面按图 5-1 中标注的序号对工具条进行功能介绍。

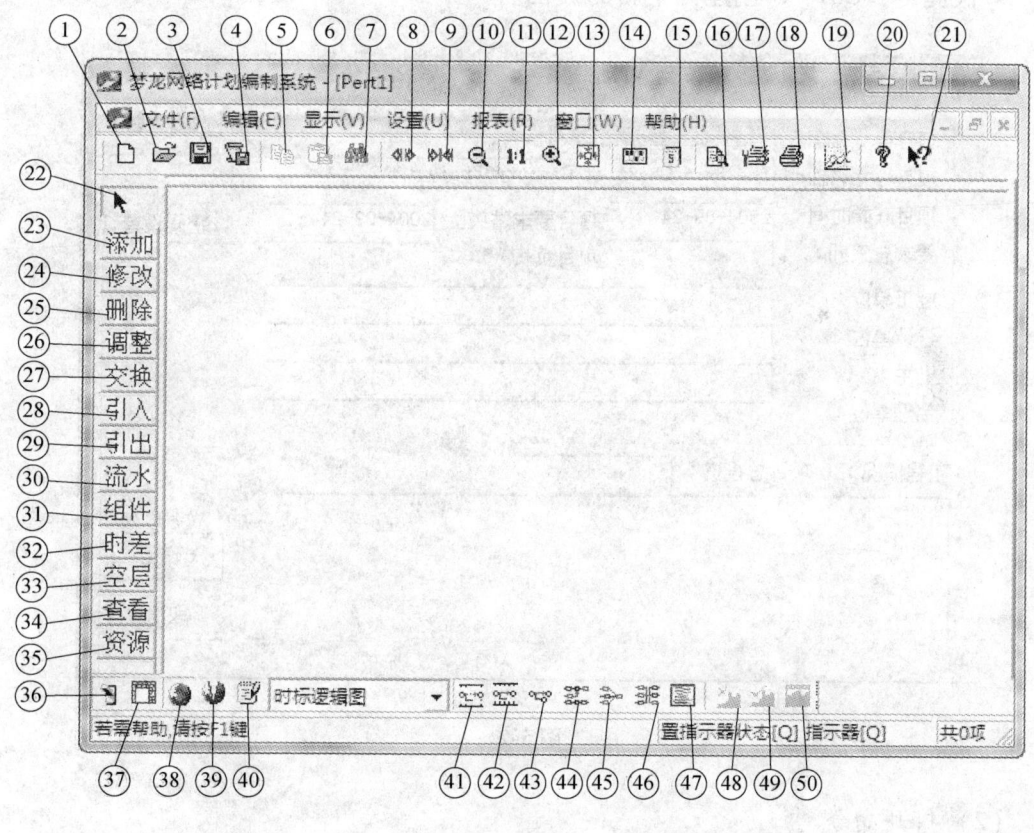

图 5-1

5.1　通用工具条

通用工具条当中包括以下各项命令：

(1) 新建文档命令 □

使用该命令可以在系统中创建一个新的网络计划文件。由于系统允许创建多个项目文档，所以在创建新项目文档前，既可以关闭原来打开的项目文档（若有的话），也可以不关闭它们。

选中新建文档命令后，将弹出有关新建文档的项目属性对话框，如图 5-2 所示，此时可以将项目最基本的信息情况输入。如果此时不输入，可以在以后任何时间选择"文件"菜单中的"项目属性"项对这些基本信息进行输入或修改。为安全起见，你可以对你的网络图设置密码，以防他人改写。

☞ 快捷键：Ctrl + N 创建一个新的文档。

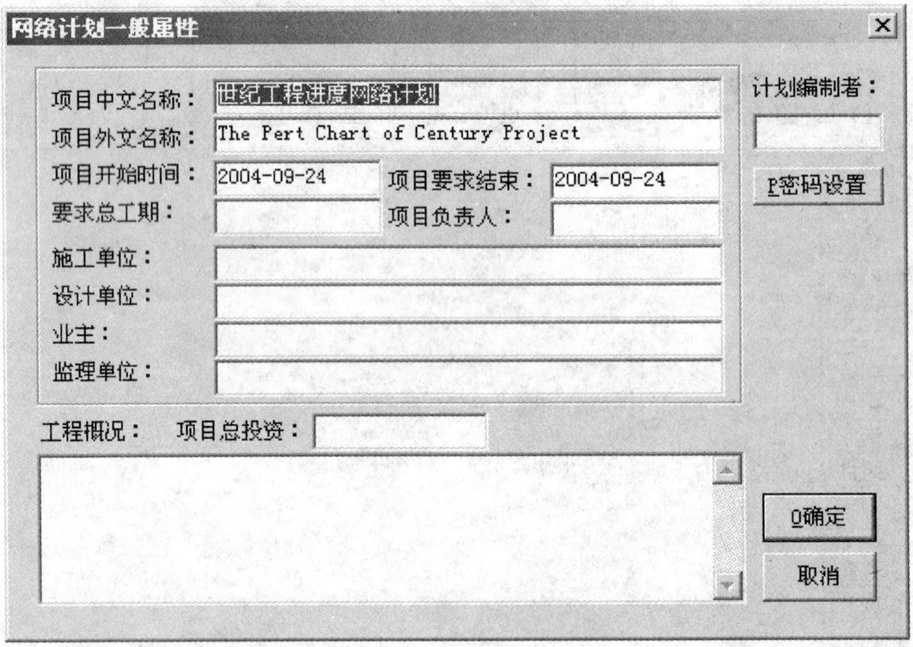

图 5-2

(2) 打开命令 📂

使用该命令可以打开系统中已有的网络图。可以同时打开多个文档，也可以从菜单中切换到某一个项目窗口。

☞ 快捷键：Ctrl + O

打开已有文件时屏幕上将出现对话框如图 5-3 所示。

你可以输入或从文件清单中选择想要打开的文件名,可以选择打开文件。若你为文件设置了密码,打开文件时,系统会给出提示。

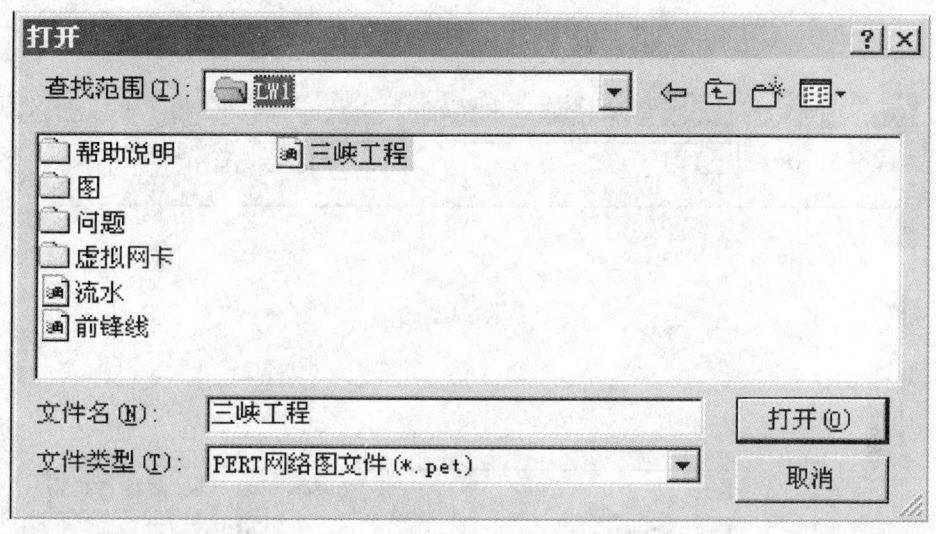

图 5-3

※ 对老版本的网络图的打开处理:

☞①DOS 版网络图,系统将提示是否转为 32 位格式的网络图。

☞②对 PERT97 版网络图,新系统可以直接打开它,若有问题,可以参考"问题解析"。

(3) 存盘命令

使用该命令可以在当前目录下用当前的文档名字存储一个项目文档。若是第一次存储该文档,系统将提示你换名存储,出现对话框[参考(2)打开命令]可以存储到指定设备上(包括网络上)。如果你想改变该文档存储的名字和所在目录,请选择使用换名存盘命令。

存盘时,软件会将所设置的各项参数随网络图自动存盘,使你下次打开的文件保持原样,省去重新设置的麻烦。

注意:打开的老版本网络图将按新的格式存储。若想保留老网络图,请预先做好备份。

※ 快捷键:Ctrl + S 存储文件

(4) 存为图元文件命令

该命令可将当前文档另存为 EMF 文件，保存后的文件即可嵌入 Word 等文字处理软件，也可作为图元嵌入平面图软件，如图 5-4 所示。

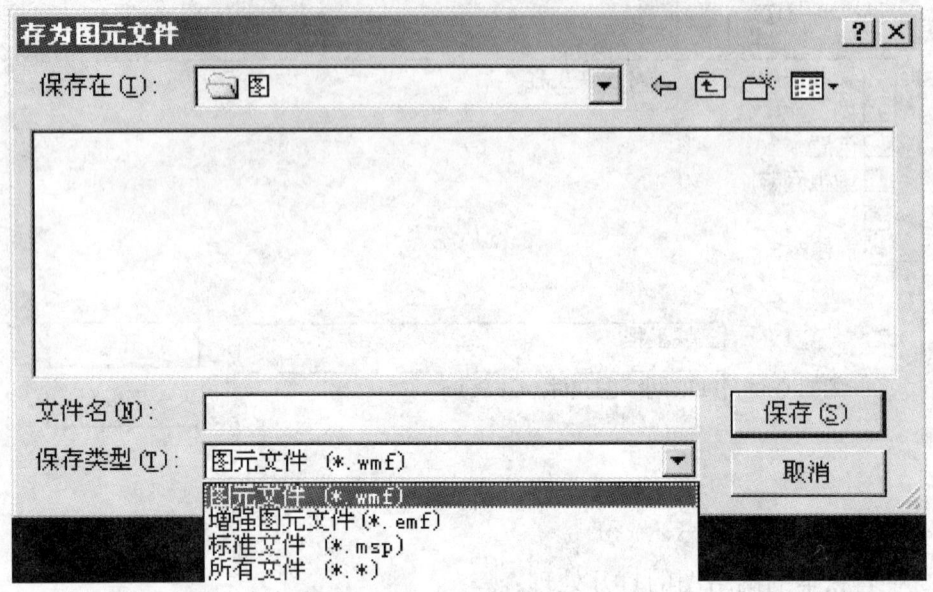

图 5-4

(5) 工作拷贝命令

在工具条中的此按钮可以使你将选中的工作或工作块拷贝到剪贴板中。

(6) 剪贴板状态

该按钮表示一种状态，表明在剪贴板中是否有工作内容。当内容为空时，图标会变为无效状态。

(7) 网图检查命令

经过一段时间的编辑，可以通过该命令检查一下网络图中是否有不合常规的状态出现。在随后出现的检查对话框中选择要检查的项目，如图 5-5 所示。

选择确认后，系统将按指定的条件依次检查网络图，并在自动修改前提示你确认。经过检查后的网络图将保持一种比较合理的状态。

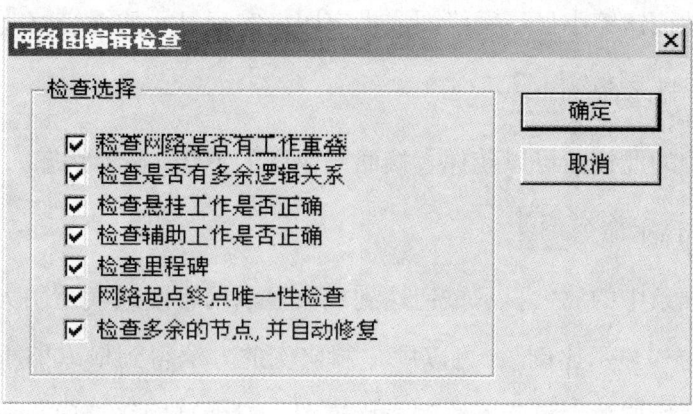

图 5-5

（8）撑长网络命令

此按钮可以使你分别以不同的比例横向撑长网络图或横道图，可以连续按此图标，显示的时间刻度会自动进行改变，一直调节到你所需的时间刻度或网络图长度，以便显示或打印出满意的网络图。

☞ 注意：由于操作系统的限制，屏幕中图形的纵、横长度不能无限，对于一个很大的图形，可能造成窗口工具条越界。

☞ 解决方法：连续按"压缩显示命令"按钮。

☞ 参见：本章工具条操作（9）项内容，使横向长度变短。

（9）压缩网络命令

此按钮可以使你分别按不同的比例横向压缩网络图或横道图，可以连续按此图标，显示的时间刻度会自动进行改变，一直调节到你所需的时间刻度或网络图长度，以便显示或打印出满意的网络图。

注意：如果工作名称的显示方式是"自动竖起"，在横向压缩的过程中，名称排版会相应地发生变化。

（10）缩小显示命令

可以用工具条中的缩小显示按钮达到缩小显示网络图或横道图大小的目的，通过显示菜单中的"显示比例"，可以用定制比例的方法得到横纵缩小比例不一的显示效果。单击此按钮缩小显示网络图或横道图，实现显示的无级缩放。

(11) 1：1 显示命令

在工具条中的此按钮可以使你直接回到原图的 100%显示状态。

(12) 放大显示命令

可以用工具条中的放大显示按钮达到放大显示网络图或横道图大小的目的，通过显示菜单中的"显示比例"，可以用定制比例的方法得到横纵缩小比例不一的显示效果。单击此按钮放大显示网络图或横道图。对大型网络，通过放大也可能会使窗口滚动条越界。

☞ 解决方法一：压缩网络，即按"压缩显示命令"图标进行压缩。

☞ 解决方法二：减少层距。

☞ 参见：第 11 章网络图属性设置——一般属性设置。

☞ 参见：本章工具条（13）的部分内容。

☞ 解决方法三：缩小网络图。

(13) 显示整图命令

可以用工具条中的整图显示按钮将当前网络图在当前窗口大小内整个显示。单击此按钮，整图显示网络图或横道图。

(14) 网络图属性设置命令

可以用此按钮命令对网络图和横道图的编辑和显示的所有属性值进行集中设置、调整，如图 5-6 所示。

在这里，设置的属性按照属性设置卡分成这样几类：

①属性设置：设置最通用的网络属性；

②时间刻度设置：设置时间刻度参数和工程日历等参数；

③网图选项设置：设置显示模式等选项参数；

④横道参数设置：设置横道网络计划的显示参数；

⑤打印调整设置：设置图形打印时的调整参数；

⑥资源图表设置：设置资源图表相关的各种参数；

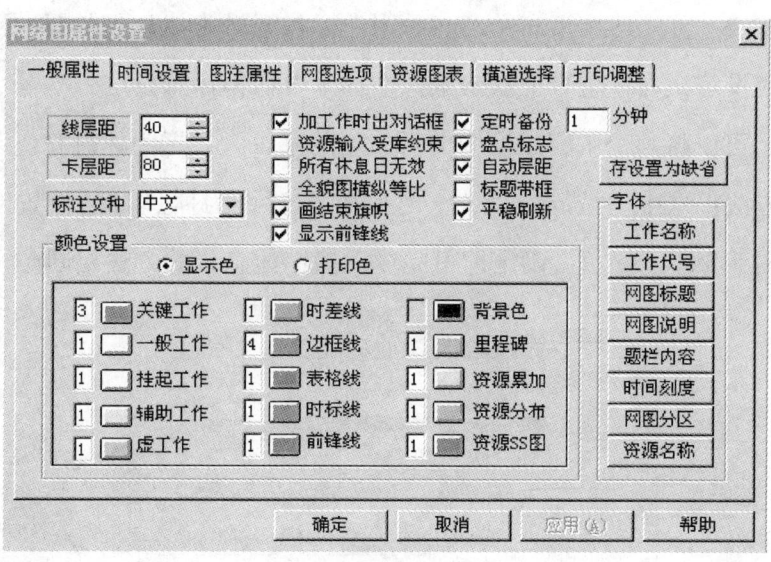

图 5-6

⑦图注描述设置：设置网络图描述内容和说明信息。

这七类设置几乎包含了网络编辑所需要的所有属性设置。

☞ 参见：第 11 章网络图属性设置。

（15） 日历设置命令

使用此命令可以设置休息日与日志，如图 5-7 所示。

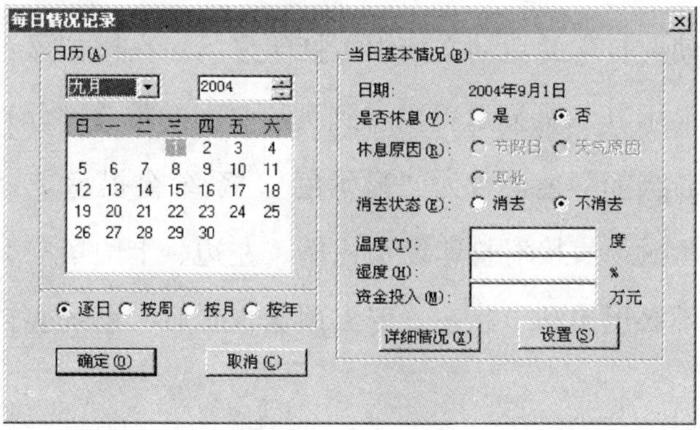

图 5-7

休息日的设定方式有以下几种：按日、按周、按月、按年。

☞ 按日：设置休息日时，需要对休息日逐一设定。

✎ 操作方法：首先选择年和月，然后用光标在想设为休息日的日期上双击鼠标左键即可完成设定；在休息日上双击鼠标左键即可撤销休息设定。

☞ 按周：可以将整个工程工期中的每一周的某一天设置为休息日。

✎ 操作方法：选中"按周"状态，然后在需要设为休息日的位置双击鼠标左键，出现如图 5-8 所示提示，确定即可完成。撤销休息日的方法相同。

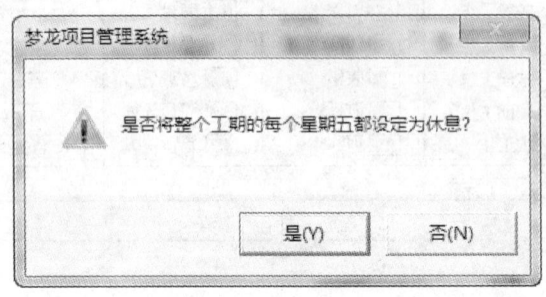

图 5-8

☞ 按月：可以将整个工程工期中的每一月的某一天设置为休息日。

✎ 操作方法：与"按周"方式类似。

☞ 按年：可以将整个工程工期中的每一年的某一天设置为休息日。

✎ 操作方法：与"按周"类似。

（16）打印预览命令

使用该命令，使要打印的活动文档模拟打印显示。在模拟显示窗口，你可以选择单页或双页方式显示（双页显示可以看到页与页间的重叠部分）。

按此命令时，若当前颜色设置为"显示色"，系统会提示是否按打印色进行预览。你可以根据显示效果直接对打印纵横比例，左边、上边留空，甚至绘图色线型字体等进行调整而不必退出预览状态。退出预览状态后，系统会自动恢复到显示色状态。

（17）打印调整命令

此命令既可以在编辑状态使用，也可以在打印预览状态使用，用于各项参数的设置，如图 5-9 所示，其中：

图 5-9

☞ 横向、纵向比例：此值可以根据网络图大小进行设置。

☞ 限横纵等比例：此值为默认值。一般应尽量保持纵横比例相等，以保持图形不变形。当你需要微调、要分别改变比例时，可以将纵横等比限制取消。

☞ 注意：打印预览状态与编辑状态，此对话框略有不同，在打印预览状态进行调整时，不再提供"打印设置"。

（18）打印命令

使用该命令打印项目网络图文档，该命令打开打印文档对话框如图 5-10 所示。

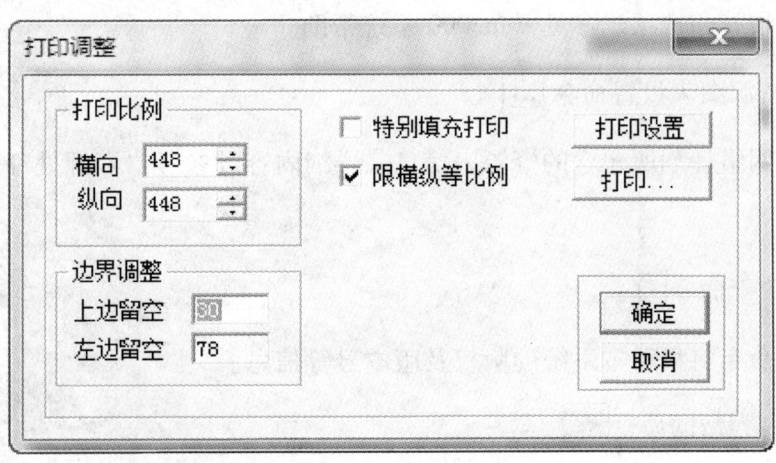

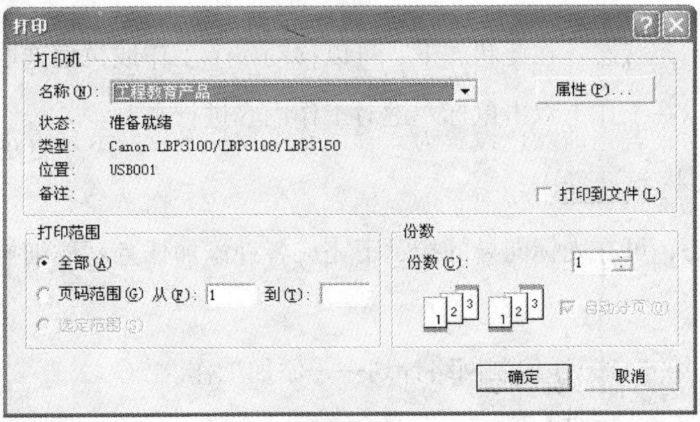

图 5-10

在打印文档对话框你可以在此设置打印页的范围、打印份数、打印到哪一个打印机以及其他打印选项，参见 Win2000 系统帮助。

（19）资源图表设置命令

设置此网络计划所包含的资源表信息，详细内容可参考"资源处理"章节中有关内容。

（20）关于命令

使用此命令将显示本系统的版权及版本号等信息。

（21）内容帮助命令

使用内容帮助命令可以获取本系统中的某一部分的帮助内容。当你选择单击了工具条中的内容帮助按钮，鼠标的指示光标将发生变化，此时若你单击了系统窗口中的某处，关于这部分的帮助信息将会显示。

☞ 快捷键：Shift + F1。

5.2 网络图编辑状态条

要进行各项编辑操作，应首先从网络图编辑状态条选择不同的状态。

（22）指示器状态

表示编辑空闲状态。在此状态下，可以移动一个工作或拉框选取一组工作，成组移动，还可以在工作上双击鼠标左键对工作内容进行查看。

（23）添加状态

在添加状态，可在光标向导的指示下完成各种添加任务。详细操作参见网络计划编制。

∽ 参见：第 8 章怎样编制网络计划——添加工作。

（24）修改状态

操作方式是：移动光标到工作（线）上，双击鼠标左键，出现工作信息卡，如图 5-11 所示，可以对工作内容进行修改。

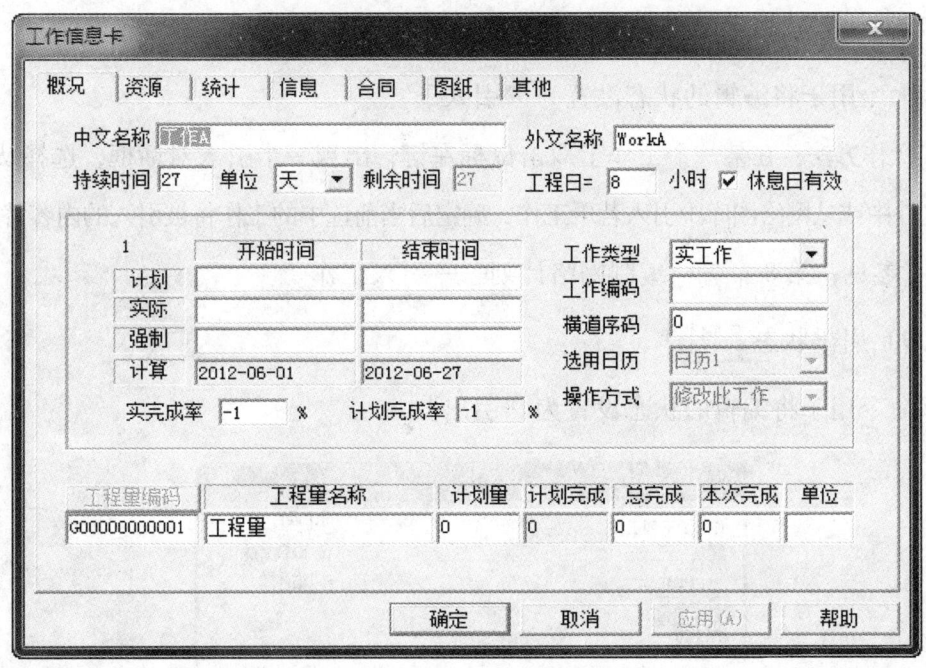

图 5-11

    🔗 参见：第 7 章 7.2 节工作信息卡。

    🔗 参见：第 8 章怎样编制网络计划——修改工作。

（25）删除状态 删除

在删除状态，可以删除一个工作、多个工作，还可以删除节点间的逻辑连线。

    🔗 参见：第 8 章怎样编制网络计划——删除工作及连线。

（26）调整状态 调整

调整状态，可以在图形状态下调整工作间和节点间的逻辑关系。详细操作参见网络计划编制。

    🔗 参见：第 8 章怎样编制网络计划——调整工作关系和节点。

（27）交换状态 交换

在交换状态下，任何两个工作都可以相互交换。

    ✍ 操作方法：移动光标至第一个工作上双击，光标变为持续光标，然后光标移至另一要交换的工作上双击，两工作即可交换。

(28）引入状态 交换

该命令用于将编辑的状态设置为"引入"。

操作方法：在某一个工作上双击鼠标左键，出现一个引入对话框，选择从剪贴板、文件中或从网络图库中引入若干工作，确定后当前选中的工作将被引入的内容替换。

参见：第8章怎样编制网络计划——引入工作。

（29）引出状态 引出

该命令用于将编辑的状态设置为"引出"。

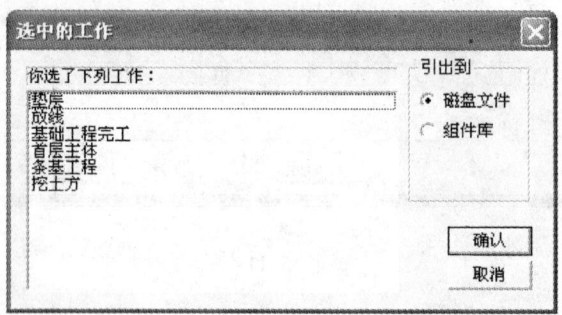

图 5-12

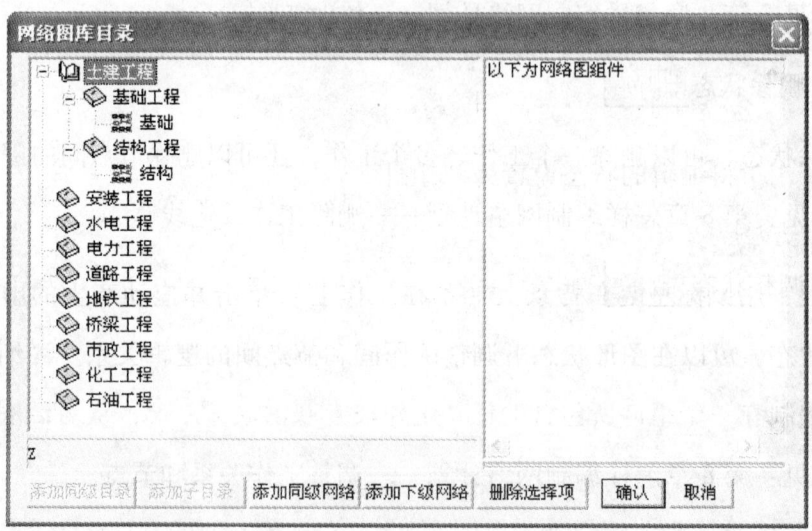

图 5-13

操作方法：用鼠标左键在工作区背景上（不在任何工作上）单击，并保持按下状态，然后拖动鼠标，此时会有一个虚线方框随鼠标移动。当鼠标弹起后，位于虚框内的工作将被选中，同时有一个引出对话框出现，如图 5-12 所示。将所选的内容引出到"磁盘文件"或"组件库"中,确定后当前选中的工作将被引出。引出内容可以存放在网络盘上也可以存放在本地磁盘上,实现数据共享。选择"组件库",会出现对话框,如图 5-13 所示。

　　参见:第 8 章怎样编制网络计划——引出工作。

(30)流水状态 流水

该命令用于将编辑的状态设置为"流水"。

条件:

①选择流水基准段,流水基准段中的工作数大于一个;

②这些工作必须逻辑上在一条线上,且中间没有分支。

操作方法:用鼠标左键在背景上(不在工作上)单击并拖动产生的虚框选择流水基准段,当鼠标弹起后,若不符合条件,系统将提示出错,否则会出现流水参数对话框,选择输入流水段、流水层、流水起伏等参数值,确定后生成普通流水网络和小流水网络。

　　参见:网络计划编制章的有关内容。

　　参见:第 8 章怎样编制网络计划——工作流水操作。

(31)组件状态 组件

该命令用于将编辑的状态设置为"组件"。

操作方法:

　　成组:用鼠标左键在背景上(不在工作上)单击并拖动产生的虚框选择将要成组的工作。成组的条件是:所选择的所有工作必须位于一层上。

　　解组:在一个组件所包含的任一工作段上双击鼠标左键,从对话框中选择解组处理即可。

　　修改:组件的名称通常为组中第一个工作段的名称,你也可以在对话框中修改它。

　　参见:第 8 章怎样编制网络计划——组件工作操作。

(32)时差状态 时差

该命令用于将编辑的状态设置为"时差"。

☞ 操作方法：

☞ ①用鼠标左键在某一个工作上单击，从出现的时差调整对话框中查看并调整该工作的自由时差和总时差等值。

☞ ②按住 Shift 键，在一个工作的左端点或右端点用鼠标单击并保持按下状态拖动，若此时该工作有时差或网络图有累计时差，你会看到网络图实时的调整，同时关键线路也可能会发生变化。

☞ 参见：第8章怎样编制网络计划——工作时差操作。

(33) 空层状态 空层

将编辑的状态置为"空层"。

☞ ①光标处双击加空层；

☞ ②按 Shift 键同时双击删除空层。

在图5-14光标处双击变为图5-15，反之，在图5-15光标处 Shift + 双击，将变为图5-14。

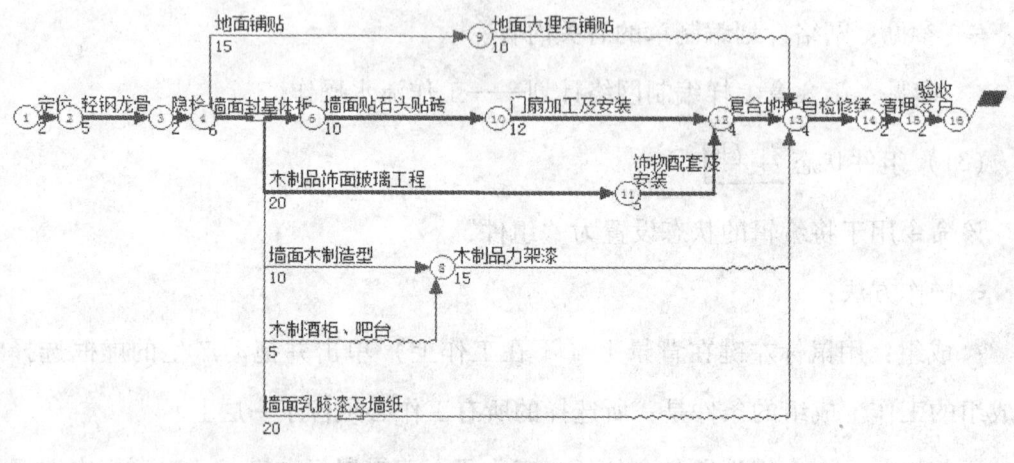

图5-14

(34) 查看状态 查看

置查看状态，可查看各工作的详细信息，如图5-16所示。可以查看工作的概况、资源、统计、信息、合同、图纸、其他、时间、关系等内容。

第5章 工具条操作

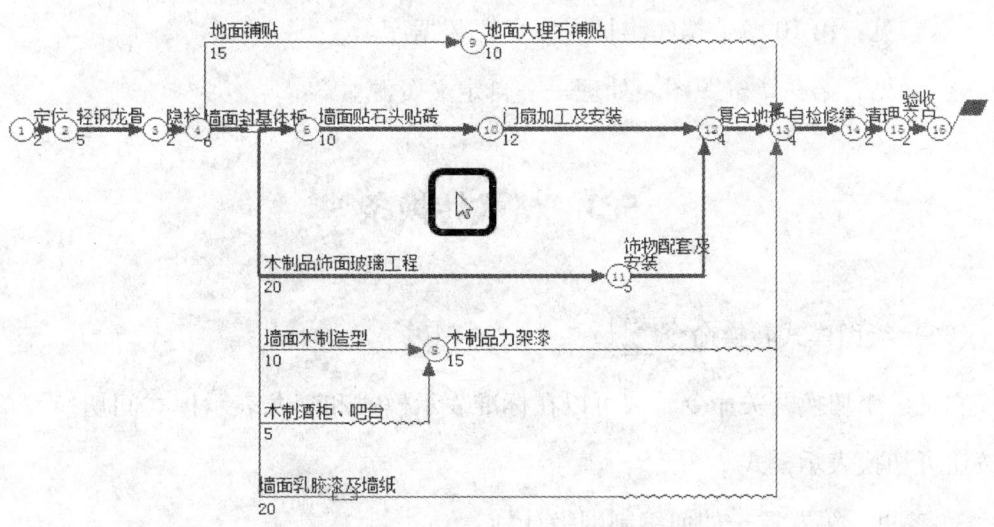

图 5-15

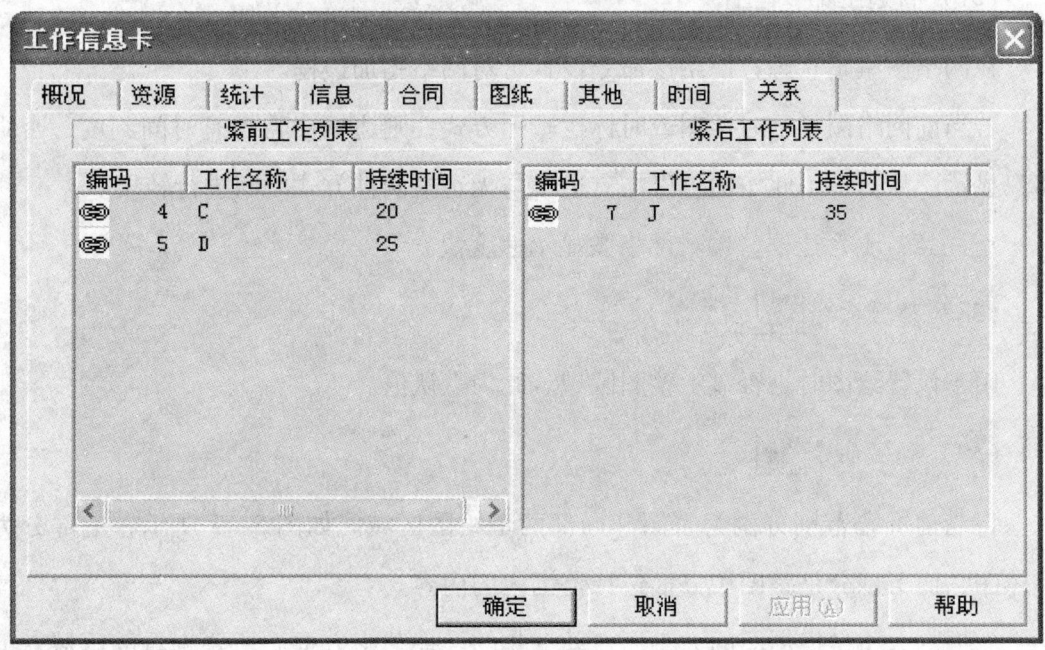

图 5-16

参见：第7章7.2节工作信息卡。

（35）资源状态 资源

处理资源是一项十分重要的工作。该命令将编辑状态置为自定义资源编辑状态，操作过程：

☞ 参见：第 10 章数据库维护——资源数据库。

☞ 参见：第 9 章资源图表处理——自定义资源。

5.3　格式转换条

（36）绘图模式转换命令

它是一个切换开关命令，你可以在标准表示模式和梦龙表示模式间切换。单击此按钮可切换表示模式。

☞ 参见：第八章—如何编制网络计划。

（37）含边框命令

在网络图编辑状态，使用该命令设置可对网络图加边框。

若当前网络图显示时标图或时标逻辑图方式，则边框中将含有时间刻度，否则将只显示图注。单击此按钮可以在有边框与无边框两种方式之间进行转换。

☞ 注意：不含边框，编辑网络图显示速度快。

（38）整域命令

用于设置绘图时是否显示整图区域。此为默认值。

（39）局域命令

将当前屏幕范围分割为整图和局部两个绘图区域。如图 5-17 所示，上部分为整体图，而下部分是整图中方框选择范围内的内容。

方框的大小是根据图的大小而自动变化的。拖动小方框到所要查看的区域，下面会自动显示整图中所选择的内容。这样对于大网络图的操作既能看到整体，又能看到具体部位的详细内容。

（40）表格横道命令

将当前屏幕范围均设为横道编辑区域。如图 5-18 所示：它提供了横道文本输入的方式，但此种方式需要画出草图，整理出逻辑关系后才能生成网络图。

第5章 工具条操作

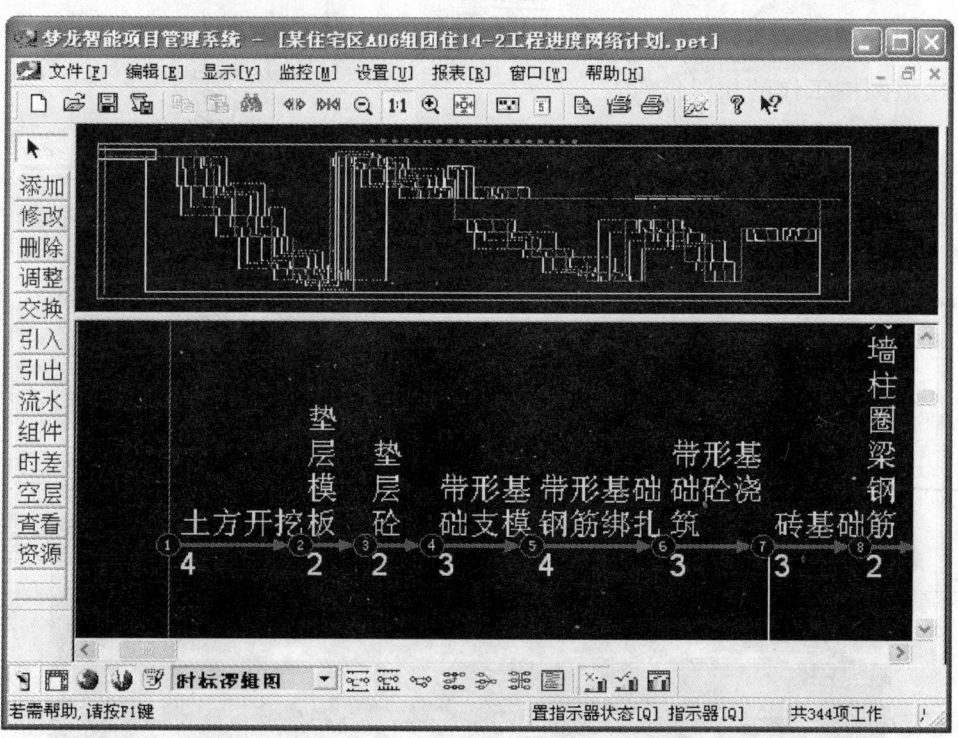

图 5-17

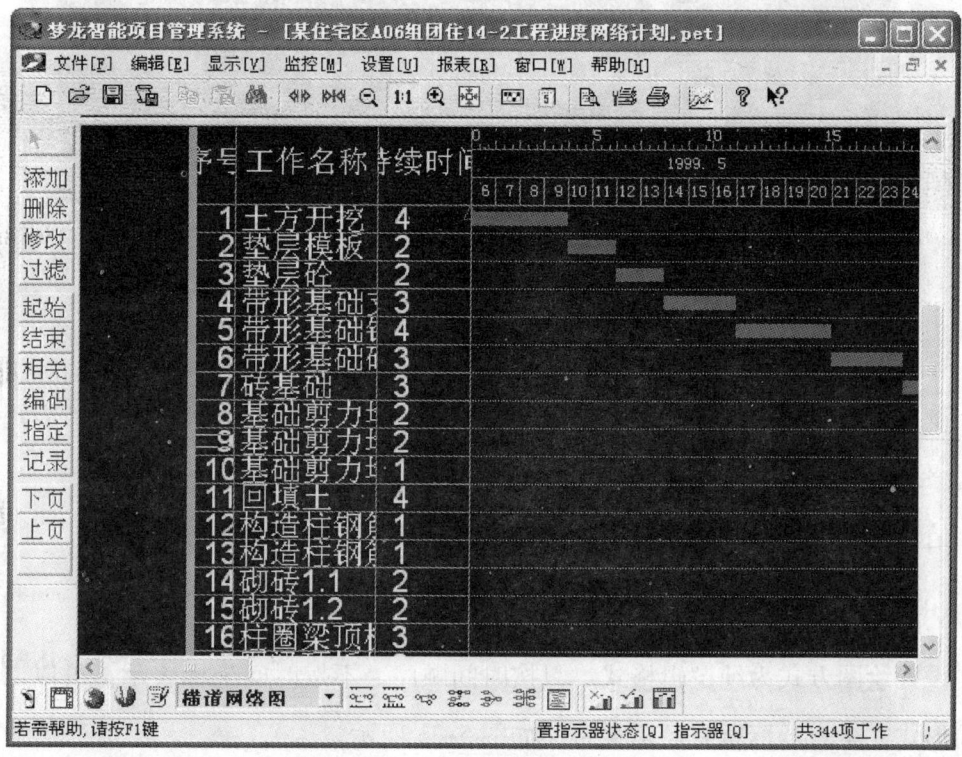

图 5-18

我们不建议用此法作图。但你可以在编制完网络图后，转为此种模式，按需要调整横道图中工作的相对位置。

∽ 参见：第八章—如何编制网络计划。

（41）时标逻辑网络转换命令

设置绘图方式为时标逻辑格式。

✎ 特点：采用位错技术

①在一张图上既可表示时间坐标，又能完全表示各工序间的逻辑关系。

②对于时间短名称长的工作可自动按时间刻度虚拉开，如图5-19所示。

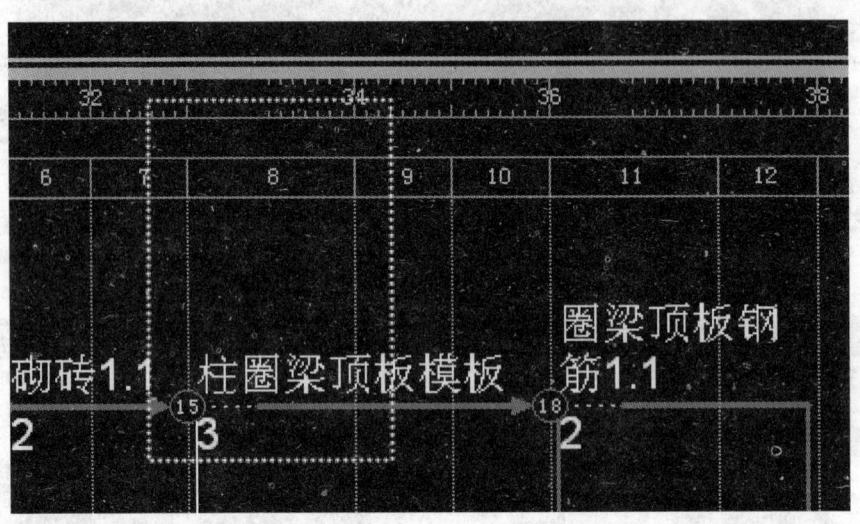

图 5-19

（42）时标网络转换命令

设置绘图方式为纯时标格式。点此图标即可自动转换到此状态，这是传统的时标网络表示法，如图5-20所示。

请注意它与时标逻辑网络间的区别以及这种表示方式的缺陷。

（43）逻辑网络转换命令

设置绘图方式为纯逻辑格式。只按时间顺序，不按时间坐标表示，可以以最紧凑的形式完全表示清所有逻辑关系，如图5-21所示。

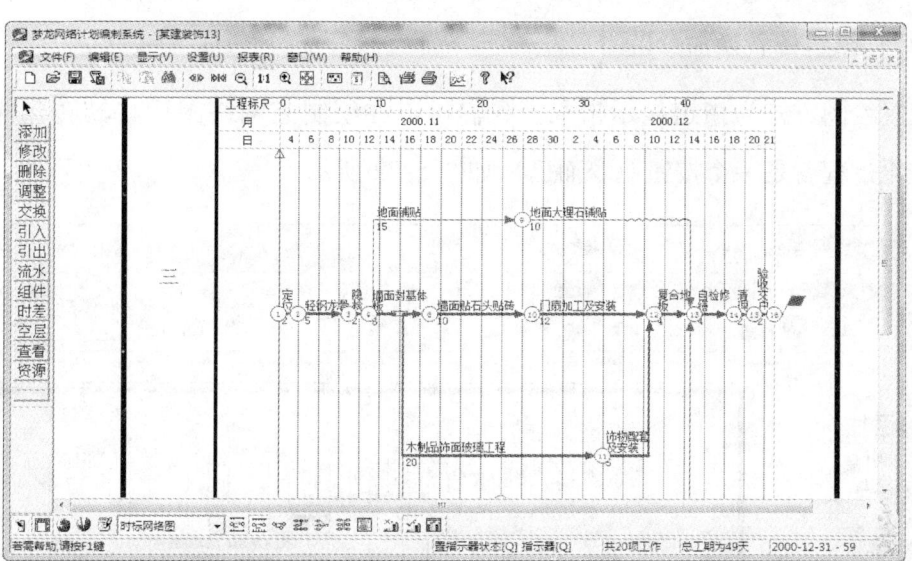

图 5-20

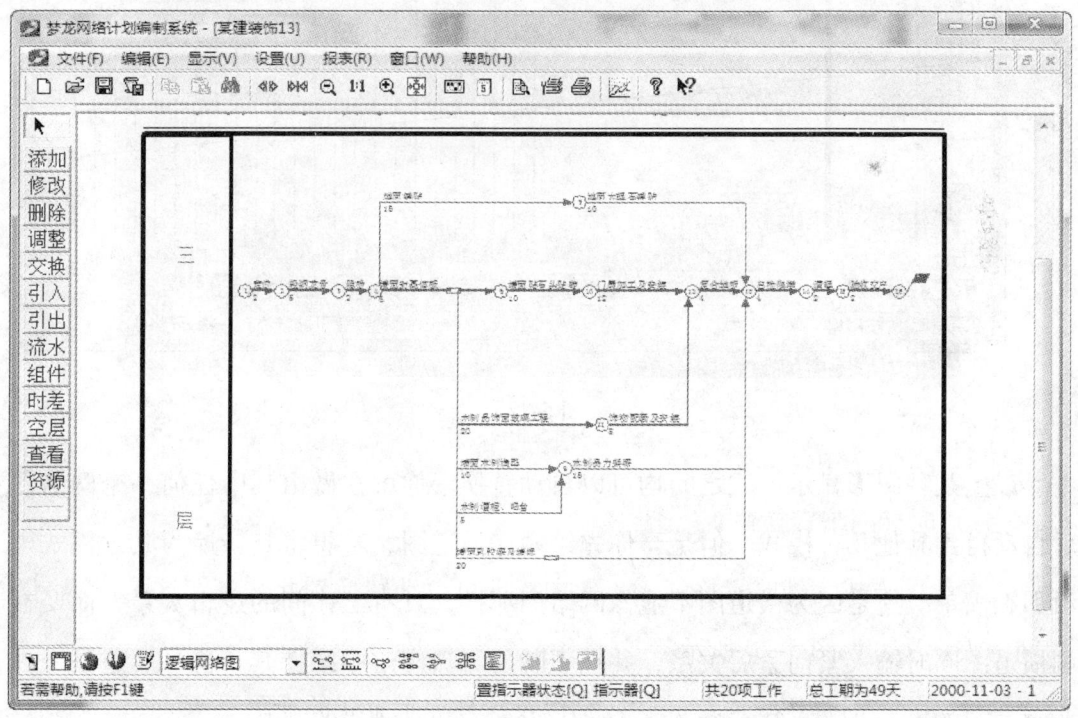

图 5-21

☞注意：(43) — (46) 中的信息卡片中包含的信息从上到下、从左到右依次为：工作名称、起始时间、结束时间、工作代号、持续时间与工作完成的百分比。

(47) 横道图转换命令 ▭

设置绘图方式为横道显示格式。我们可以在绘制完网络图后将其转化成横道图，转化过程就是一个按钮命令而已，如图 5-22 所示。

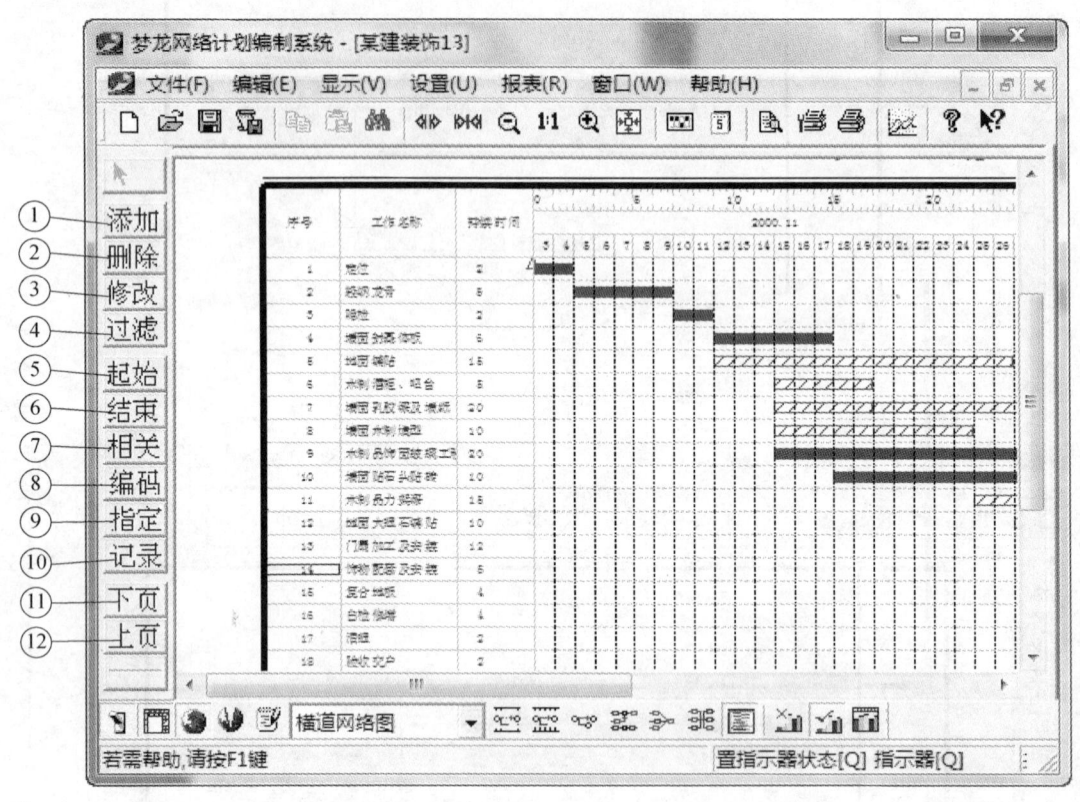

图 5-22

以上几种图形显示模式之间均可以自动转换。你可在做出其中任何一个网络图后自动得到其他几种模式。但是当你先绘制完横道图，若想将其转换为其他模式则没那么简单。这是因为横道图不能像网络图那样，具有工序间的逻辑关系，而要在画横道图同时输入紧前紧后关系，并在不断的编辑修改中维持其正确性。这是一件非常辛苦的事情，而且往往费了半天劲，得到的却是错误的结果。

横道图可以自己编辑生成，也可以由网络图转化得到。

☞ 参见：第十一章—网络图属性设置—横道图编辑。

☞ 参见：第八章—怎样编制网络计划。

（48）不含资源曲线命令

表明在绘制和显示网络图或横道图时不含资源曲线。

（49）含资源曲线命令

表明在绘制和显示网络图或横道图时含所选资源的各种分布或累加曲线，如图 5-23 所示。

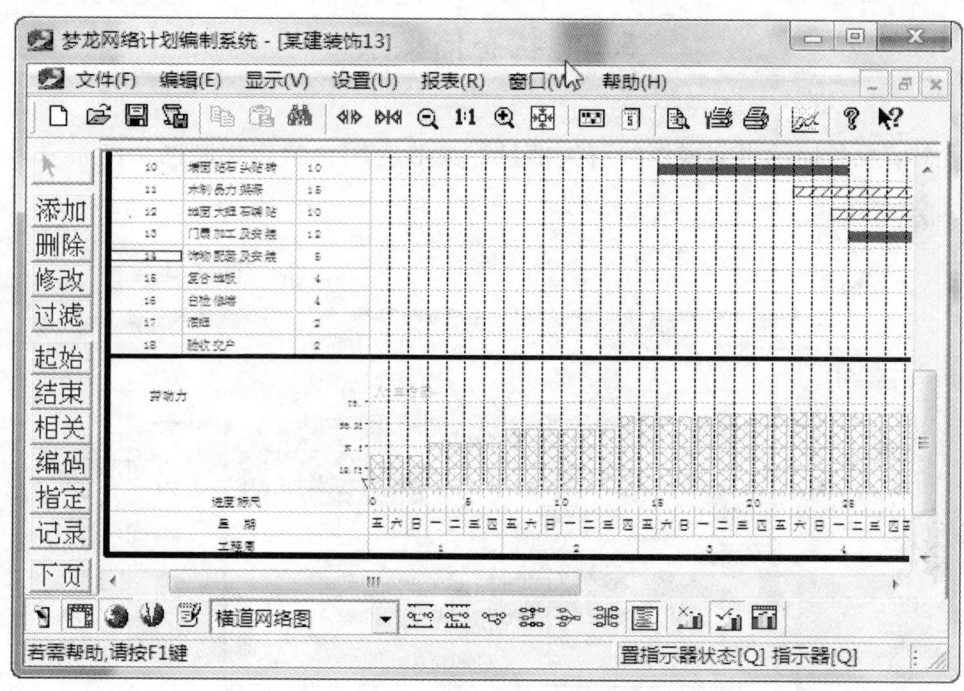

图 5-23

（50）只画资源曲线命令

不显示网络图，只显示资源曲线。此命令在时标、时标逻辑、横道显示等几种形式下有效。

5.4　横道编辑条

当你将显示模式置为横道显示或将编辑域置为表格横道时，出现此工具条。与网络图编辑条不同的是：在此条中的每个按钮都代表一种具体的操作，如："添加"代表直接插入一个新工作；而在网络图编辑条中，"添加"表示设为添加状态。在横道条中提供的操作有：添加、删除、修改、过滤、起始、结束、相关、编码、指定、记录、上页、下页等命令。

  参见：本章工具条（47）部分内容。

  参见：第十一章—网图属性设置-横道图编辑。

  参见：第八章—怎样编制网络计划。

5.5 状态信息条

状态信息条提示当前操作的有关信息，灵活应用会给您编制网络图带来方便，如图5-24所示。

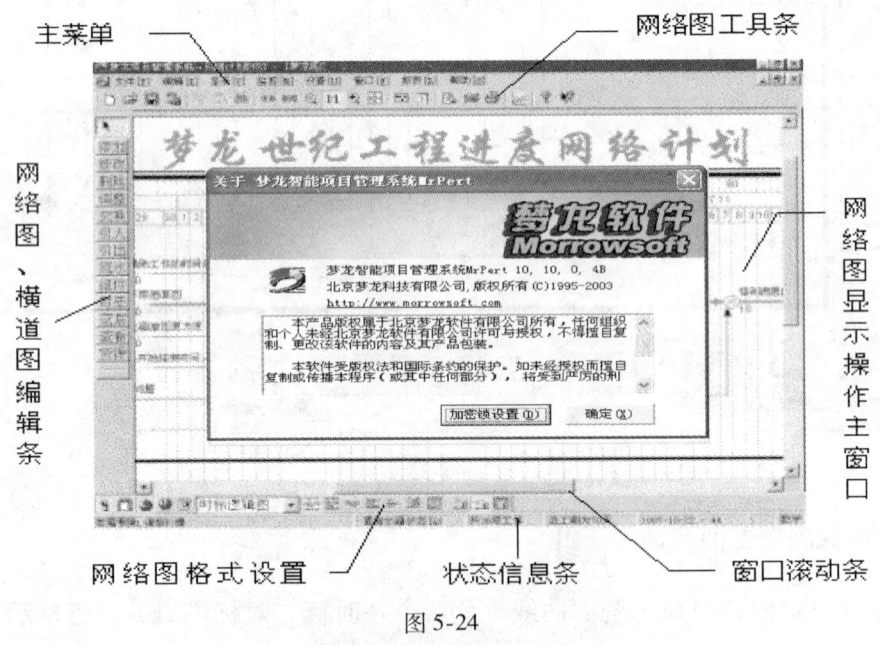

图 5-24

在"状态信息条"中，提示的信息依次是：

（1）各种操作的提示信息：如若需帮助，请按F1键。

（2）编辑操作状态提示：如置添加工作状态。

（3）共x项工作：网络计划中当前有x工作。

（4）总工期x天：当前总工期的天数。

（5）当前时间：提示鼠标当前位置的时间。此项对于添加独立工作时十分重要，根据此项提示信息，可找到准确的工作起始时间。

第6章 菜单操作

对网络图文档的操作，除了用工具条提供的命令外，还可以通过菜单来实现。另外，还有一些工具条中未出现的命令，只能通过菜单来实现，如图6-1所示。

图 6-1

6.1 文件菜单

一、命令

在项目菜单中提供了如下命令，如图6-2所示。

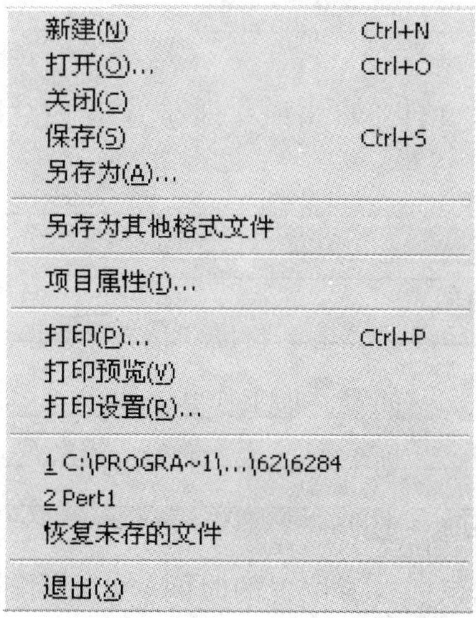

图 6-2

☞ 新建：创建一个新的项目文档。

☞ 打开：打开已存在的项目文档。

☞ 关闭：关闭打开的项目文档。

☞ 保存：按原名和路径存储项目文档。

☞ 另存为：更改存储名称和路径保存项目文档。

☞ 另存为其他格式文件：将当前文档存为 EMF 文件。

☞ 项目属性：设置该项目的基本属性。

☞ 打印：打印项目网络图或横道图。

☞ 打印预览：打印预览项目网络计划。

☞ 打印设置：选择打印机并进行属性设置。

☞ 最近打开的文件：列出最近打开过的四个项目文件。

☞ 恢复未存文件：恢复上次未存的项目文件。

☞ 退出：退出该系统。

二、特别说明

（1）新建文件：为了避免用户在不知情的情况下创建多个空文档，系统限定当已经有一个空文档打开时，不再创建新文档。

（2）另存为：将当前编辑的文件改名存盘，通过对话框，可选盘符，可更改路径及文件名等。

（3）另存为其他格式文件：将当前文件存为其他格式的文件，如：EMF 格式的文件等，如图 6-3 所示。

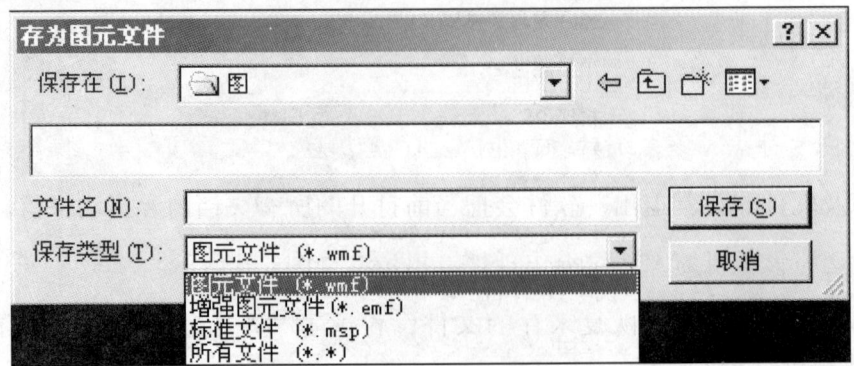

图 6-3

(4) 项目属性：输入项目名称及编制说明等。当新创建一个文档时，出现该对话框，其中的内容可以当时输入，也可以在之后的任何时候输入，如图6-4所示。

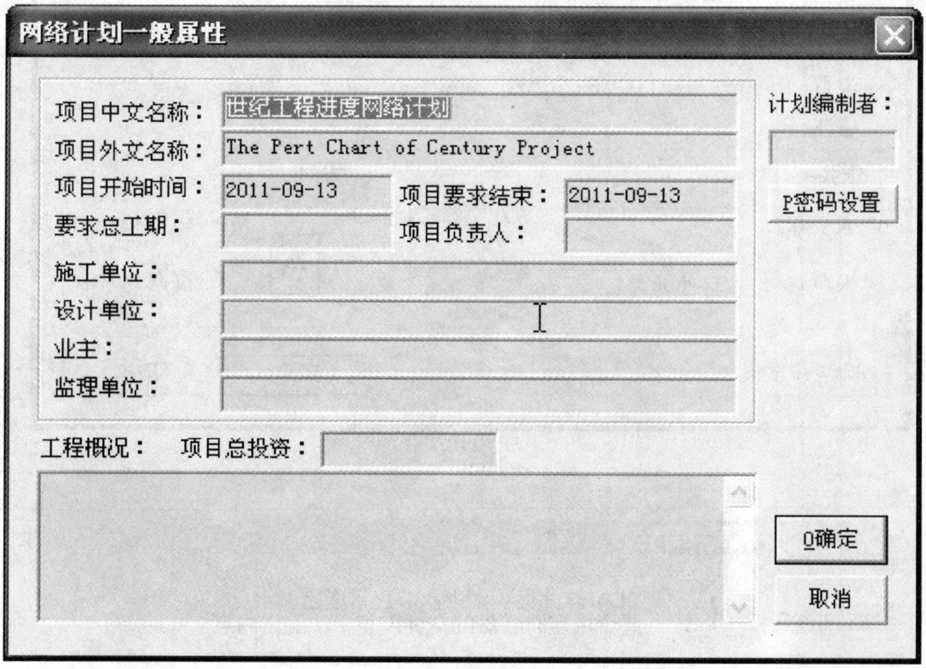

图6-4

(5) 可通过菜单中提供的快捷键实现菜单功能。如同时按 Ctrl + N 用于创建一个新文档。

    ∽ 参见：第五章—工具条操作（1）新建文档命令。

(6) 打印设置：参考 Win98 说明，可以设置打印机型号、纸张大小、打印方向、是否连续打印等。可参考疑难解答中有关部分内容，如图6-5所示。

    ∽ 参见：第十二章—打印处理。

(7) 恢复存盘：该系统具有智能恢复存盘功能。当计算机断电、操作系统意外出现故障及软件非正常退出，软件会把当前打开的所有文档内容自动保留。重新启动计算机运行该软件时，系统会出现恢复提示，如图6-6所示。

选择"Y"则会自动恢复未存的文件；若选了"N"，你的文件将不能恢复，且没有再恢复的机会，所以在选择时要当心。

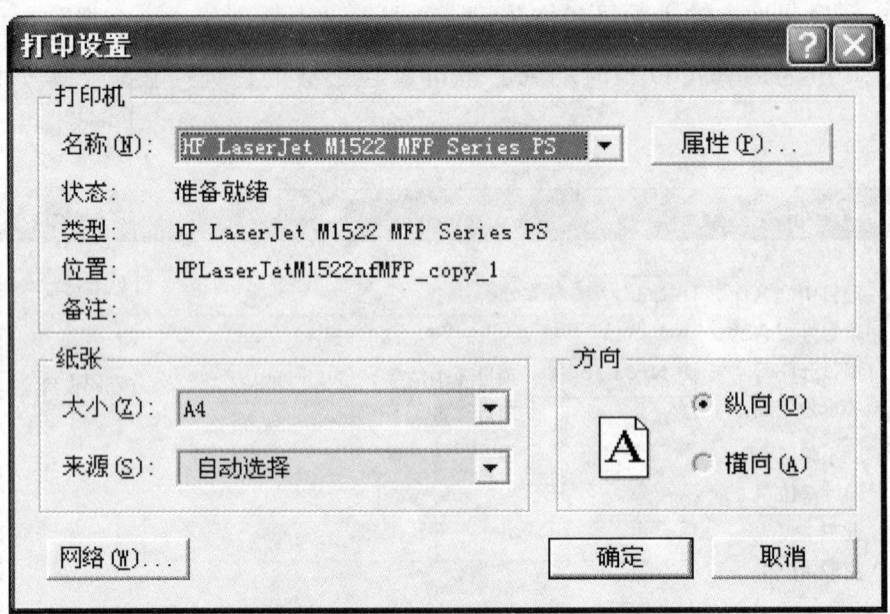

图 6-5

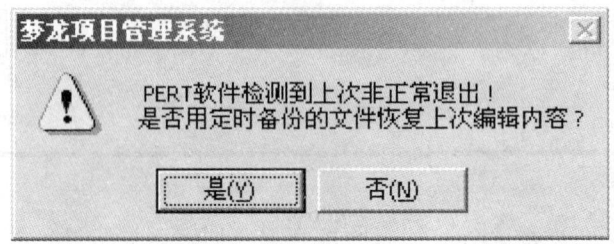

图 6-6

6.2 编辑菜单

编辑菜单条的内容与编辑状态条内容几乎完全相同。其中置灰的内容："全选"、"子网操作"为系统保留内容。

一、命令

☞ 取消上次操作：取消已经操作的过程，如添加、调整、删除等，最多可取消五步。快捷方式：Ctrl + Z。

☞ 恢复取消的操作：恢复取消的操作过程，如添加、调整、删除等，最多可恢复五步。快捷方式：Ctrl + Y。

第6章 菜单操作

☞ 指示器命令：指示器状态是编辑状态条的初始状态，在此状态可以移动工作、查看工作和网络图的信息。

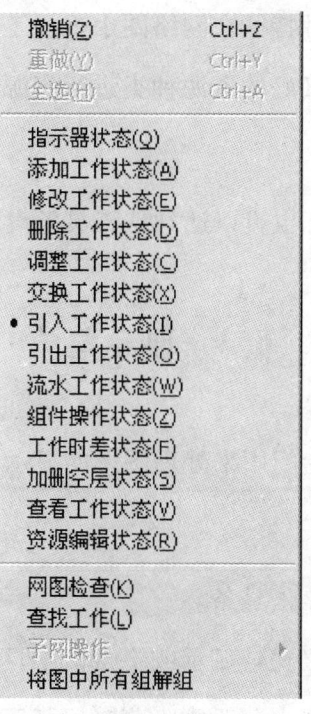

图 6-7

☞ 添加工作：可以通过鼠标左键的操作在工作区添加工作。

☞ 修改工作：通过鼠标的左键在选中工作上操作可修改此工作。

☞ 删除工作：可以通过鼠标操作删除工作。

☞ 调整工作：可以调整工作间的逻辑关系。

☞ 交换工作：可以完成两个工作位置的交换。

☞ 引入工作：可以从剪贴板、文件或库中引入若干工作和工序，并替换当前选中的工作。

☞ 引出工作：可以将选中的若干工作引出到文件或网络图库中。

☞ 流水操作：可以通过选择流水基准段，生成普通流水网络和小流水网络。

☞ 组件操作：可以将选中的若干工作组成一个单元工作，或将一个单元组分解成单工作。

☞ 时差处理：可以调整一个工作的自由时差、总时差以及使工作浮动。

101

- 加删空层：可以将工作层间加空层或将空层删除。
- 网图检查：可以选择检查选项对网络图进行检查。
- 查找工作：可以按某种特征在网络图中查找工作。
- 资源编辑可以按自定义好的资源种类进行资源编辑。

二、特别说明

从菜单条中设置编辑状态也可以达到从工具条设置一样的效果。

6.3 显示菜单

该菜单条中提供的命令专门用来处理图形的显示。

一、命令

- 工具条：显示或隐藏该工具条。
- 工具条内设置网络图格式：显示或隐藏该工具条。
- 含时间标尺：在网络图中显示或隐藏时间标尺。
- 横向撑长图形：将网络图横向撑长。
- 横向压缩图形：将网络图横向压缩。

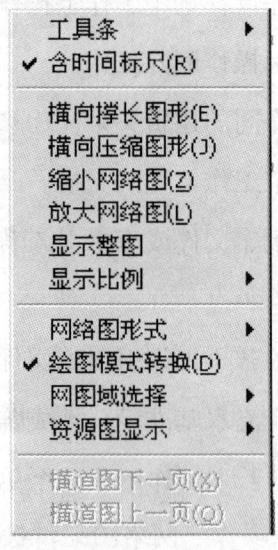

图 6-8

- 缩小网络图：以缩小比例显示网络图。
- 放大网络图：以放大比例显示网络图。
- 横道图编辑条：显示或隐藏横道图工具条。
- 显示整图：以当前窗口大小显示整个网络图。
- 显示比例：缩放显示比例选择。
- 网络图形式：选择设置网络图的显示形式。
- 绘图模式转换：选择网络图的绘图模式。
- 网络域选择

整屏编辑域显示：全屏显示网络图。

双平编辑域显示：可浏览、编辑，分屏显示网络图。

横道编辑域显示：转为横道图显示整图。

- 资源图显示

不含资源曲线：选择在网络图上不含资源曲线图。

含资源曲线：选择在网络图上含资源曲线图。

只画资源曲线：选择不画网络图而只画资源曲线图。

- 下一页横道图：网络图以横道方式显示时，用此命令显示下一页图。
- 上一页横道图：网络图以横道方式显示时，用此命令显示上一页图。

二、特别说明

（1）显示比例：与主窗工具条（8）（9）（10）等快捷方式功能相似，但可以更为准确。

可以按纵横等比方式选择原图 10%～300% 的显示比例，也可以用随意的定制比例：输入横向、纵向比例如图 6-9 所示。

（2）网络图形式：可以在各种网络表现形式间转换，如图 6-10 所示。

　参见：第五章—工具条操作—网络图编辑状态条（40）~（47）。

（3）网图域选择：如图 6-11 所示。

　参见：第五章—工具条操作—网络图编辑状态条（38）~（39）。

 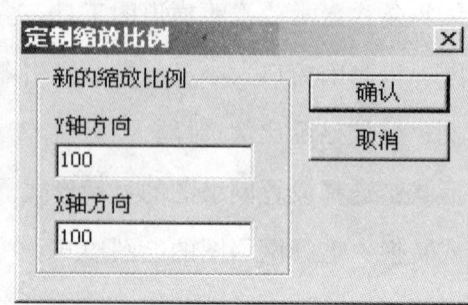

图 6-9

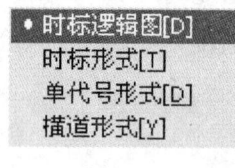 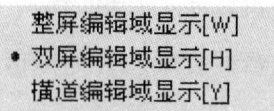

图 6-10　　　　　　　　　　　　图 6-11

6.4　设置菜单

设置操作是非常重要的。各种网图属性、资源种类、打印参数、日历、网络图库、工程定额以及数据存放路径等都是通过这里定义和设定的。

在设置菜单中提供了以下命令，如图 6-12 所示。

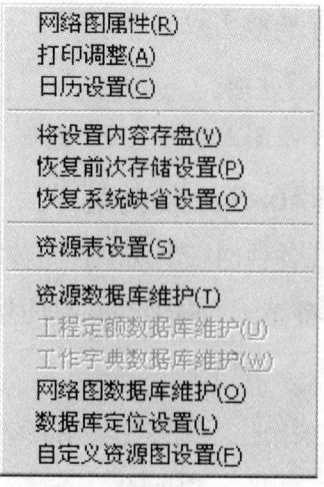

图 6-12

一、命令

- 网络图属性：设置整个网络计划图的各种参数和属性。
- 打印调整：设置打印的各种参数。
- 日历设置：设置休息日。
- 将设置内容存盘：将网络图的参数和设置值存到系统设置文件中。
- 恢复前次存储设置：将上次设置的参数恢复。
- 恢复系统缺省设置：将网络图的参数和设置值用系统设置文件中的内容替换。
- 资源表设置：设置资源的种类以及各种曲线、颜色等其他多项参数。
- 资源数据库维护：进行资源数据库的添加、修改、删除等操作，进行资源的维护。
- 工程定额数据库维护：对工程定额库进行添加、修改、删除等操作。（保留）
- 工作字典数据库维护：建立工作种类与工种逻辑关系的智能数据库。（保留）
- 网络图数据库维护：建立树状分类的各种网络图数据库。
- 数据库定位设置：定义各种数据库的存放位置。
- 自定义资源图设置：可以设置各种自定义资源的种类以及其他相关参数。

二、特别说明

（1）对资源数据库、工程定额库、工作字典数据库、网络图数据库、数据库定义位置维护的详细说明；

  参见：第十章-数据库处理。

（2）自定义资源图设置的详细说明。

  参见：第九章-资源图表处理。

6.5 报表菜单

本菜单目前提供打印两类报表：打印日历与打印日报，如图6-13所示。

图6-13

(1) 打印日历

单击"打印日历",会出现如下提示"打印前是否需要预览",如果选择"预览",则出现如图 6-14 所示内容。

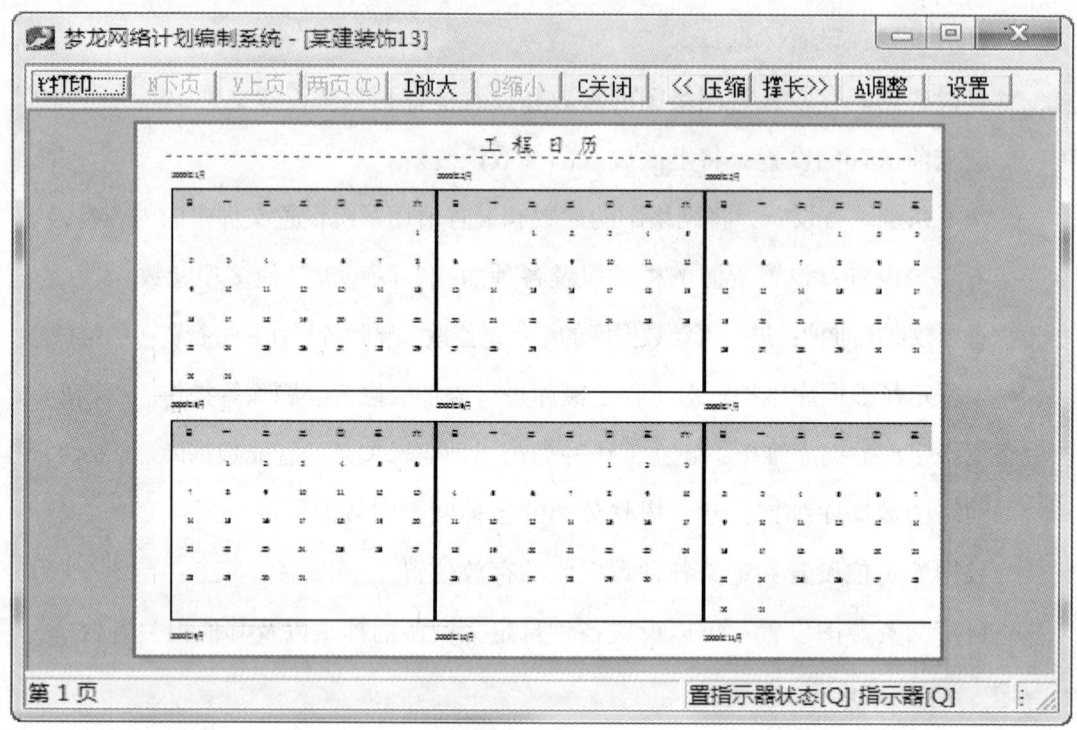

图 6-14

满意后就可进行打印,日历将打出设定幅面的日历表,包含你设置的休息日等。选择横向或纵向打印时,系统会自动调整。

(2) 打印日报(保留)

选择此项功能,会出现如图 6-15 所示的对话框。

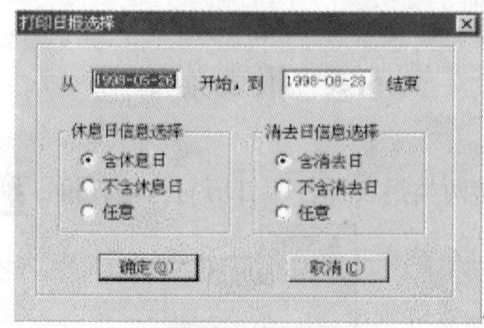

图 6-15

打印日报前，您必须已通过"日历设置"命令记录了至少一天的信息。

此时，可以选择日报的起始时间以及有关休息日的信息。确定后，选择范围内若有日志情况即可打印，若没有，则提示没有记录任何信息。

6.6 窗口菜单

一、命令

在该菜单条中提供的命令将帮助你安排应用中出现的多个视窗，如图 6-16 所示。

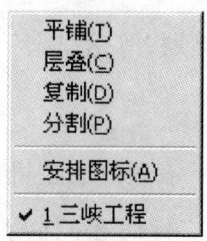

图 6-16

- 平铺窗口：将当前打开的多个文档窗口平铺，不覆盖。
- 层叠窗口：将当前打开的多个文档窗口层叠，以覆盖方式显示。
- 复制窗口：将当前活动窗口复制，产生一个新的文档窗口，两窗口内容相同。
- 分割窗口：整图分割显示。
- 安排图标：将已缩小为图标的文档排列整齐。
- 窗口 1，2，…：列出所有已打开的文档的清单。

二、特别说明

一般情况下，窗口都是最大化的，通过窗口右上角的 🗗 表示，若想操作两个以上的文档窗口，可以使它们以平铺、层叠方式显示。"分割"功能已由编辑区域分割功能约束，故不能随意分割窗口。

6.7 帮助菜单

一、命令

帮助菜单提供的命令将辅助你使用该系统，如图 6-17 所示。

标题(I)
关于(A)…

图 6-17

☞ 标题：提供关于本系统的帮助标题索引。

☞ 关于：显示本系统的版本和版权等信息。

二、特别说明

☞ 随时按 F1 键，即可得到关于该软件的随机帮助材料。

☞ 若仍有不明白的情况，请随时与我们联系，我们会尽力提供好的帮助和服务。

第7章 工 作

7.1 工作分类

网络图中最基本的元素就是工作,有时也称工序。表示工程项目的工作有以下几种:实工作、虚工作、子网络(工作)、里程碑(工作)、辅助工作及挂起工作。正确地理解并运用它们将有助于我们编制出符合实际的合理的工程网络计划。以下将分别介绍它们的含义和使用。

(1) 实工作

实工作是最一般、最平常的工作。一般地说,任何需要一定的时间和资源才能实现的工作都可以称为实工作,如图7-1所示。

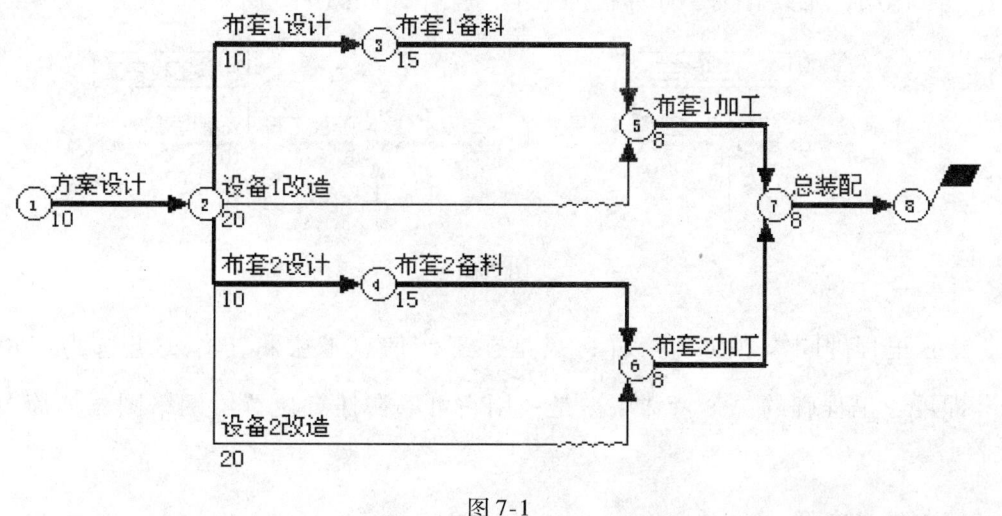

图 7-1

(2) 虚工作

虚工作不是实际意义上的工作,而是一种逻辑连线,它表示某些工序间的逻辑关系。

虚工作是怎样产生的呢？

例如我们要建立工作"布套1备料"和"布套2备料"之间的关系，即布套2备料的紧前工作为布套1备料与布套2设计。若要求在布套1备料与布套2设计做完之后才能做布套2备料。此时就要通过逻辑连线——虚工作来表示，如图7-2中虚线所示。虚工作体现了一种逻辑关系，并不是实际的工作。在实际应用中，如果能用其他方法表达清楚逻辑关系，应尽量不使用虚工作，如图7-2所示。

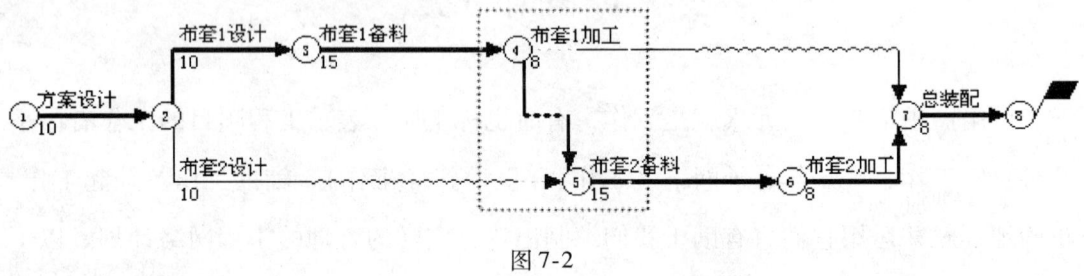

图7-2

（3）里程碑

在网络计划中里程碑是确立某一阶段或某些工作开始或结束的时间目标。里程碑的本质是控制点，它分为输入控制点和输出控制点，在多个网络计划联合控制中起着桥梁作用，尤其有利于计算机网络上的操作，如图7-3所示。

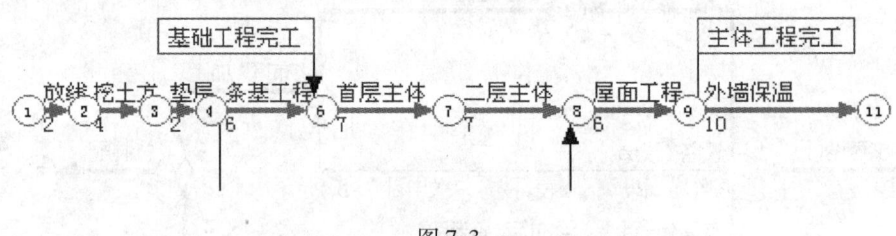

图7-3

建立里程碑同添加工作一样，只是在工作信息卡中将工作类型选为"里程碑"即可。里程碑的一个特殊用途是：用它可以在任意位置给网络图添加简单的说明。

（4）辅助工作

在很多时候，我们会遇到这样一些实工作，它们可能与主工序时间相同，但却又不是关键工作。例如宣传、思想工作、伙食工作，它们都是实工作，但其工期却由其他实工作的工期来定,随它们的工期延长而延长、缩短而缩短。它们却永远不能成为关键工作。这样的工作就称为辅助工作。

如图7-4中将安全宣传工作设为辅助工作,虽然时间不变,但它再也不是关键线路了。

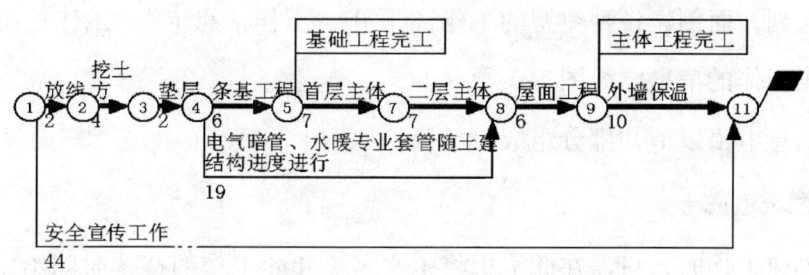

图 7-4

☞ 需要强调的是:辅助工作均是作为其他工作的"伴侣"出现的。其工期由它所相伴工作的前后端点来确定。利用辅助工作还能解决一些特殊工作关系的描述,参见辅助工作的使用技巧。

(5) 挂起工作

挂起工作是另一种特殊的工作,需要时间消耗而不需要资源消耗。它被用来表示某项工作在指定时间段内不能实施而处于等待状态。

当施工中出现如水泥养护或者遇到暴雨等糟糕的天气情况时,某项工作可能需要等待或间歇一段时间,待条件允许再继续实施,此时就需要用挂起工作来解决。挂起工作的创建与其他工作类似,即简单地在添加或修改时,将工作信息卡中的工作类型选为"挂起工作"即可,表示方法如图7-5所示。

图 7-5

用挂起工作除了可以表示工作等待或间隙外,与组件工作结合使用还可以解决搭接问题。

(6) 子网

保留,此版本不提供此功能。

7.2 工作信息卡

编辑时最常用的工作是添加、修改。以上所列出的任何工作几乎都可以通过添加或修改得到，而创建各种类型的工作离不开"工作信息卡"。工作信息卡中包含了大量关于工作的信息，如图7-6所示。

工作信息卡由以下几部分组成：

一、概况信息卡

最初创建工作时，只需在此卡中将中文名称和此工作的持续时间给定即可，其他信息都可以不输入，如图7-6所示。

（1）工作名称类

☞ 工作名：你可以给一个工作同时输入中文名称和对应的外文名称。在网络图中以何种文字显示将由属性设置中的选择设定：如可以选中文、外文、中外文或外中文等不同情况显示。

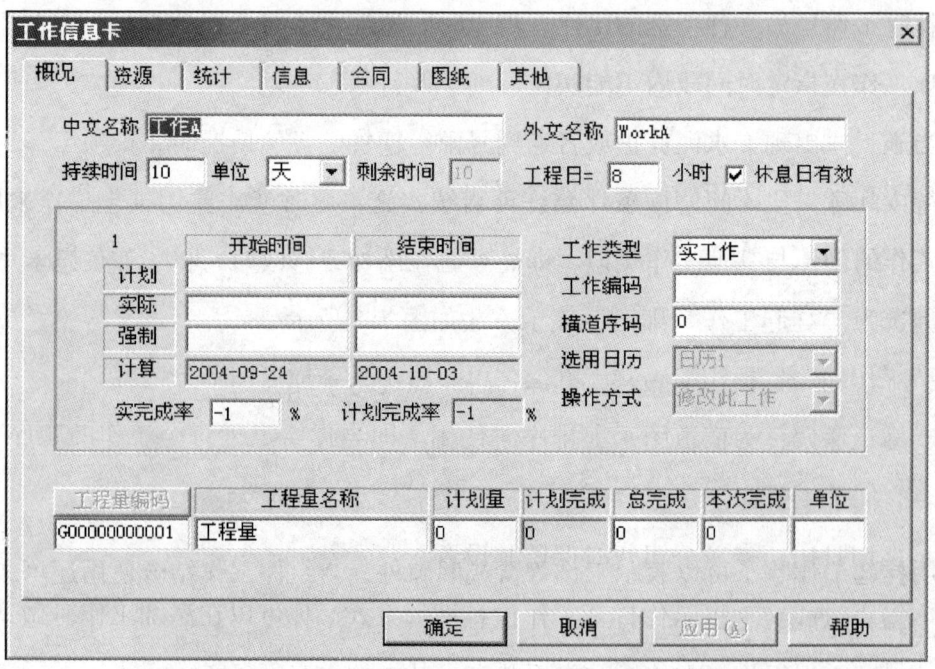

图7-6

☞ 参见：第十一章-网络图属性设置。

（2）工作时间类

☞ 单位：可以是天、小时与分钟。对于一些要求控制精度很高的工程项目，单位可以细分到分钟。另外，可以用实数表示工期的天或小时。如1.5天、10.5小时等。

☞ 工程日（制）：可以设定每个工程日为若干小时。对于一些特殊工作，如扰民工程可能每天限制几个小时来做，而一些紧迫工作可能要求是24小时连续作业，这就要求对每个工作可以单独设定其工程日制。

☞ 休息日有效：如果设置休息日有效，表明该工作碰到休息日时，其工期要按休息日顺延。当有些工作必须连续作业时，可以将此项设置设为无效。

☞ 开始时间与结束时间设置：其中可设计划、实际、强制等几种。这些时间值一般都不需要输入，除非用于控制。

（3）工作进度类

工作进度是用完成率来描述的。

☞ 实完成率：默认值为－1%，此值表示工作仍未进行。当输入了实际完成的百分比后，系统会自动生成前锋线图。

☞ 计划完成率：默认值也为－1%，表示工作仍未进行。

（4）其他设置类

☞ 工作类型：工作的类型设置在此设定，可选值为实工作、虚工作、子网络、里程碑、辅助工作与挂起工作，默认值为实工作。"子网络工作"在此版本暂不提供。

☞ 工作编码：工作编码共十五位。可参考工具条横道图部分内容。

☞ 横道序码：为横道图手工排序时使用。即当你给定了每个工作的顺序号后，以后对它们手工排序。

☞ 选用日历：梦龙公司暂时保留其设置。

☞ 操作方式：它提示你打开工作信息框的方式。你可以在添加工作时做适当的改变，以减少误操作。在修改和查看状态，其中的内容不可变。

☞ 参见：第九章-资源图表处理。

(5) 工程量操作类（保留）

关于工程量的设置属于控制版本的内容，在此不再赘述。

  参见：第十章-数据库维护。

二、资源信息卡

资源卡用于设置一项工作所需要的资源。资源的输入可以在添加工作时输入，也可以通过对工作修改时加入，如图7-7所示。

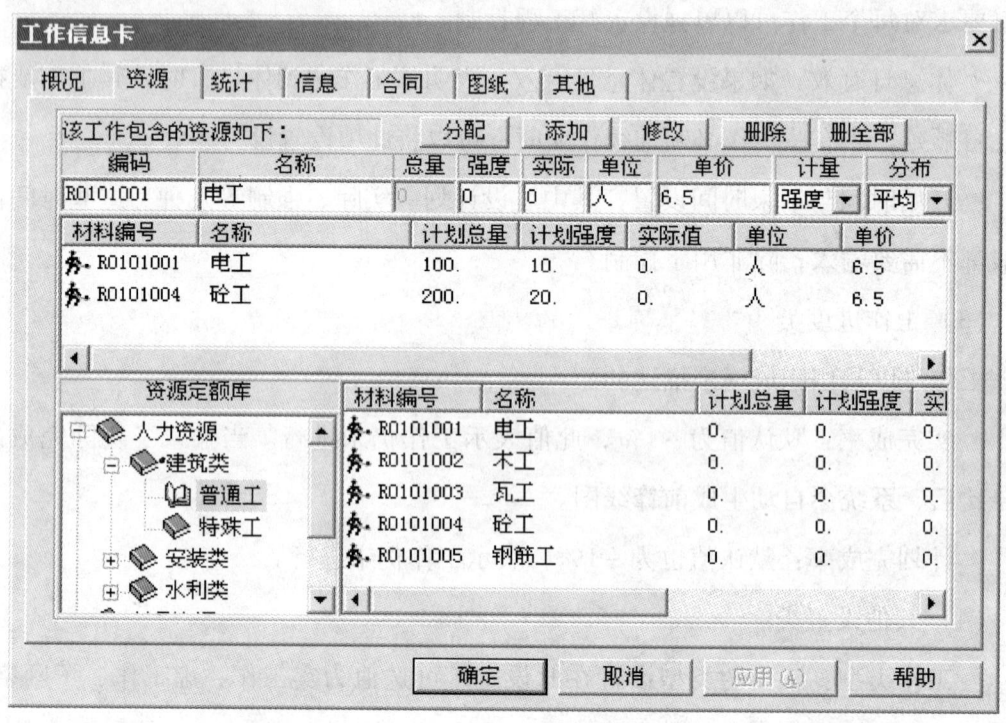

图 7-7

(1) 与该工作相关的资源

可以通过该卡片中提供的添加、修改、删除等操作输入各种与该工作相关的资源。其中：

  编码：既可以直接输入，也可以从资源定额库中选择。若是从库中选择的内容，资源编码是不可修改的。

  名称：可以输入，也可以从资源定额库中选择（控制版功能）。若名称不合适可以随时修改。

- 总量：是一种分布值，它与强度值密切相关，总量值＝强度值×工期。你只需要在选择合适的计量方式后，输入总量或强度值中的一个即可。
- 实际：此值在网络控制时才用到，此处可以不输入。
- 单位：从定额中选择的资源，其单位一般是固定的，若有不合适的资源单位，可做适当的修改。
- 单价：表示单位资源的费用，操作同上。
- 计量：计量方式有四种，即总量、强度、常量与复用。本系统中只用到前两种方式，表示资源的投入方式。
- 分布：包括四种分布方式，即平均、正态、集中与三角。本系统目前只采用平均分布形式。

(2) 资源定额库

资源定额库中的内容是从你指定的数据路径中的资源库中读取的，其内容可以通过"设置"菜单中"资源数据库"中定义和维护。

- 参见：第九章-资源数据库处理。
- 参见：第十章-数据库维护。

三、统计信息卡

统计卡中的信息如图 7-8 所示。此卡中将显示对该工作所含资源费用等情况的统计：包括人工费、机具费、材料费、管理费、其他费等几项。当你不输入资源或只想输入计划值时，可以采用直接输入的方式而不采用统计值。

(1) 直接输入资源值

选择输入开关，"输入计划值"与"输入实际值"变为有效状态，单位默认为元，然后输入费用、总人数、总工日等有关内容。"统计总费用"栏中的数字会随费用输入的内容变化而自动发生变化，若遇到不及时变化的情况，请点按"统计总费用"按钮。

(2) 统计资源值

在这种方式，"统计计划值"与"统计实际值"将为有效状态，这些值来源于对资源卡中与该工作相关的资源内容的统计。

(3) 工程量分配和统计（保留）

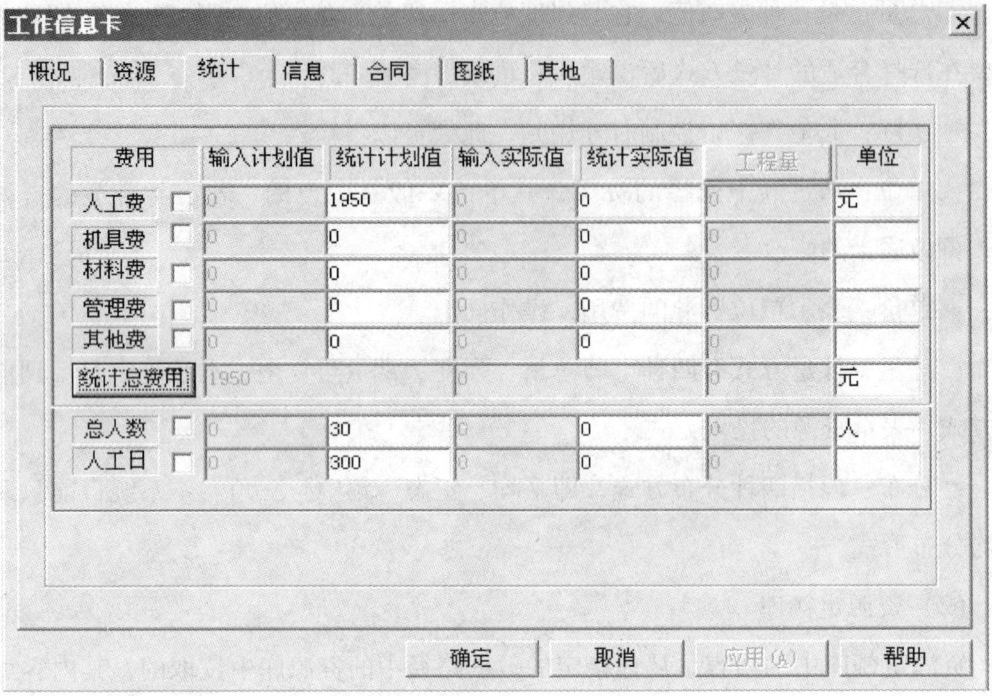

图 7-8

属于网络计划控制版本功能，在此不赘述。

四、描述信息卡

此卡主要记录有关本工作的基本描述信息，如图 7-9 所示，其中包括记录负责人、施工地点以及有关本工作的详细的工作记录。

五、合同信息卡

本系统可以实现网络计划与合同的关联和冲突检测。它与《梦龙合同管理与动态控制系统》进行信息交换和数据共享，从而实现合同的动态管理，使合同管理不仅仅作为一个静态的文档管理，如图 7-10 所示。

☞ 关联方式：

在合同信息卡片中包括上下两部分，上列表为与本工作有关的合同的详细内容，下列表为与该网络计划相关的所有合同的详细信息。本软件与《梦龙合同管理与动态控制》的数据交换参见"设置"中的数据库路径设置。

第7章 工 作

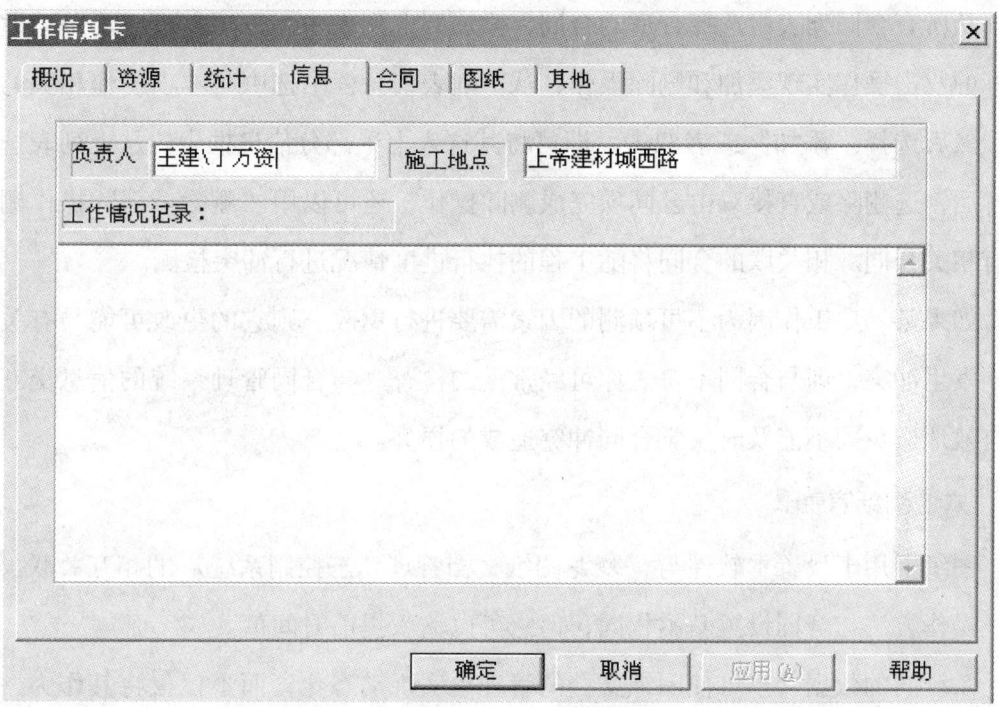

图 7-9

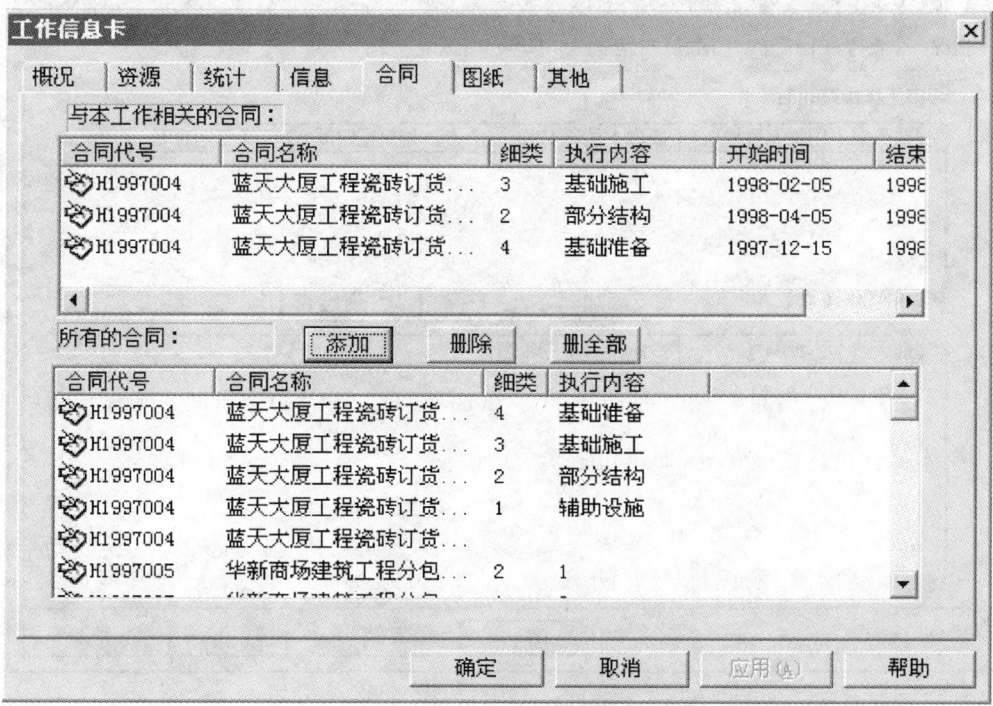

图 7-10

从所有合同列表中选择合适的合同，添加到上列表中。方法：可以简单地通过鼠标的双击操作实现添加和删除操作：从下列表信息框中选中与本项工作相关的合同，然后选择"添加"或者双击，即可将其选入上半部分信息框中。从上列表选择内容后，选删除或直接双击合同项完成删除操作，还可以用"删除全部"操作删除所有相关合同。相关联的合同将随工程的执行进度情况进行冲突检测。

如果某一项工作因为不可预测的因素需要进行更改，则它的更改可能与有关的合同发生冲突，即与合同不符。你可经常性的检查，与合同管理系统的信息交互就可有效地避免因不能及时发觉合同冲突造成的损失。

六、图纸信息卡

图纸卡用于设置本软件与《梦龙图纸文档管理动态控制系统》的相互关联。设置及操作方法与合同设置基本相同，但它可以输入提前时间值。

系统间的数据共享可使图纸文档的管理也实现动态化，而不仅仅将其作为一个静态的文档管理，如图 7-11 所示。

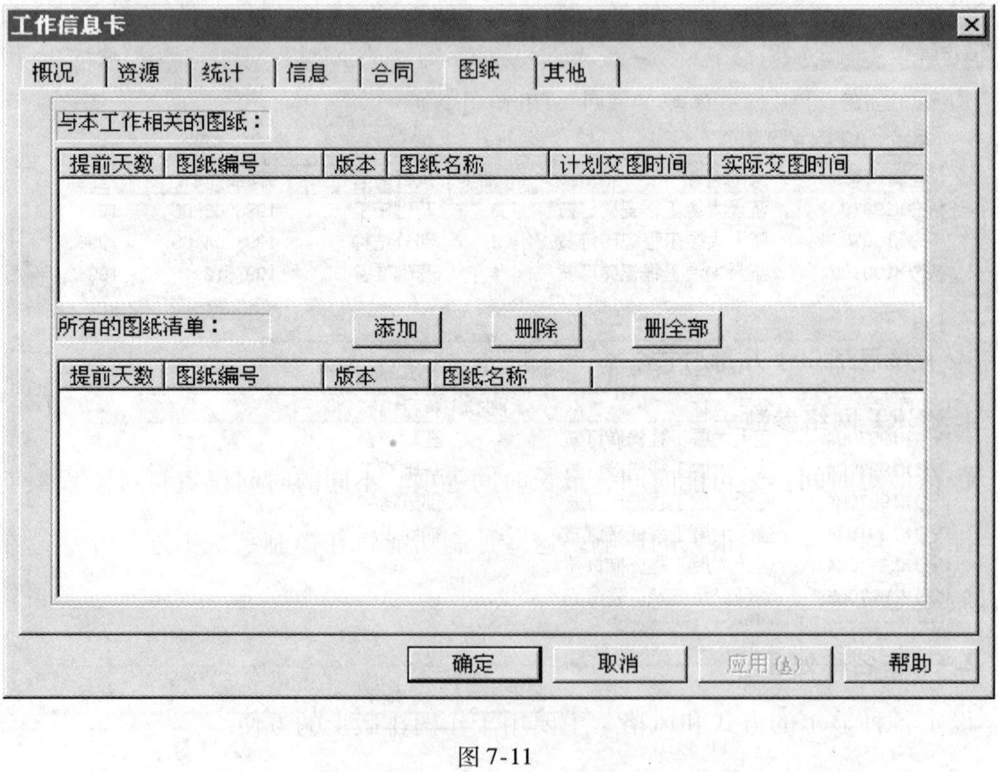

图 7-11

建立好关联关系后，当工程进度发生变更，系统将自动检测出与本项工作相关联的有关图纸项，检测图纸的到位及其他情况，从而对图纸文档实现有效的动态管理，反过来也可以对网络计划产生影响。

七、其他信息卡

此项主要包括了一些有关的参数，具体内容见图 7-12 所示。

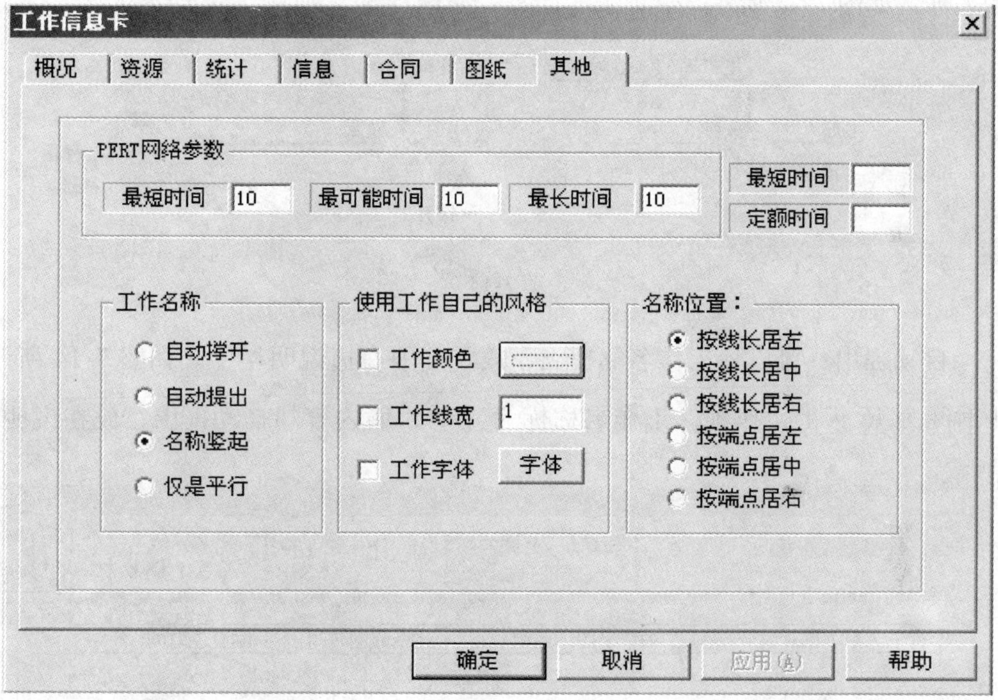

图 7-12

本卡片包括以下几部分内容：

1. PERT 网络参数

包括最短时间、最可能时间、最长时间等项。不同的时间设置将对工程工期预测、控制、优化等产生很大的影响。这些控制功能将在控制系统中逐一介绍，在此不再叙述。

2. 工作名称处理

设定各种显示的方式和风格，主要用于作图排版上的方便。

☞ 工作名称：包括自动撑开、自动提出、名称竖起与仅是平行四项选择。主要是为了解决工作时间与工作名称不相配的问题，另外它还可以有效地控制网络图的输出长度。实际上，在做网络计划时，经常遇到持续时间短而名称长的工作，尤其在做大型网络图而又需要输出在较小的纸张上的网络图时，会经常用到这几项功能，现简述如下：

☞ 自动撑开：本功能是将按工作名称的长度表示工期的线长度自动撑长以便于显示名称，如图7-13所示。

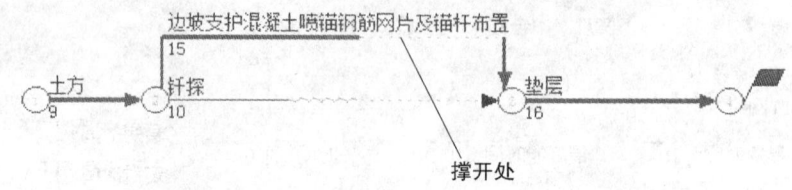

图7-13

☞ 自动提出：可以将工作名称提出，放在图中右边说明栏中。如图7-14所示，图中时间为15天的工作项，工作名称标为［4］，而内容却自动提出，放在说明栏中显示。

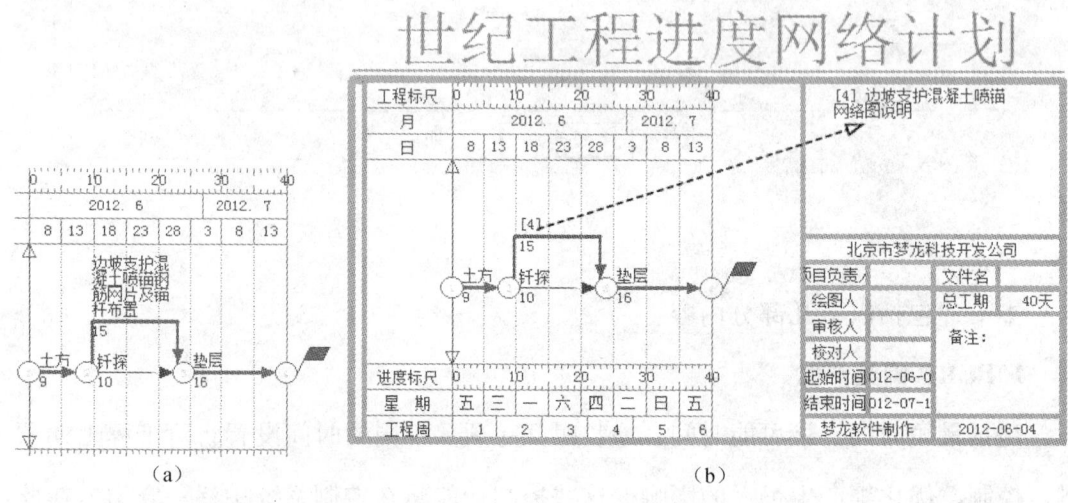

图7-14

☞ 名称竖起：当遇到长名称时，名称自动叠起为若干行，这样可以有效地缩短整个网络图的长度。该项为默认状态。

如图7-14a所示，两项时间分别为5天与6天的工作，名称会自动叠起为几行。

F 仅是平行：指工作名称会照其长度显示，不竖起，也不提出。这样可能会与其紧后工作名称造成重叠，适当地调整相关工作的层距也可以达到美观的排网效果，如图 7-15 所示。

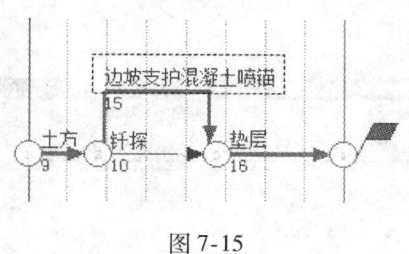

图 7-15

3. 名称颜色和字体

可以对所有工作的字体型号、颜色等进行统一设定，同时也可以选择工作自身的字体型号、颜色，如图 7-16 所示。

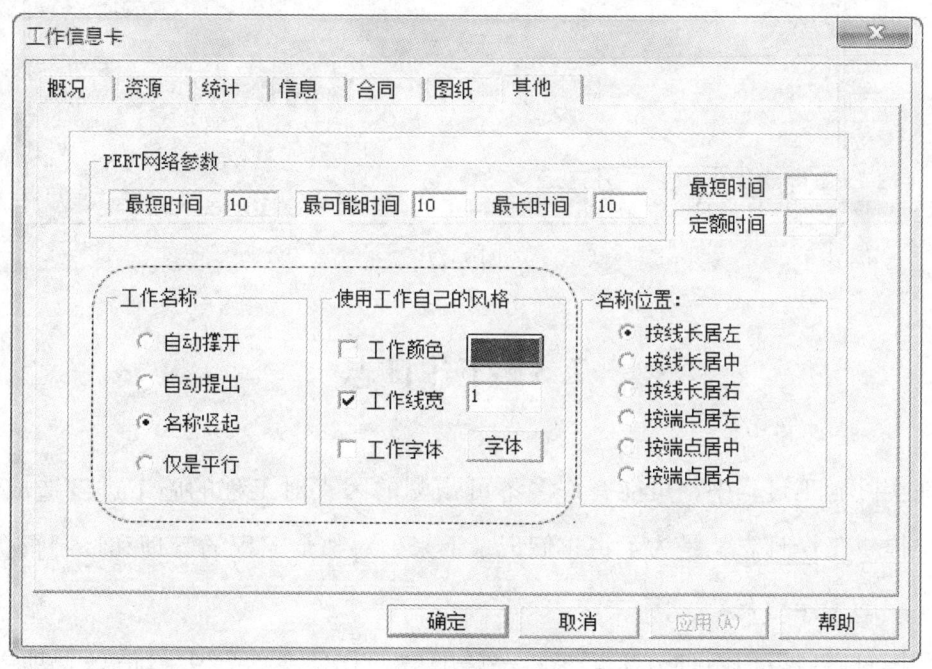

图 7-16

以上设置的组合使用，如将"使用工作自身的工作字体"与"名称竖起"共同使用，会产生很好的效果。

前景色与背景色：梦龙公司保留其设置。

(4) 名称位置

指工作名称位于持续时间线上的相对位置，包括六项选择：按线长居左、按线长居中、按线长居右、按端点居左、按端点居中与按端点居右，其中默认值为按线长居左，如图 7-17 所示。

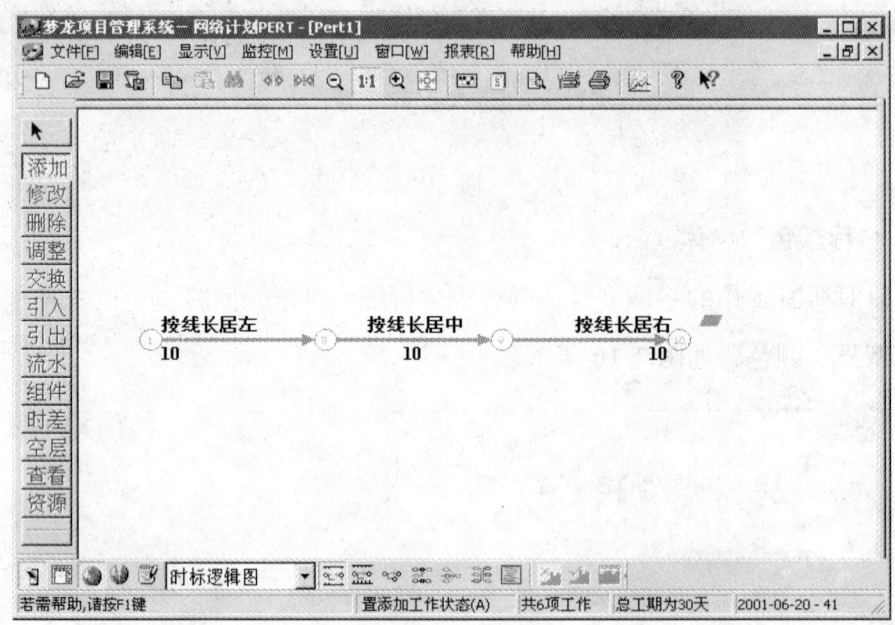

图 7-17

7.3 工作日志

在实际施工过程中，可能有许多不可预测的因素对工程的施工进度造成影响。系统中提供工作日志就是为了将它们记录下来，对整个工程的管理和控制自然形成一本完整的工作档案。

工作日志可以用两种方法记录：一是随"工作信息卡"中"信息"项中做记录。具体操作可参考第七章"工作"中"工作信息卡"相关内容；二是在设置菜单的日历设置中，按工程日记录。

第 8 章 怎样编制网络计划

本系统提供网络图编辑方式和横道图编辑方式。两种编辑方式都分别带有自己的编辑工具条。所不同的是，网络图编辑条用来设置编辑的状态，而横道图编辑条则表示直接的操作。除了编辑条外，系统还提供了一些其他的辅助编辑网络计划的命令和操作，有些内容可以参见相应的菜单命令和工具条命令。鉴于我们下篇第 2 章中关于网络图表示法与横道图表示法的比较，我们的重点也是如何编制网络图，之后也将介绍本软件的横道编辑方法。

8.1 网络图编辑操作

网络图编辑最主要的操作包括添加、调整、修改、删除、组件、流水、引入与引出等。这些操作包含了编辑网络计划的绝大多数操作。本节将详细地介绍它们。

一、添加工作

置工作添加状态，移动光标，若当前鼠标位置有工作，则光标变为如下四种状态：十字光标 ✥、左向光标 ◁、右向光标 ▷、上下光标 ⇕。如果鼠标没有捕捉到工作，则光标为一般光标 ▸。

✿ 添加方法：
（1）通过工作线加；（2）通过节点加。

1. 通过工作线加

通过工作线加分五种形式：上、下、左、右、空。

☞ 工作线右加：移动光标到工作 A（线）的右端，双击鼠标左键可将工作 B 加到工作 A 后面，如图 8-1 所示。

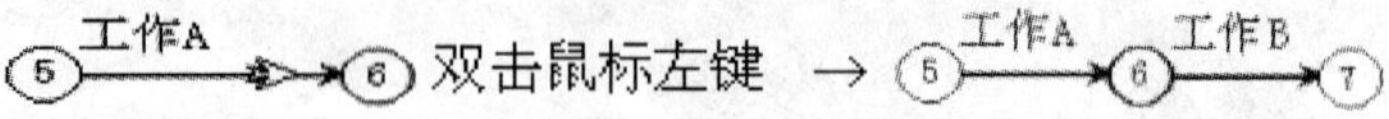

图 8-1

☞ 工作线左加：移动光标到工作 A（线）的左端，双击鼠标左键可将工作 B 加到工作 A 前面，如图 8-2 所示。

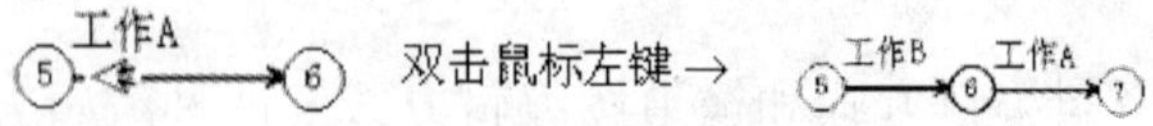

图 8-2

☞ 工作线上下加：移动光标到工作 A（线）的中间，双击鼠标左键可将工作 B 加到工作 A 上（或下）面，如图 8-3 所示。

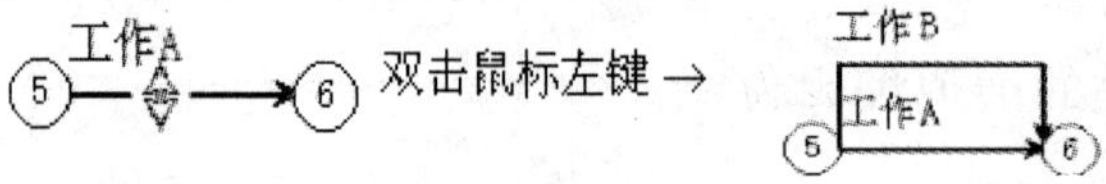

图 8-3

☞ 如果想使工作 B 在工作 A 的下方，用光标选中工作 B，按住鼠标左键向下移动，如图 8-4 所示。

图 8-4

☞ 空白处加：移动光标在空白处（鼠标移动时，下面的状态条中会自动显示出当前位置的时间）双击，可在此位置添加一个前后都不连接的独立工作，如图 8-5 所示。

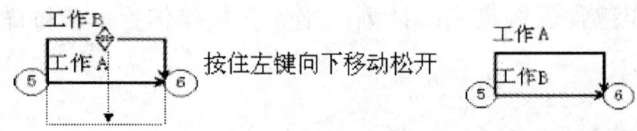

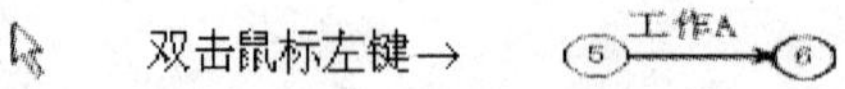

图 8-5

2. 通过节点加

通过节点加有四种形式：点到空、点到点、点本身、点跨距。

☞ 点到空加:移动光标到第一节点⑥上,按住鼠标左键拖拉到空白处松开,加一工作 D,如图 8-6 所示。

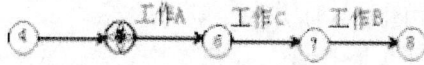

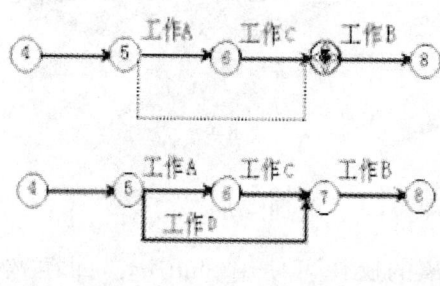

图 8-6

若光标向左拉(拉到⑥点左侧)则结果如图 8-7 所示。

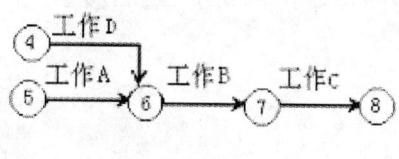

图 8-7

☞ 点到点加:移动光标到第一节点⑤上,按住鼠标左键拖拉到另一节点⑦上松开,在两点间加一工作 D,如图 8-8 所示。

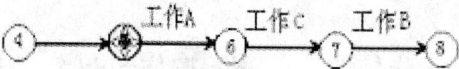

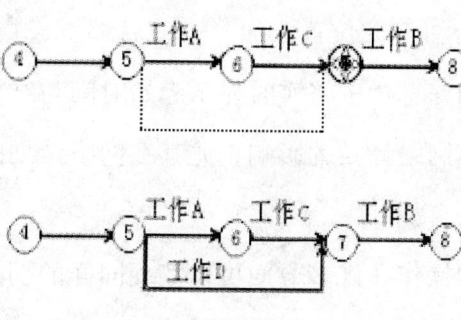

图 8-8

若想工作 D 在上层，参阅：通过工作线加的工作线上下加。

☞ 点本身加：移动光标到工作 A 和工作 B 的节点上，双击鼠标可在工作 A 与工作 B 间加一个工作 C，如图 8-9 所示。

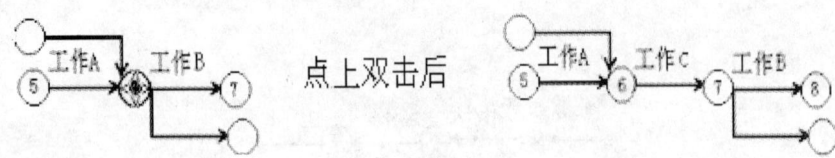

图 8-9

点跨距离加：添加过程类同于点到点加。

对于大网络图，远距离的操作可使用 Shift 键，即在光标捕捉到第一点时，按下 Shift 同时鼠标左键按下抬起（单击），此时光标变成如下状态，然后可用鼠标点滚动条，将光标移至另一点单击即可完成跨接添加工作。

参阅：光标控制。

二、修改工作

在编辑修改状态：

☞ 操作方法一：置工作修改状态，移动光标到工作（线）上，双击鼠标左键，出现对话框，如图 8-10 所示，可将工作内容修改。

参见：第七章-工作。

☞ 操作方法二：在"工作修改"状态，按住 Shift 键，用鼠标放在工作线上拖动，会弹出一个时间信息卡，此时 Shift 键可以一直按下，也可以在弹出时间信息卡后松开，如图 8-11 所示。

修改时间时，弹出的信息栏中将实时显示起始时间与结束时间的变化，并且实时显示出修改时间对整体网络计划的影响，尤其在网络计划的动态调整时，将会使操作变得十分直观，轻松自如。

★注意：修改与添加操作在许多方面可以实现同样的功能，不同的是添加操作可创建新的工作，而修改只能改变工作的类型。

第8章 怎样编制网络计划

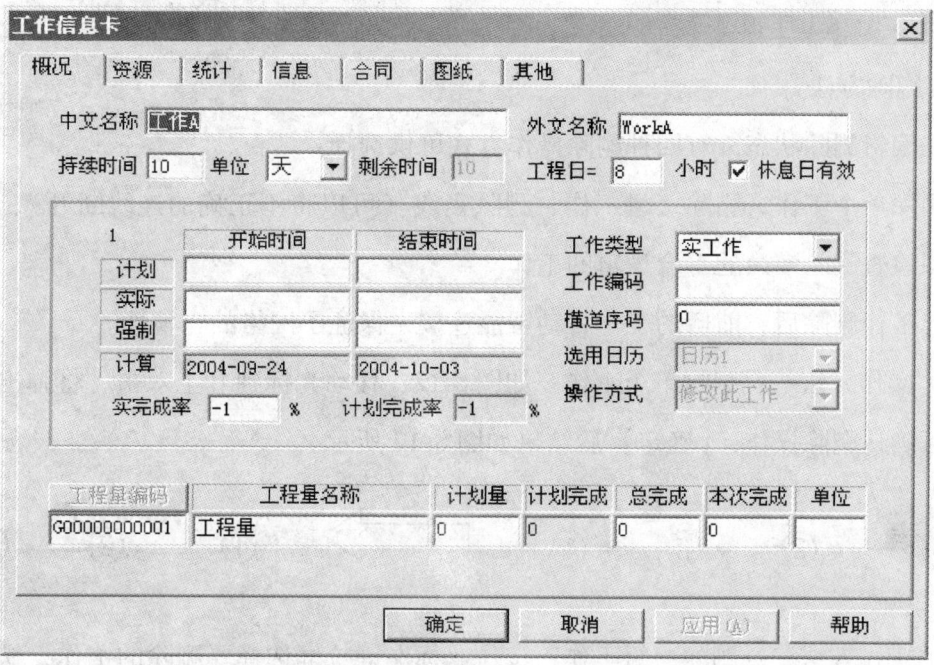

图 8-10

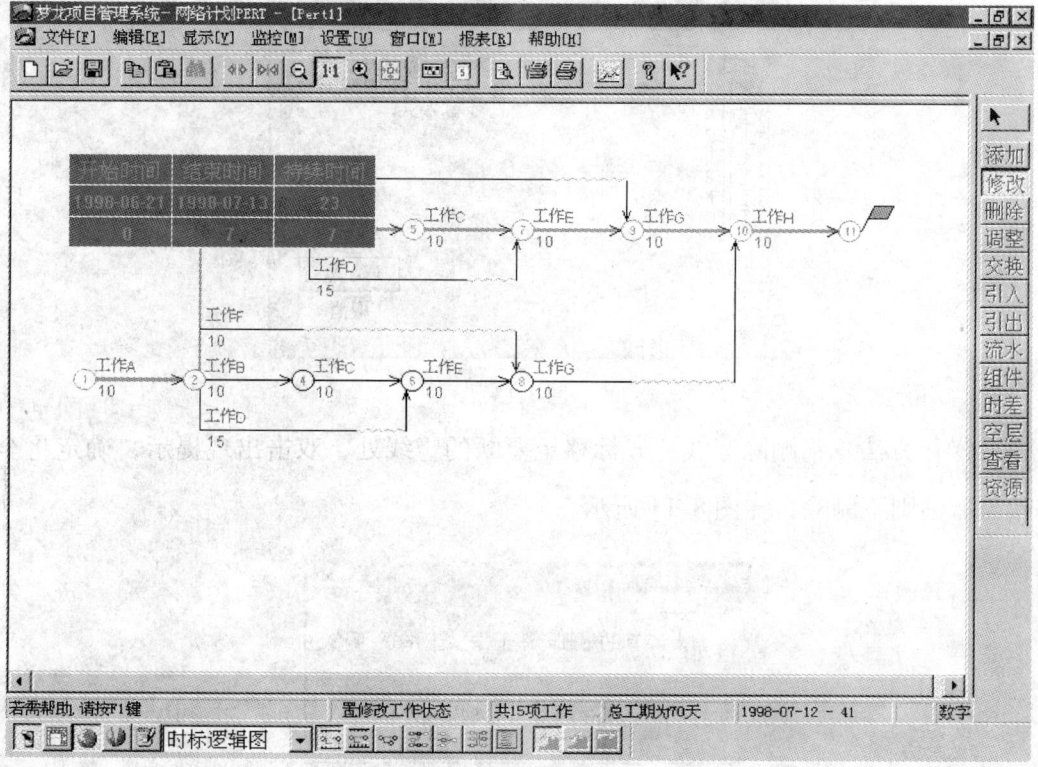

图 8-11

三、删除工作和连线

✂ 删除方法：

在编辑删除状态，有四种删除操作方式可供选择：

删除单个工作、删除一组工作、删除竖线（可以将不正确的连线断开）、通过网络图检查删除多余的不合逻辑的工作。

当工作删除后，前后的工作自动智能连接，保证了网络的完整性。

☞ 操作方法一：删除单个工作：如图8-12，移动光标到B上双击，将弹出确认对话框确认删除操作，【确定】后结果如图8-12所示。

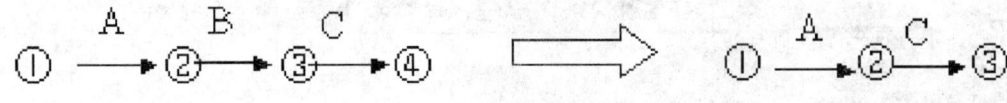

图8-12

☞ 操作方法二：删除一组工作：按住鼠标左键拉框选择要删除的工作，松开按钮，出现删除提示，确定将全删除，取消则不删除，如图8-13所示。

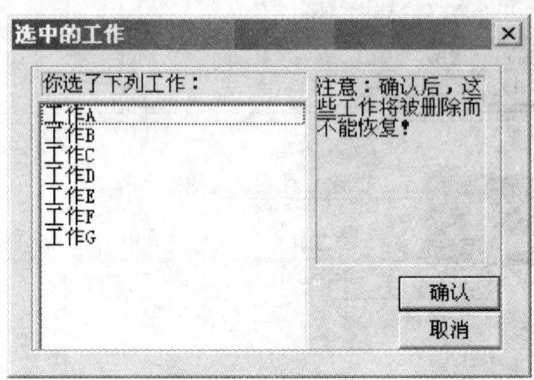

图8-13

☞ 操作方法三：删除竖线：光标移至要断的竖线处，双击出现提示，确定将全删除，取消则不删除，如图8-14所示。

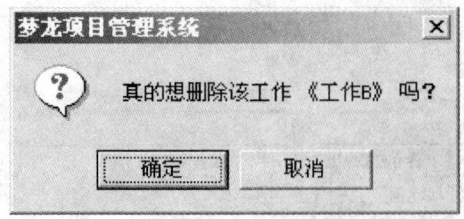

图8-14

☞ 操作方法四：通过网络图检查删除多余逻辑连线及无效工作。参见网络图编辑状态条：检查命令。

四、调整工作和节点

在编辑调整状态，可调整工作及节点间的关联。鼠标捕捉到工作上或节点上，光标有四种状态：十字光标 在节点上出现，左向光标 、右向光标 、上下光标 、三项光标出现在工作线上。如果鼠标没有捕捉到工作或节点，则光标为一般光标 。

你经常会需要调整工作，操作方法非常简单。

☞ 操作方法：（1）调整工作；（2）调整节点，两点合并；（3）断开同一节点竖线，分成两个节点。

1. 调整工作：调整工作分为两个状态，调左右端、跨距离调。

☞ 调工作左右端：将光标移至工作线上，若调工作的右端，将光标移至工作的右端，出现右向光标 ，然后按下鼠标左键拖动到要连接的节点上松开即可完成调整，如图8-15所示。

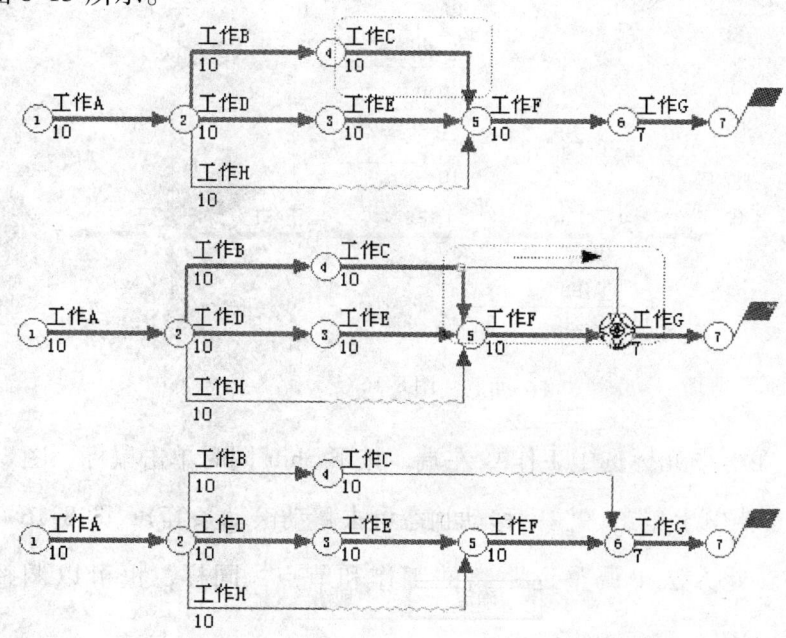

图 8-15

图 8-15 第一图光标选中工作 H 右端按下鼠标,图 8-15 第二图按住光标拖至节点⑥上松开,图 8-15 第三图为最后调整结果。同样,也可以调整工作的左端点。即出现向左箭头时按住鼠标左键拖到要连接的节点(鼠标变为 状态,表明处于节点上)上松开即可调整完毕。

☞ 跨距离调:对于远距离的调整,可用 Shift 键,即在光标捕捉到工作的左(右)端点时,按下 Shift 同时鼠标左键按下抬起(单击),此时光标变成 或 状态,然后可用鼠标点击滚动条,将光标移至要连接的节点上(光标为),单击即可完成调整工作,如图 8-16 所示。

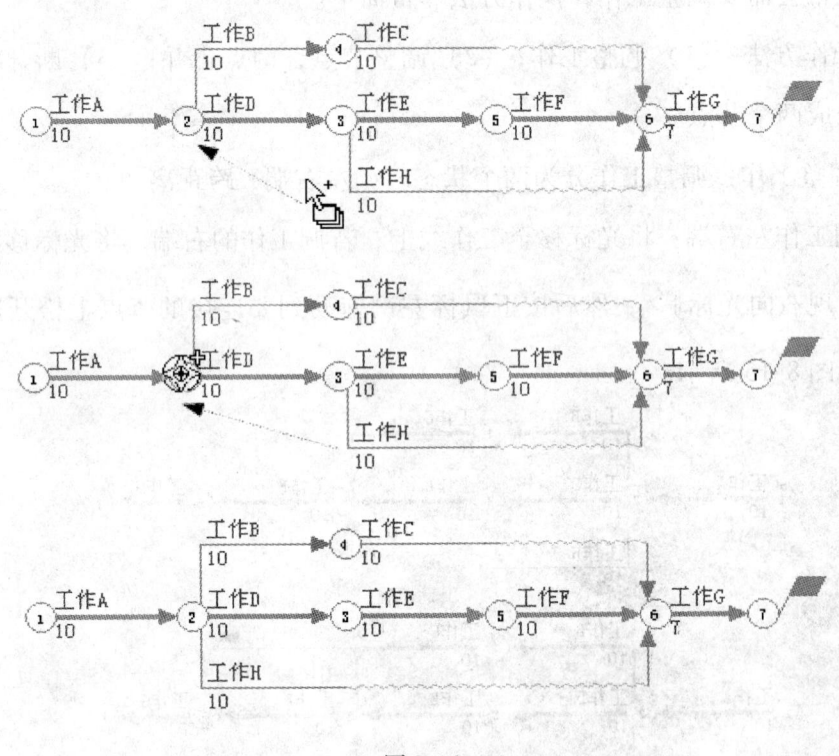

图 8-16

图 8-16 第一图光标选中工作 G 左端,按下 Shift 同时单击鼠标;图 8-16 第二图移动光标至节点②上单击(注:移动状态可去移动滚动条等);图 8-16 第三图为最后调整结果。此方法可调整远距离的工作和节点,同样,也可以调整工作的右端点。

2. 调整节点，两点合并

将光标移至第一节点上，然后按下鼠标左键拖动到要连接的另一节点上松开即可完成两点连接。如图 8-17 所示，节点④与节点⑤连接，同样也可以使用 Shift 键。

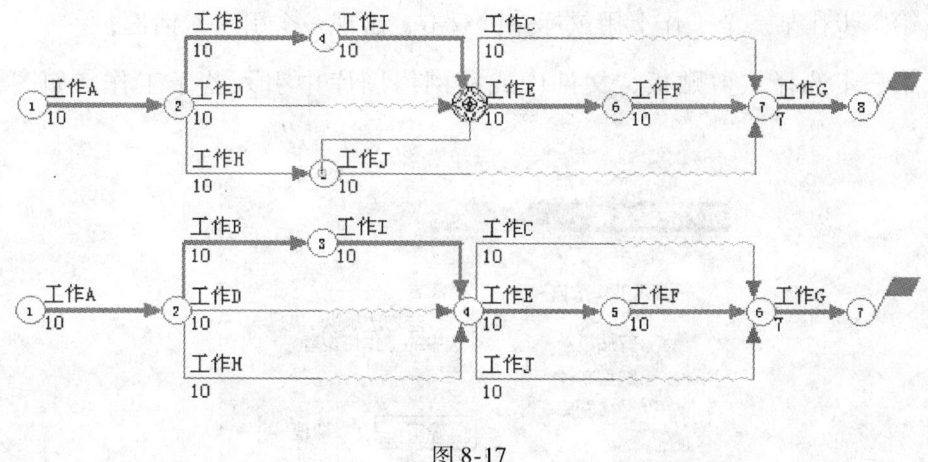

图 8-17

3. 断开同一节点竖线，分成两个节点

光标移至要断的竖线处，双击即可断开竖线，如图 8-18 所示。

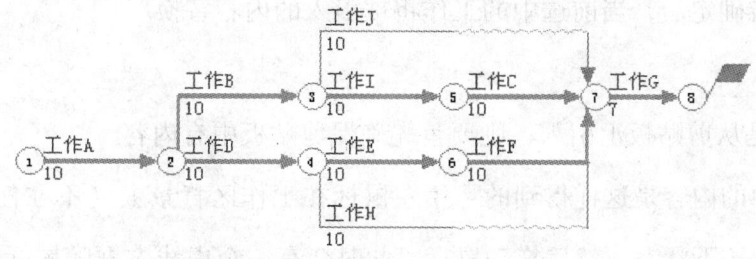

图 8-18

在图 8-18 节点⑦光标处双击，断开竖线，如图 8-19 所示分成两个节点⑦⑧。

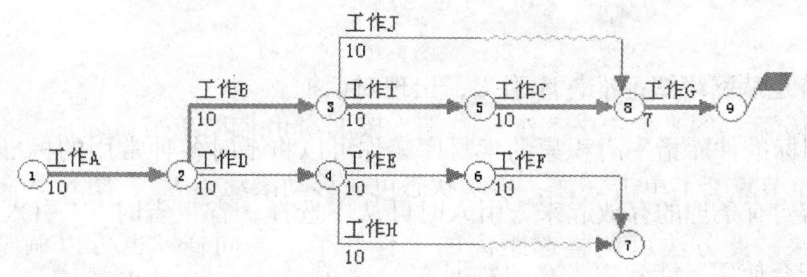

图 8-19

五、引入工作操作

🔖 操作步骤：

☞ 第一步将编辑的状态设置为"引入"；

☞ 第二步在某一个工作上用鼠标左键双击，出现一个引入对话框；

☞ 第三步选择从剪贴板、文件中或从网络图库中引入若干工作，如图 8-20 所示。

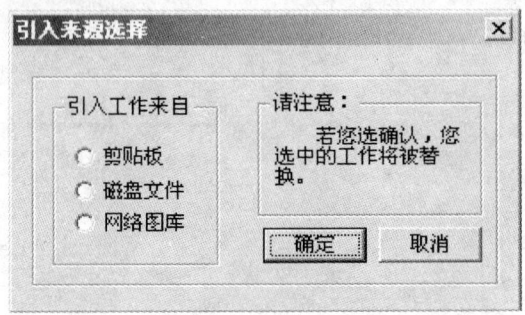

图 8-20

☞ 第四步确定后，当前选中的工作将被引入的内容替换。

☞ 注意：

（1）若是从剪贴板上引入，则要首先确保剪贴板中有内容。

剪贴板中的内容是这样得到的：用左鼠标在工作区背景上（不在任何工作上）单击，并保持按下状态，然后拖动鼠标，此时会有一个虚线方框随鼠标移动。当鼠标弹起后，位于虚框内的工作将被选中，单击工具条中的剪贴按钮或编辑菜单中的剪贴命令，刚才选中的内容就会被拷贝到剪贴板中，之后你就可以从剪贴板上引入工作了。

（2）若是从网络图标准件库引入，出现对话框。

网络图标准件库指平时积累的素材库。你可以将平时各种常用的标准工程和实例按树状结构有条理的存放起来，引入时可从中选择，省工省时。"引入"与"引出"功能配合使用，能建立丰富的数据库。

🔗 参见：本章引入操作实例，如图 8-21 所示。

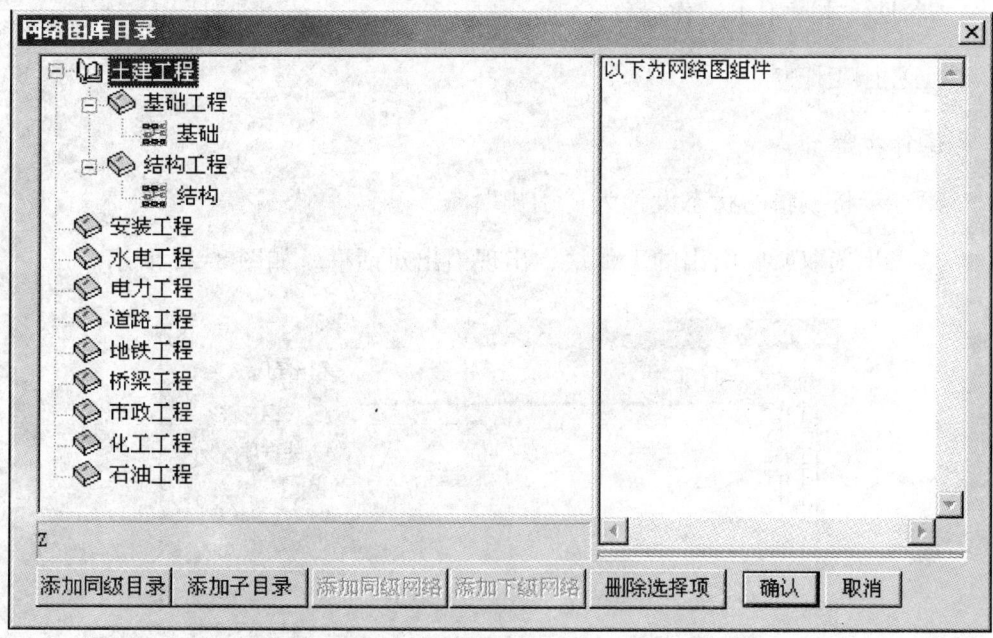

图 8-21

（3）若是从磁盘文件引入，将出现打开文件对话框。你可以从中选择所需的网络图，其结果是用该网络图文件的内容替换当前选中的工作。这种操作方法类似于打开多个文档，选取某个网络图中的局部内容，复制到要编辑的网络图中。也可以直接进行网上的操作。

当你在网络图间进行复制拷贝操作时，系统会同时保证拷贝块中工作间的逻辑关系不变。这样你就可以按分项工程，分工艺，分细节做好一些标准模块，需要时把它们组合起来即可，从而快速准确地建立网络图，也方便为一个工作组成员间分布协作工作，共享彼此已有的成果，在网络上使用该功能再好不过了。

🕮 引入/引出的好处有很多：

可实现复制功能，若工作含有资源，则也同时复制资源；

可实现计算机网络上多用户分布且同时编制网络计划；

可通过调用网络计划标准图库，快速编制网络计划。

🕮 参见：第十章-数据库维护-网络图库维护；

◎ 参见：本章引出工作操作。

六、引出工作

🌿 **操作步骤：**

☞ 第一步将编辑的状态设置为"引出"。

☞ 第二步选取所要引出的工作块，出现引出对话框，如图8-22所示。

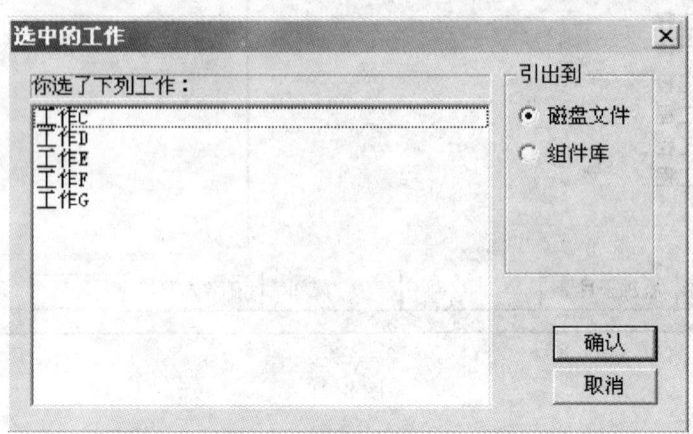

图8-22

☞ 操作方法：用左鼠标在工作区背景上（不在任何工作上）单击，并保持按下状态，然后拖动鼠标，此时会有一个虚线方框随鼠标移动。当鼠标弹起后，位于虚框内的工作将被选中，同时有一个引出对话框出现。

☞ 第三步选择引出目的地：磁盘文件或组件库。确定后，当前选中的工作将被引出。

（1）若选择引出到磁盘文件，其结果与文件存储一样，只是用引出方式可以只选取部分内容存储。引出内容可以存放在网络盘上也可以存放在本地磁盘上。

◎ 参见：本章引入工作操作。

◎ 参见：第五章—工具条操作—文件存储，如图8-23所示。

（2）若选择"标准组件库"，会出现对话框。在引出对话框中不能对分类结构操作，引出结果将是目录树中的叶子节点。

◎ 参见：第十章—数据库维护—网络图库维护。

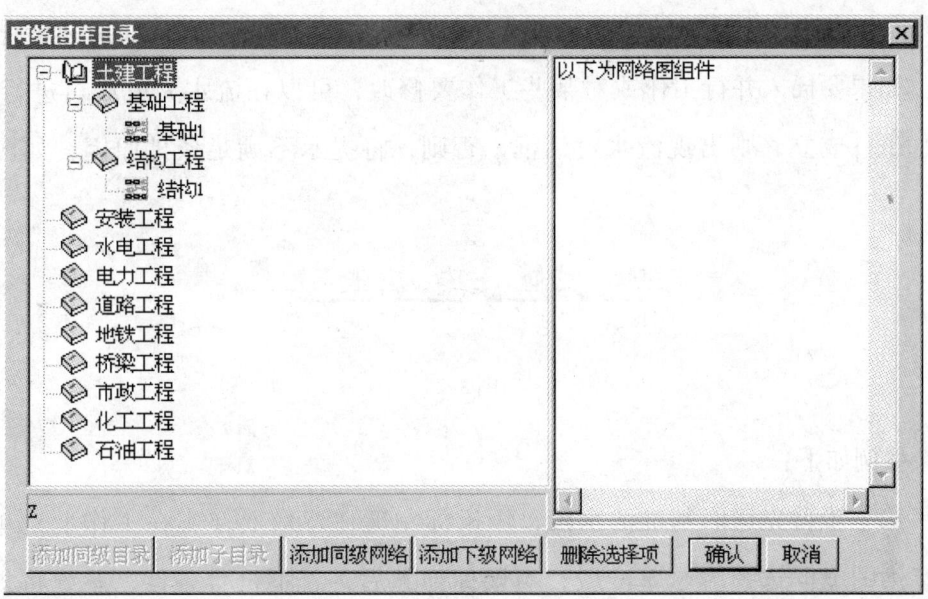

图 8-23

七、工作流水处理

流水网络计划，是以网络计划技术为基础，引进了流水作业中流水步距和流水节拍的概念。流水施工组织是建筑工程（工厂生产）中常用的一种科学的组织方法。它的组织计划要点是：

1. 将施工对象（建筑群，单项工程或分部工程等）划分为若干工程量（劳动量）相等或大致相等的施工段（流水段）。

2. 将工程施工划分为若干个"施工过程"，并为每个施工过程组织相应的专业施工队（组），负责各流水段上该施工过程的施工作业。

3. 各专业队（组）按顺序，依次在逐个流水段上进行连续（或必要的合理间断）的施工作业，各专业队（组）的施工作业时间尽量搭接起来。

采用流水作业的好处在于：通过分段作业搭接施工，能充分利用作业空间，达到合理缩短工期的目的。专业队（组）的连续作业，可以做到资源均衡，保持施工作业的均衡性和稳定性，提高经济效益。

本软件不仅可以生成普通流水网络，还可以分层、分段生成小流水网络（立体流水网络）。

🐾 操作方法：用鼠标拉选择框，选择基准流水段，流水段必须是串行的若干个工作，如果要插入并行工作或对某些工作要修改，可以在流水完成后再进行操作。若流水条件成立，则出现流水对话框，否则，将提示不满足条件原因，如图8-24所示。

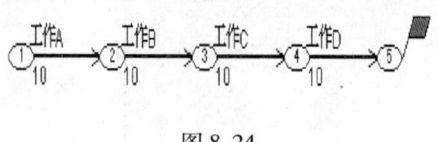

图 8-24

🐾 举例如下：

☞ 第一步首先选取基准流水段，用鼠标左键在背景上（不在工作上）单击并拖动产生的虚框选择流水基准段；当鼠标弹起后，若不符合条件，系统将提示出错，否则出现流水参数对话框。

☞ 第二步出现对话框：

在对话框中，可以对流水层数、流水段数、起伏周期、流水方向、流水网络类型、是否测算工期、工作名是否带层段标号等参数进行设置。选定后结果如图 8-25 所示。

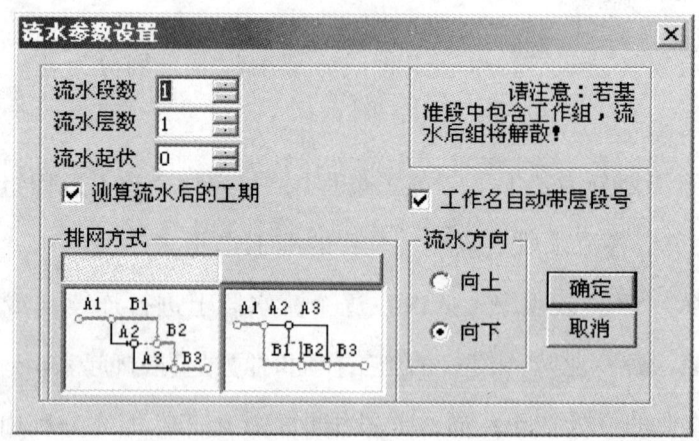

图 8-25

☞ 第三步如果不合适，可以选择"否"返回修改，按确定后生成结果如图8-26所示。

第8章 怎样编制网络计划

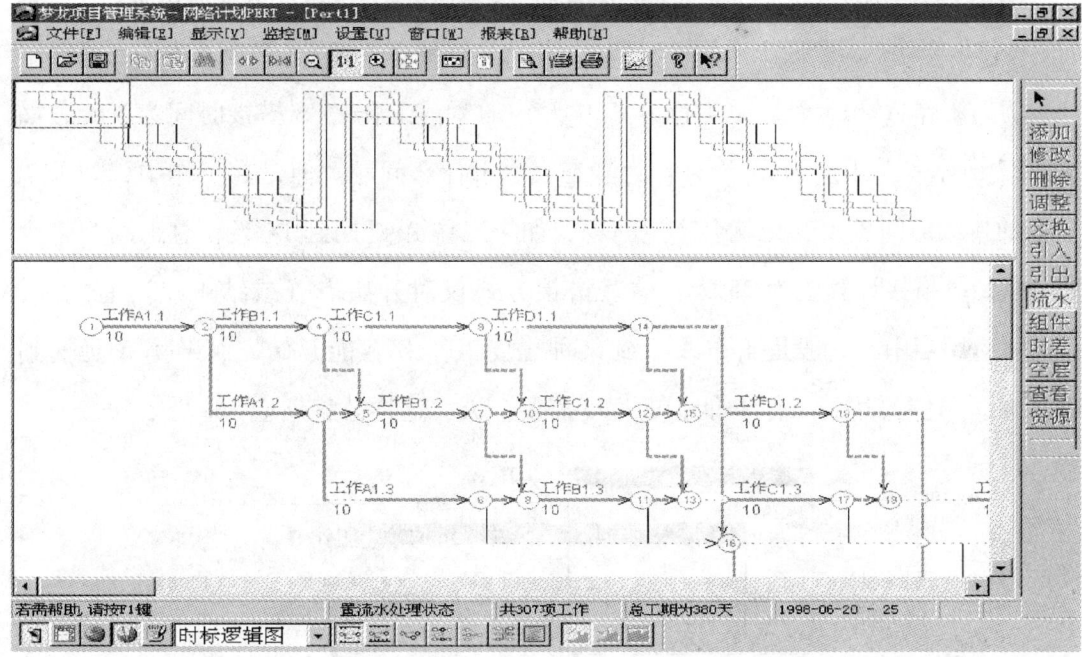

图 8-26

要生成流水网络，必须满足一定的条件：

1. 选择流水基准段，流水基准段中的工作数大于一个；
2. 这些工作必须逻辑上在一条线上，且中间没有分支。

八、组件工作操作

组件在网络计划中是一个新名词，它有着非常强的控制能力和操作能力。它可以解决搭接网络中，工期控制不准，甚至工期算错等问题。

人们都知道，传统搭接网络存在四种搭接关系，SS（开始到开始）、SF（开始到结束）、FS（结束到开始）、FF（结束到结束）。在四种搭接关系中，实际常用的是 SS 和 FS。很多人使用它时，根本没有去想实际控制问题，只是用于静态的网络计划，甚至根本就没有去用它，那么传统搭接网络究竟会有什么问题？下面用 SS

137

搭接举例说明：

搭接是逻辑联系中通过给定时间来进行的。在实际应用当中，该时间是有物理含义的（例如挖土工作进行到某种程度另一工作才能进行），在搭接网络中要表现这种关系是通过搭接时间来体现的，而搭接时间又不能体现其物理含义，没有度的概念。如果紧前工作发生变化，对紧后工作的影响程度无法确定，就会带来工期控制不准的问题。

例如工作 A（15 天）是工作 B（20 天）的紧前工作，SS 搭接时间为 5 天，如图 8-27 所示：总工期为 25 天，作为静态表示没什么问题。但是在工作中，如果工作 A 的持续时间发生变化就会产生问题，如果工作 A 延期到 18 天，总工期为多少呢？按传统搭接计算仍为 25 天。这些搭接方式仅对开始点（或结束点）有约束，在实际应用当中，一般是工作 A 干到某种程度工作 B 才能开始，而工作 A 延期到 18 天时，可能要达到工作 B 能干的程度需要 7 天，这样总工期应为 27 天。

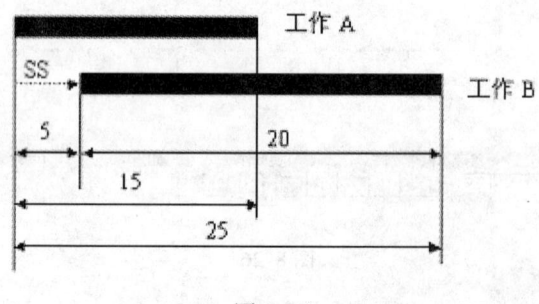

图 8-27

若用组件来表示，是将工作 A 分成两个阶段工作 A1 和工作 A2，两段组成一个工作 A，因为阶段有物理意义，可以达到按度控制的目的。可以确定工作 A 延期或提前对总工期的影响。

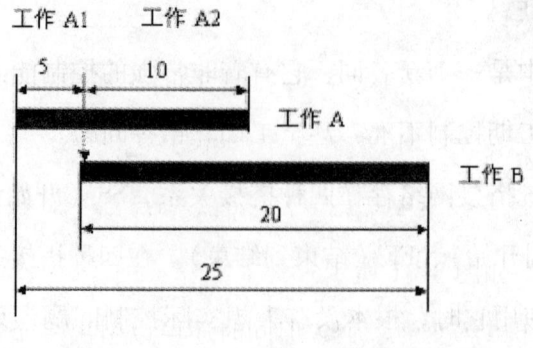

图 8-28

如果工作 A 变为 18 天，工作 A1 为 7 天，工作 A2 为 11 天，可计算出总工期 27 天的结果。

❀ 成组操作步骤：

☞ 第一步将编辑的状态设置为"组件"，如图 8-29 所示。

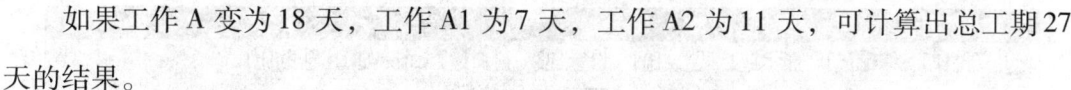

图 8-29

☞ 第二步选取成组内容，出现对话框，如图 8-30 所示。

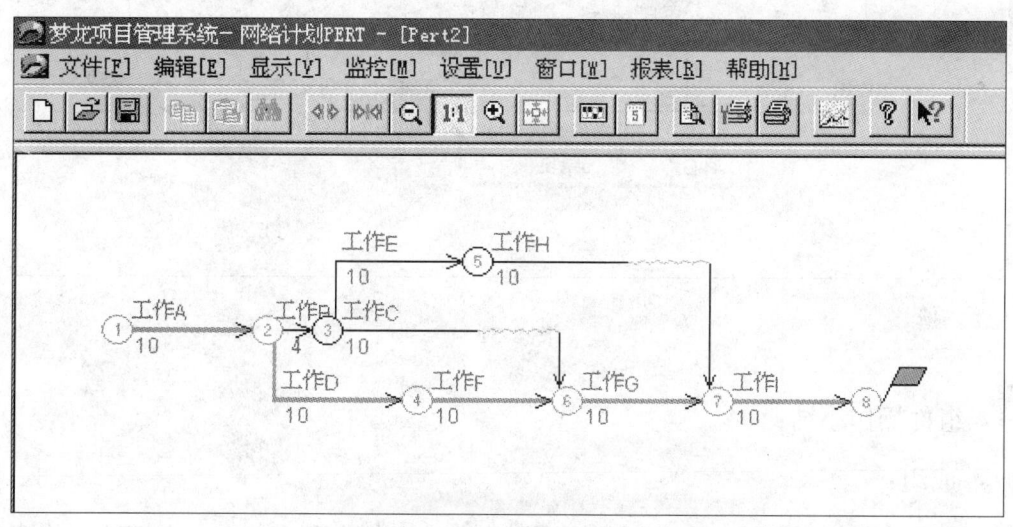

图 8-30

确定后，成组结果如图 8-31 所示。

成组后，三个工作虽然变为一个，但同时还可以引出多个逻辑关系，以准确控制工期。

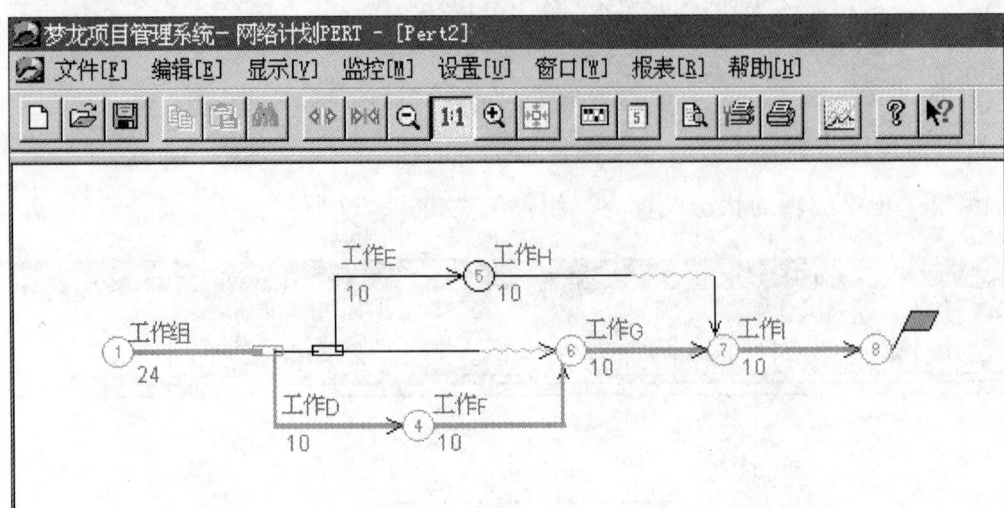

图 8-31

🔖 组件操作小结：

☞ 成组：

用鼠标左键在背景上（不在任何工作项上）单击并拖动产生的虚框选将要成组的工作。成组的条件是：所选择的所有工作必须位于一层上。

☞ 解组：

在一个组件所包含的任意一个工作段上双击鼠标左键，从对话框中选择解组处理即可。

☞ 修改：

组件的名称通常为组中第一个工作段的名称，你也可以在对话框中修改它。

🔗 参见：第八章-怎样编制网络计划-组件操作。

🔗 参见：第十三章-实例。

九、工作时差处理

将编辑的状态设置为"时差"。

时标逻辑状态下，调整工作的时差分布。光标选中工作双击，出现对话框，调整对话框中的标尺，即可完成对时差分布的调整，如图 8-32 所示。选工作双击出对话框，其中：

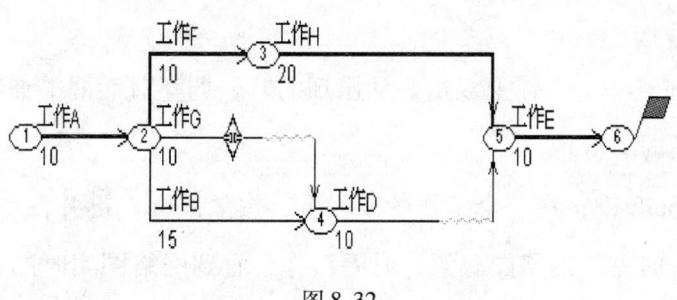

图 8-32

☞ 工期可变：将工期可变置为有效后，开始和结束时间则变实，此时可以通过调整工作的起始时间来改变工作。

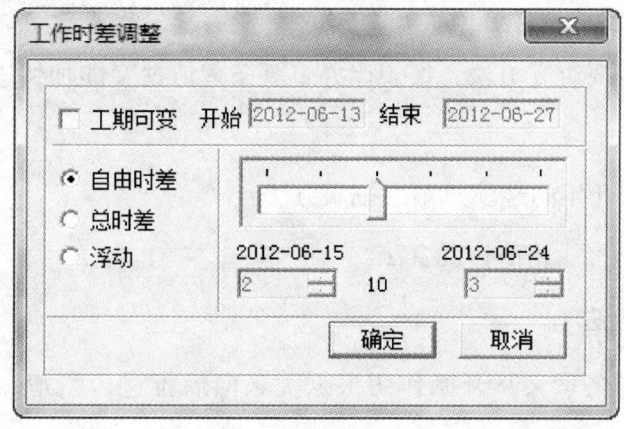

图 8-33

☞ 自由时差：表示在总时差范围内可以自由调整的时差。

☞ 总时差：此项工作可以调整的总的时间。

☞ 浮动：取消计划时间，使工作处于浮动状态。

☞ 左差、右差：即工作开始前空余时间与做完工作后空余的时间。如图 8-33 所示，左差与右差分别为 2 天与 3 天。

调整后结果如图 8-34 所示。

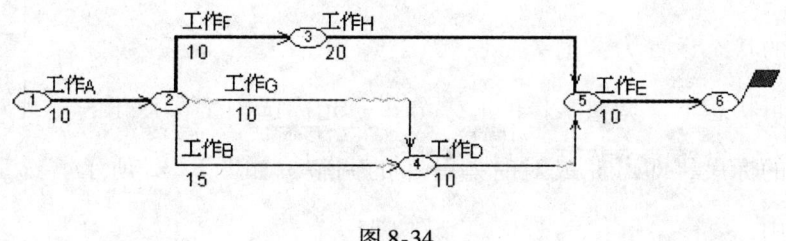

图 8-34

操作方法小结：

（1）光标在某一个工作上双击，从出现的时差调整对话框中查看并调整该工作的自由时差和总时差等值。

（2）按住 Shift 键，在一个工作的线段上，按下鼠标左键并保持按下状态拖动，若此时该工作有时差或网络图有累计时差，你会看到网络图实时的调整，同时关键线路也可能会发生变化。

8.2　网络图编制方法

编制网络图也要讲究方法，按规律办事既条理清楚又能加快进度，编制网络图有哪些方法呢？

根据我们十几年的经验总结出三条方法：

齐头并进法；主线路法；混合法。

一、齐头并进法

齐头并进法顾名思义从开始作图根据关系向后推进，清楚一个工作向后作一个，中间或最后进行连接，为更清楚起见，下面举例说明：

☞第一步选"添加"状态，双击出现第一个工作，如图 8-35 所示。

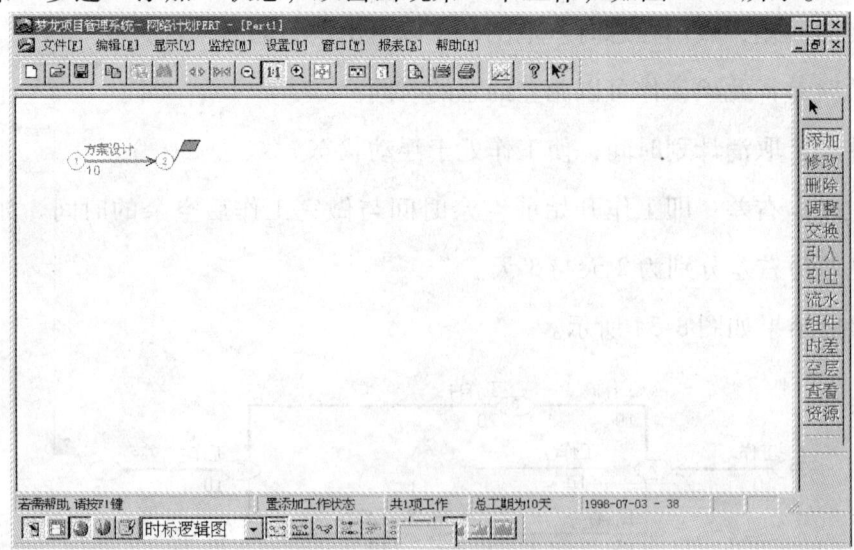

图 8-35

☞ 第二步根据工作"方案设计",确定其紧后工作,也就是说一边做图一边思考,正确与否一目了然。添加四个工作:布套 1 设计、设备 1 改造、布套 2 设计、设备 2 改造,如图 8-36 所示。

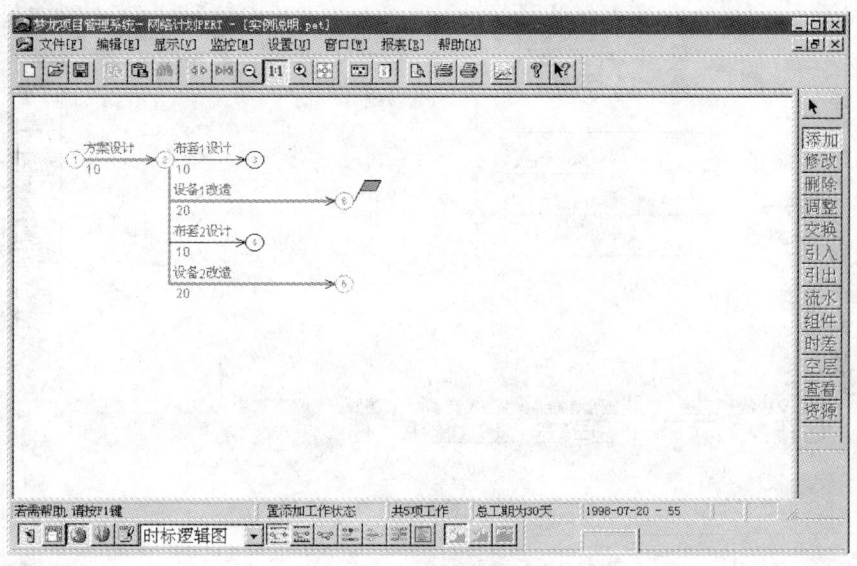

图 8-36

☞ 第三步做"布套 1 设计""布套 2 设计"的紧后工作如图 8-37 所示。四个工作是:布套 1 工装改造、布套 1 备料、布套 2 工装改造、布套 2 备料。

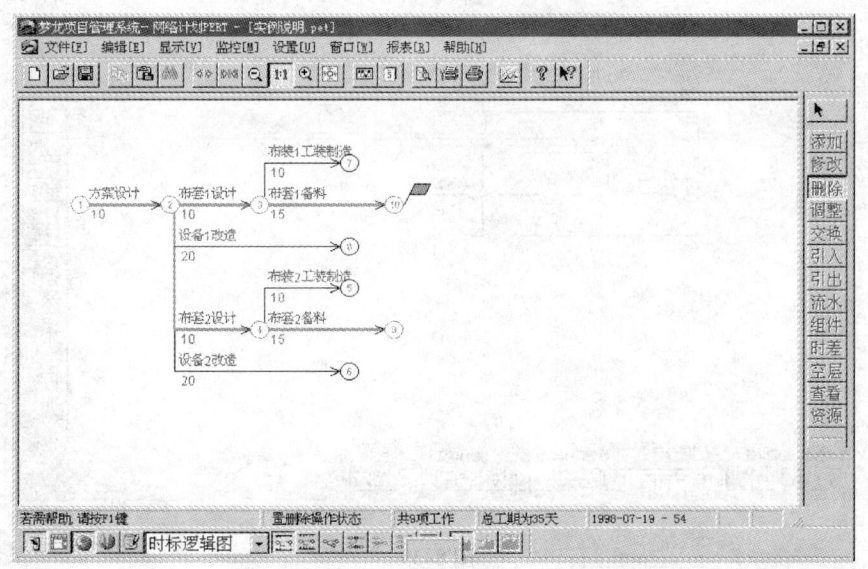

图 8-37

☞ 第四步用"调整"连接如图 8-38 所示。

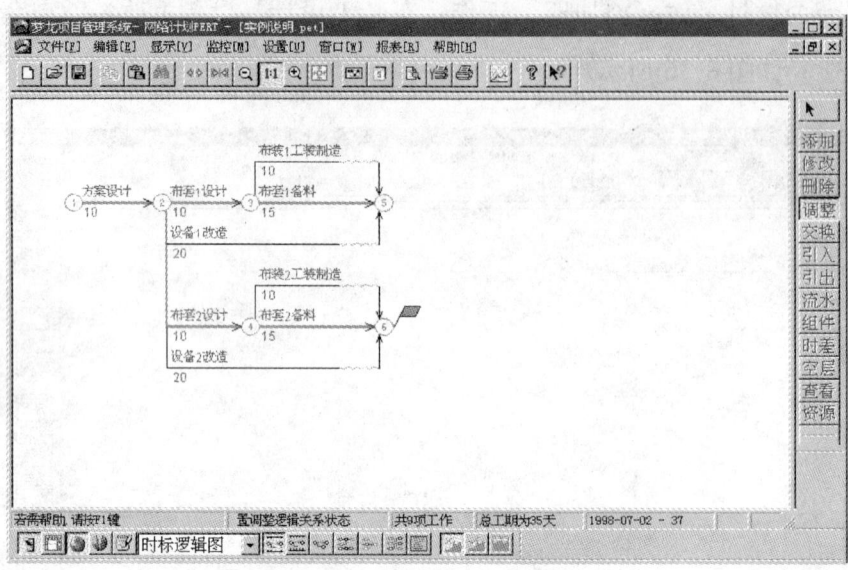

图 8-38

☞ 第五步继续按已有工作，确定，后续工作如图 8-39 所示。

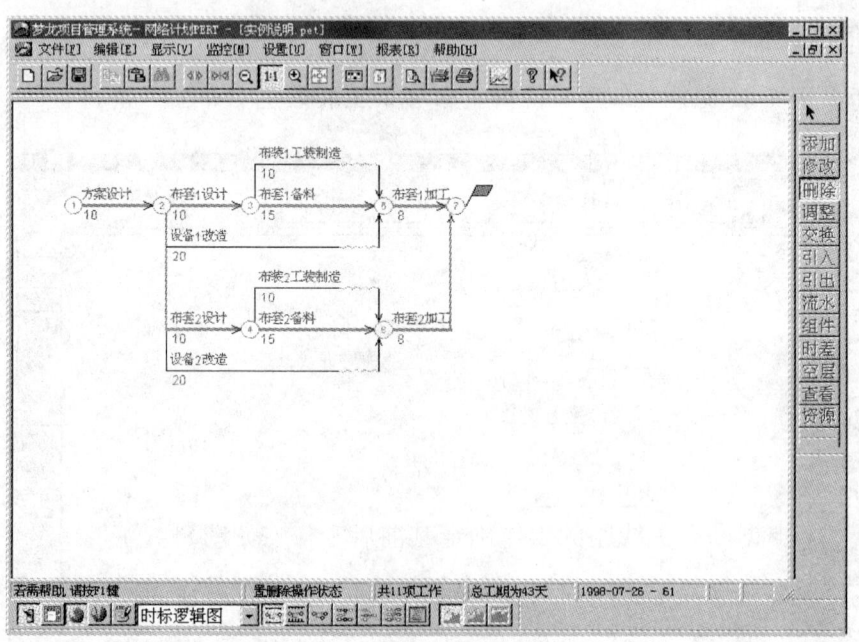

图 8-39

☞ 第六步根据上图，确定最后一工作，如图 8-39 所示。

从以上看"齐头并进"法，是一个非常实用的方法，可以完全达到不画草图直接做网络图的目的，在画图过程中逐步理清关系，一步步向后推进，符合人的思维逻辑，这种方法与文本（或横道编辑）方法相比，其优越性是不言而喻的。

二、主线路法

主线路法与齐头并进法所不同的是先做主线路，根据主线路内容一步一步确定紧前紧后关系。

✎ 步骤如下：

F 第一步如图 8-40 所示，先将一条主线路做出来。

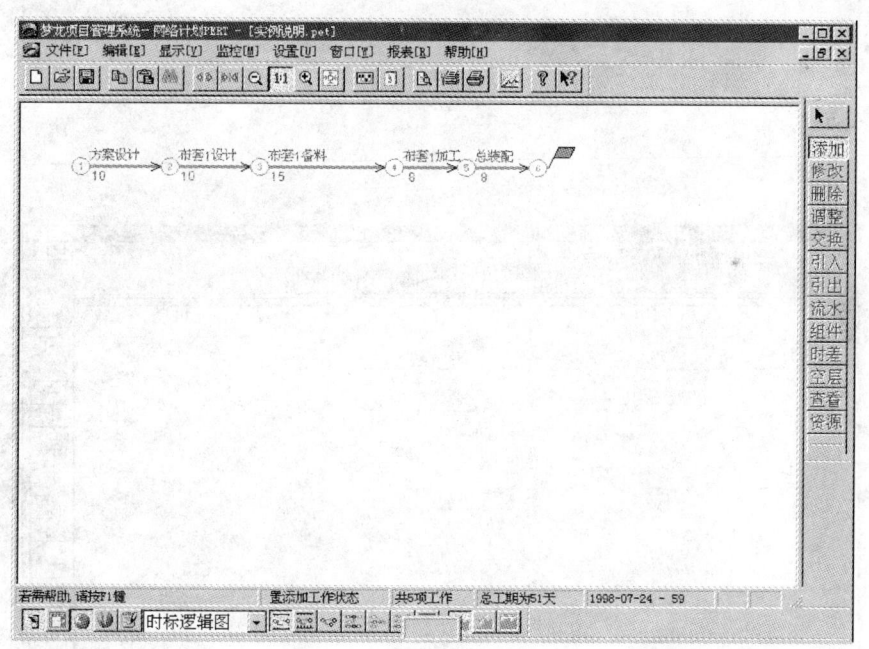

图 8-40

F 第二步根据已有主线路的工作确定其前后工作，如图 8-41 所示。

F 第三步再按另一主线用向后插入的方法将一个工作变成两个工作，（一变二，二变三，三变四……）的方法得到如图 8-42 所示。

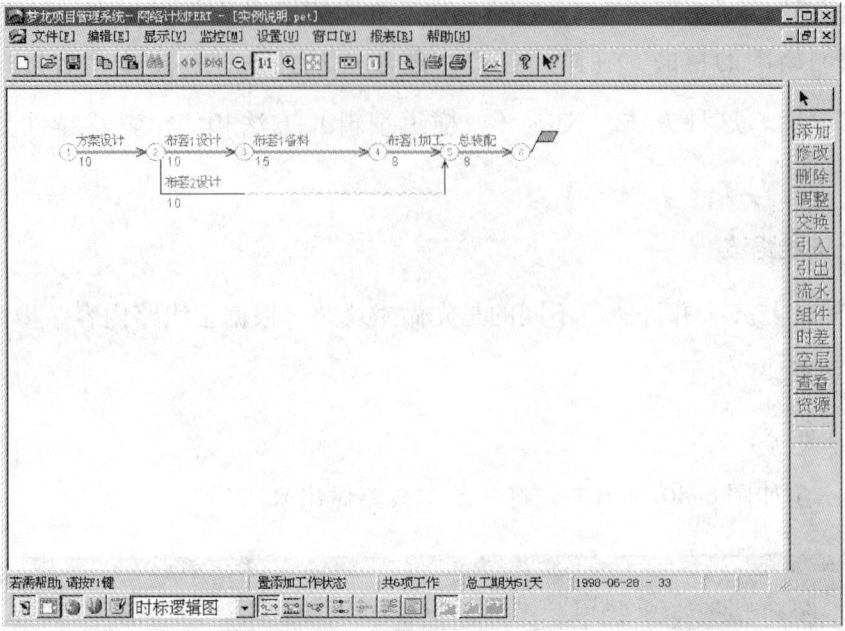

图 8-41

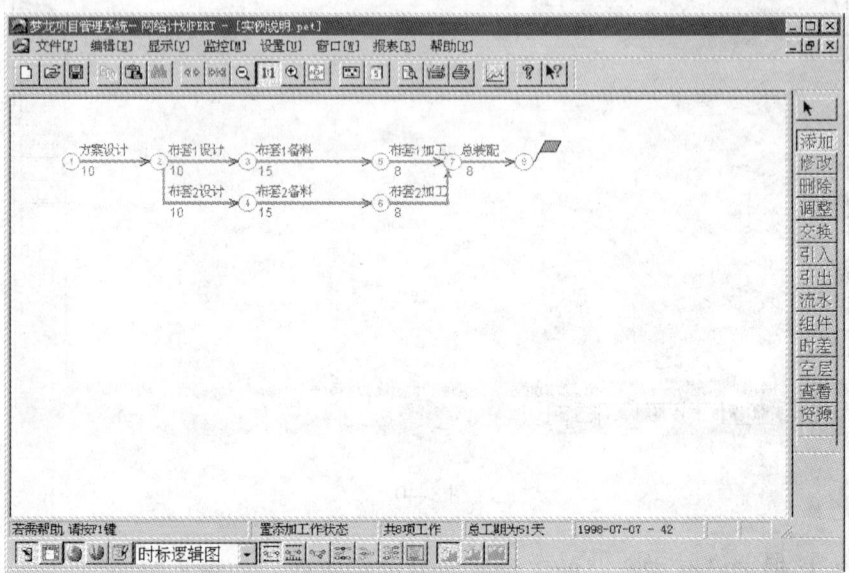

图 8-42

☞ 第四步同样方法可建立图 8-43 所示结果。

☞ 第五步最后形成与齐头并进法一样的网络图，如图 8-44 所示。

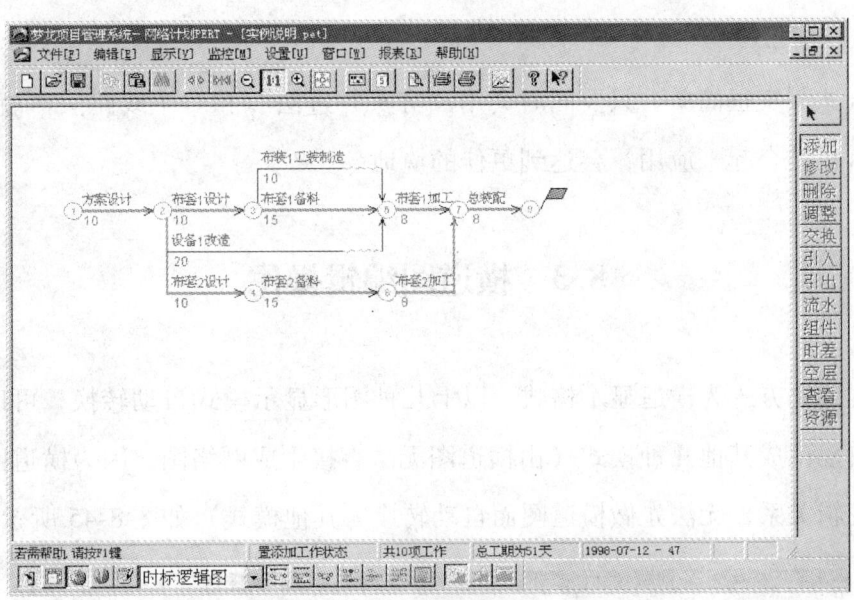

图 8-43

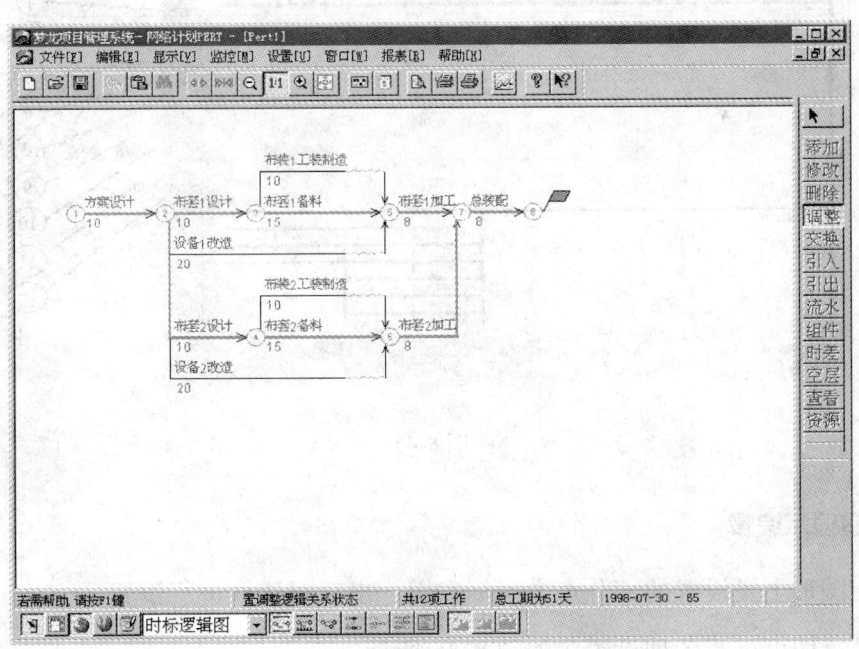

图 8-44

主线路法同样也是非常有效的方法，它可按主线路关系，逐步确定所有关系，不画草图就能做网络图，与文本编辑相比有着不可比拟的优越功能。

三、混合法

混合法其实很简单，只要同时会用"齐头并进法"和"主线路法"就可以了，把两者有机结合起来应用，会达到更佳的境地。

8.3 横道图编辑操作

设置绘图方式为横道显示格式。以上几种图形显示模式自动转换，可以做出网络图后自动生成其他几种模式（由横道图无法直接生成网络图，因为横道图没有网络图的逻辑关系，无法先做横道图而自动转换为其他模式）如图 8-45 所示。

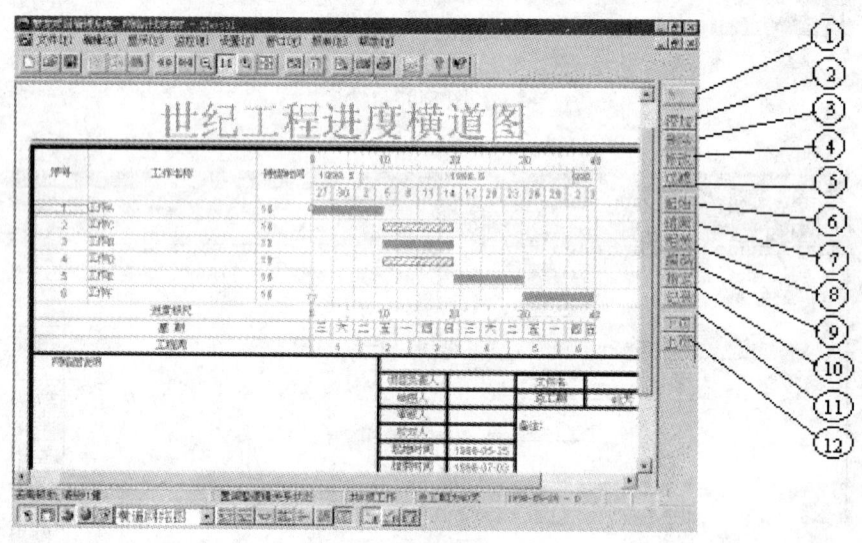

图 8-45

横道显示编辑

可在图形上要设置的部分点击鼠标右键，出现对话框进行设置。

对横道图可进行各种设置，如图 8-46 所示。

参见：第五章-工具条操作。

参见：第十一章-网络图属性设置。

通过对话框可对各项内容进行设置。对横道条可用鼠标直接操作，当光标捕捉到横道条时，光标可有三种手型状态：

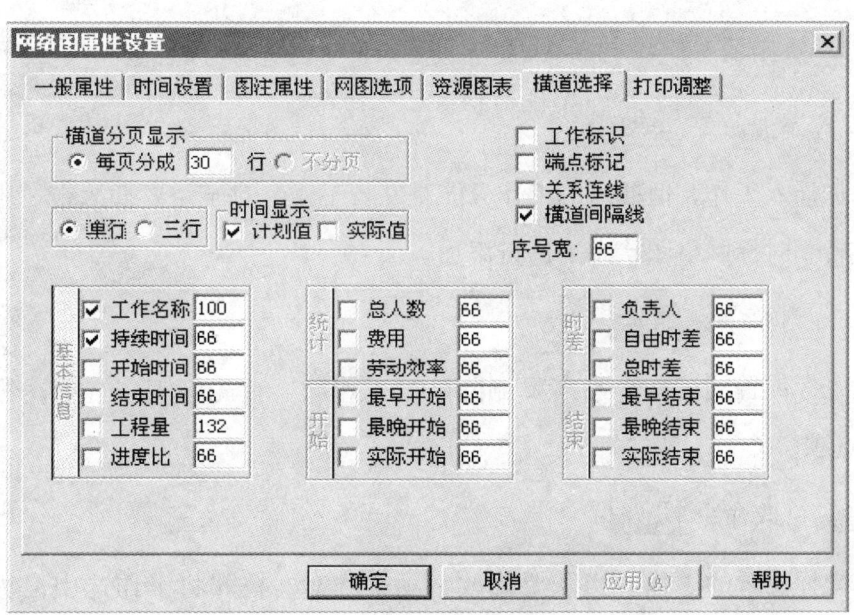

图 8-46

（1）![手形光标]位于工作条的中部；

（2）![手形光标]位于工作条左端；

（3）![手形光标]位于工作条右端。

当光标为（1）时按左键拖动可调整横道条的开始与结束时间位置；

当光标为（3）时按左键向左右拖动可调整横道条结束时间位置，同时持续时间被调整，光标（2）亦如此。

当需要调整开始或结束时间时，可以参照以上介绍，出现光标（2）或（3）时拖动鼠标，会出现如图 8-47 所示的画面。

开始时间	结束时间	持续时间
2004-09-24	2004-10-04	10
0	0	0

图 8-47

在图中会显示出详细的时间变化，包括开始时间、结束时间以及持续时间。此卡片在网络图中调整时同样会出现，可参考有关内容。

横道编辑条有 12 项操作内容，点横道编辑条按钮直接操作横道图内容。

☞（1）空闲状态：

☞（2）添加命令 添加：

可添加插入工作，但插入的工作只能是并行工作，对于需要插入带逻辑关系的工作，应转到时标网络图状态下进行添加。

☞（3）删除命令 删除：

删除光标位置的工作。当需要删除某个工作时，首先将工作选中，然后点击"删除"选项。

☞（4）修改命令 修改：

修改光标位置的工作。当需要修改某项工作时，首先将工作选中，然后点击"修改"选项。

☞（5）过滤命令 过滤 如图 8-48 所示。

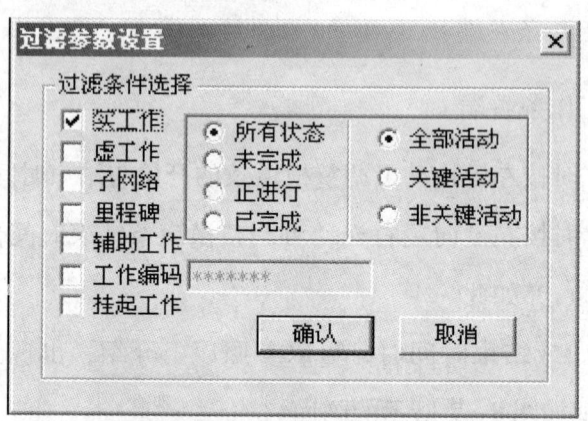

图 8-48

可过滤显示各种工作，可以按某种条件，如实工作、关键路线等将其工作过滤出来。尤其下发给施工人员使用时，可以将过滤条件设为"实工作"，即将实际需要施工的工作名称、起始时间与持续时间给定的信息过滤出来。

☞（6）起始排序命令 起始：

按开始结束排序。即按开始时间的先后进行排序，为自动排序。

☞（7）结束排序命令 结束：

按结束时间排序。

☞（8）相关排序命令 相关 ：

按相关关系排序。即按相关的逻辑关系进行排序。

☞（9）指定编码优先级 编码 ：

指定编码排序优先级别。共设置了十五个优先级，用此方法可以进行手工排序，如图 8-49 所示。

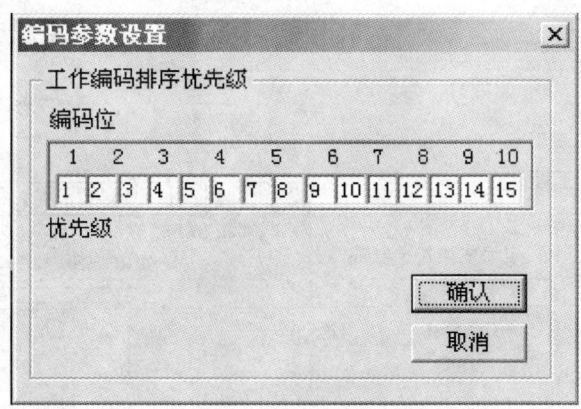

图 8-49

☞（10）记录当前结果或恢复上次记录 记录 ，如图 8-50 所示。

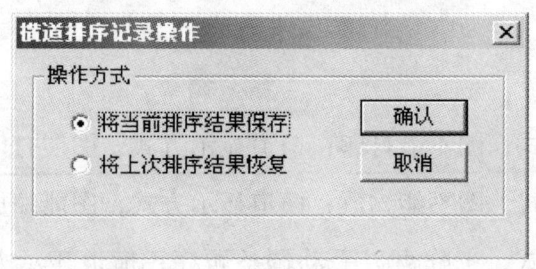

图 8-50

☞（11）显示下页命令 下页 ：

按此按钮可显示下页内容。

☞（12）显示上页命令 上页 ：

按此按钮可显示上页内容。

8.4 横道图表格编辑操作

这种横道图方式与横道显示编辑方式有很多相似的地方，也有一些不同。

☝ 相同点：

在横道编辑条中的所有命令的操作结果都一致；

两种横道的横向压缩/撑长比是一致的，如图 8-51 所示。

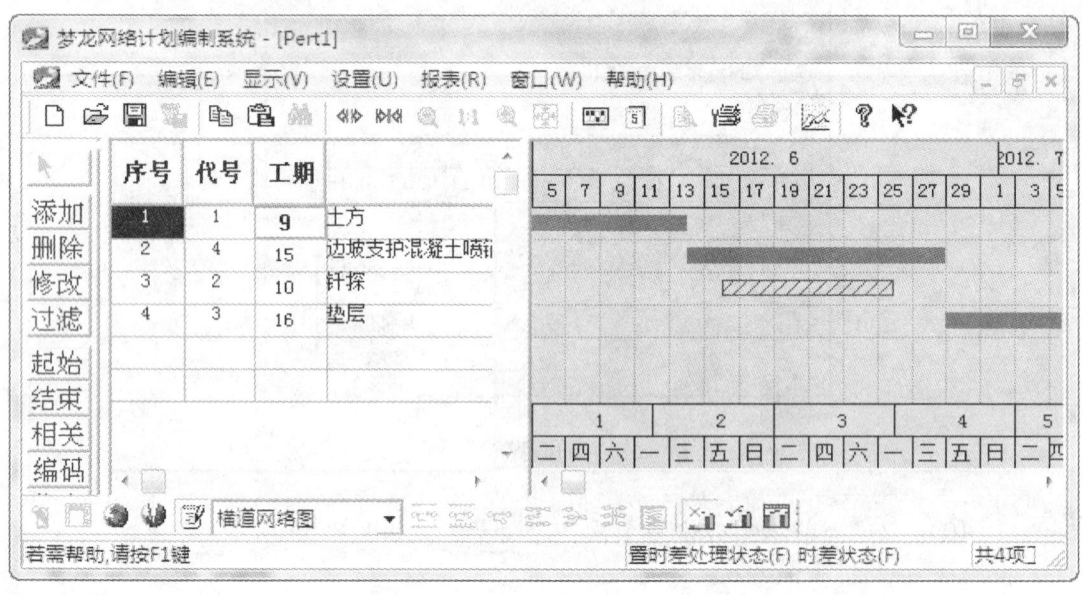

图 8-51

☝ 不同点：

横道表格编辑方式，图不能打印；横道显示方式，图能打印。

横道表格编辑方式，图不能缩放；横道显示方式，图能缩放。

横道表格编辑方式，工作可以手动调整顺序；横道显示方式，工作不能做此操作。

横道表格编辑方式，工作的名称和持续时间可以直接修改，也可以在工作条上双击，在出现的对话框中修改；横道显示方式，工作的信息只能用后一种方式修改。在这两种方式中，你均可以通过拖动来修改工作的开始和结束时间及工期。

横道表格编辑方式不含资源曲线，横道显示方式可以。

第9章 资源图表处理

9.1 资源定义

资源可分为狭义资源与广义资源两种形式。

狭义的资源指传统意义上的人力、材料、机具，即工程上所称为工料机资源。

广义上讲，资源可以泛指工作中的任何需求。它们是可以被分布、累加与统计的各种信息（可以参考资源图表设置与工作信息卡）。为此我们将除人、机、材等基本资源曲线以外的其他各种曲线统称为资源曲线。如管理费、总费用、总人数、人工、工作交接、开始工作数与结束工作数统计等。

因此，该软件系统以传统方式管理资源输入和维护；同时，按广义概念管理资源种类和分布曲线输出。

9.2 资源分类表

一、工作含资源类统计

资源数据库用来管理分类的各种资源，一般包括传统意义上的人力、机具、材料等。

网络图中所用到的各种资源会被分类汇总统计，形成一个资源分类表。除此之外，管理费、总费用、总人数、人工、工作交接、开始工作与结束工作等几项统计值作为常量始终存在于资源分类表。因此网络图的资源图表分为两类：附加的资源统计表与基本的资源统计表。其中，后者就是始终存在的资源图表，共计11个。

二、自定义资源图项

对于自定义的资源项，也将被加入到资源分类表中。

自定义资源图是一种描述任意资源分布的曲线图。它在处理宏观调控、快速计划分布资源等方面非常便利，故它也被作为一种资源列入资源分类表。

添加方法：

☞ 第一步：从"设置"菜单中点击"自定义资源图设置"，出现如图9-1所示对话框。

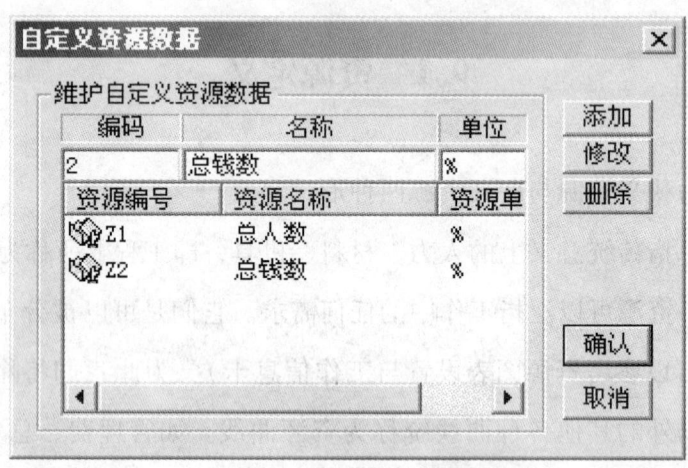

图 9-1

☞ 第二步：在框内输入自定义资源的编码、名称与单位，系统会在输入的编码前加"Z"以区别，表明是自定义资源类。选"添加"将所输入的资源添加进去。系统会将这些定义好的资源项加进该网络图的资源种类库中，这在"资源图表信息"中会有体现。

☞ 第三步：依次加入所需定义的资源项，以后可以随时输入自定义资源的分布值。

☜ 参见：本章第三节。

9.3 网络计划资源输入

在编制网络计划时，本系统提供了若干种资源输入的方法：

一、以工作内容形式输入

在添加或修改工作时，按工作分布，从工作资源卡中输入。

1. 受资源库约束的输入

首先打开【网络图属性】，查看"资源输入受库约束"是否在选中状态。如果是此种状态，你必须有一个已经输入好了的资源种类定额数据库（通过资源数据库命令建立和维护，可参考设置菜单中"维护资源数据库"项有关内容）。

当你添加或修改一个工作时，该工作的资源信息卡片中会出现一个资源库的目录树列表，当添加到工作中的资源不属于资源库时，系统会给您以下提示，如图9-2所示。

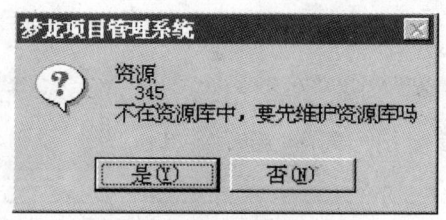

图 9-2

建议你先加该资源到库中。你可以选择先维护库，在库中将此项资源加进去以后再分布此项资源，如果选择"否"，则可以直接将此类资源加入。该种输入法利于保证你输入有效的资源。

2. 不受资源库约束的输入

在此状态下，你可以不受资源库约束地给每一个工作加入任意输入的资源内容（可以随意输入也可以从库中选择）。此时要注意的是，资源是以资源编码唯一来区分的，在不同工作中的同种资源的编码必须一致，否则其后的统计处理可能会产生不可预测的后果。

★注意：如果输入的资源编码与已定义好的编码相符时，则对应的资源项会自动列出，如果编码的第一个字母为R、J、C时，系统会自动统计为人力资源、机具设备资源和材料资源，其费用也会统计到相应的费用中。

该种输入法可以有较大的灵活性。

3. 通过工程量定额库的资源子表分配输入（保留）

在添加或修改工作时，该工作的基本情况信息卡中的工程量定额按钮允许你从一个工程量定额数据库中选取一个与该工作相关的工程量。该工程量所包含的资源列表可以通过点按资源卡片的分配按钮分配到工作的资源列表中。

原先已有的资源内容将被清除。分配完成后，你还可以添加其他的资源内容。

4. 直接输入各种费用

在弹出的信息卡中，单击统计，会出现如图9-3所示的内容：

点击"统计总费用"，其统计值是根据所输入的资源自动计算的值。在此状态，还可以将其中某一项选为有效状态，给定其费用。如图9-3所示，选中"其他费用"项，直接输入费用值，然后点击"统计总费用"按钮，进行总费用统计，如图9-3所示。

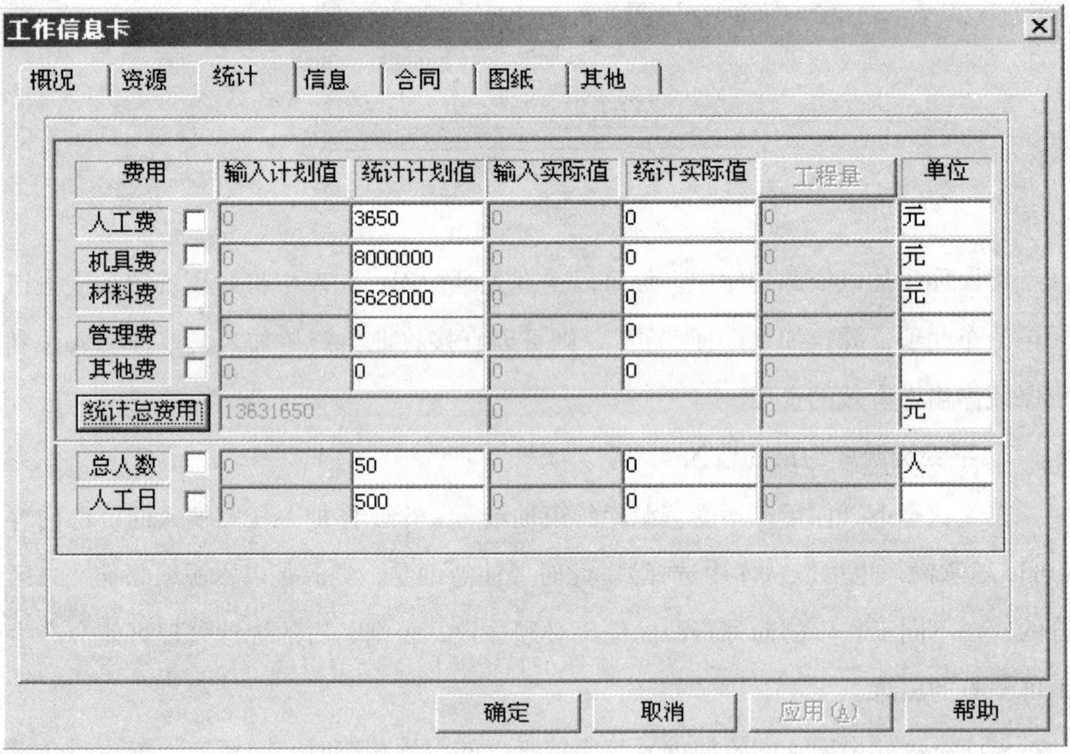

图9-3

二、以工期阶段分布输入

它表示在编制好网络图后按工期分布资源。

1. 自定义资源曲线的种类

这种方式要求事先定义分布资源的种类，而不能从库中选择。这种方法有它独特的使用场合。

2. 操作步骤

☞ 第一步，从设置菜单中执行自定义资源设置命令；

☞ 第二步，在出现的对话框中添加所需的资源种类（包括：编码、名称、单位等），添加的内容将作为该网络图的一种新的资源种类；

☞ 第三步，在网络图含时间刻度状态下，点按编辑条中的"资源"按钮，置编辑状态为资源；（可以先完成第八步内容，资源分配时，实时显示资源曲线。）

☞ 第四步，在网络图项目工期范围内，用拖拉鼠标选择时间段，出现资源量输入对话框，如图9-4所示。

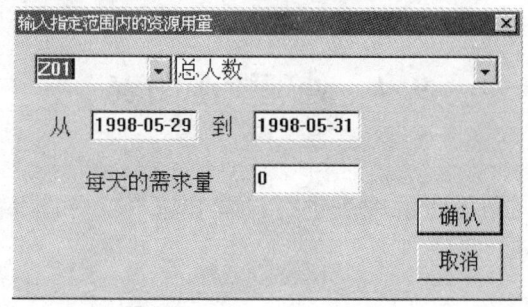

图 9-4

☞ 第五步，从对话框中选择定义的资源并输入该时间段所需的资源分布量，时间不准确时可以进行调整，一是在此卡片中直接修改起始与结束时间，二是重新用鼠标点按正确的时间段（对已有资源分布的资源段，也可以通过鼠标重新选取时间段进行资源的更改）。

☞ 第六步，重复上述四，五两步得到一种资源曲线的分布值；

☞ 第七步，重复前面的动作得到若干自定义曲线的分布值；

☞ 第八步，从"设置"菜单、工具条、直接在网络横道图的底边界以下单击右键，弹出资源图表设置对话框，如图9-5从中设置要绘制的自定义曲线。

当你编制好一个网络图后，可以按工期的时间段分配各种资源的数量。

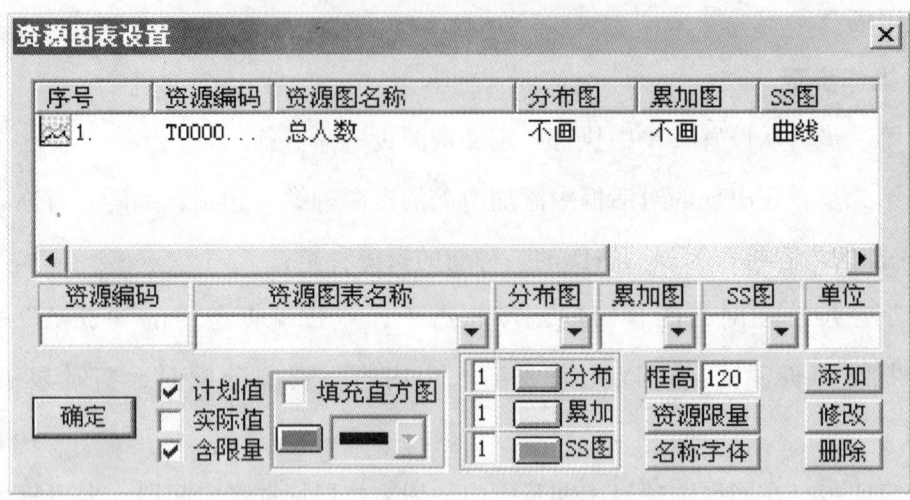

图 9-5

9.4 处理资源图表

资源图表用于对网络图资源图表进行设置和选择，如图 9-6 所示。

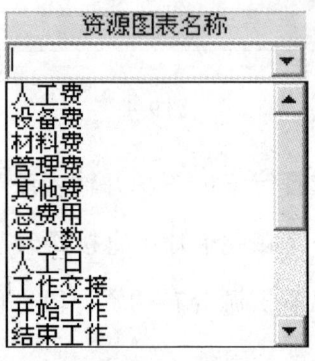

图 9-6

一、资源分类

任何一个网络图都包含基本的资源统计表，即资源图表默认的 11 项。当网络图中含有资源时，就会有附加的资源统计表。

凡是网络图中工作包含的资源项都会作为资源类出现在资源图表的分类列表中。只要它们有分布值，我们就可以选择它们，得到它们的分布曲线和累加曲线。

由于资源分布是有时间约束的，故它只能随着时标逻辑、时标网络图、横道图这三种方式绘制（在显示时间刻度的情况下才出现）。

二、资源图表内容

资源图表设置对话框中含有这样几类内容：资源种类列表、资源曲线绘制参数、当前要绘制的资源清单，如图9-7所示。

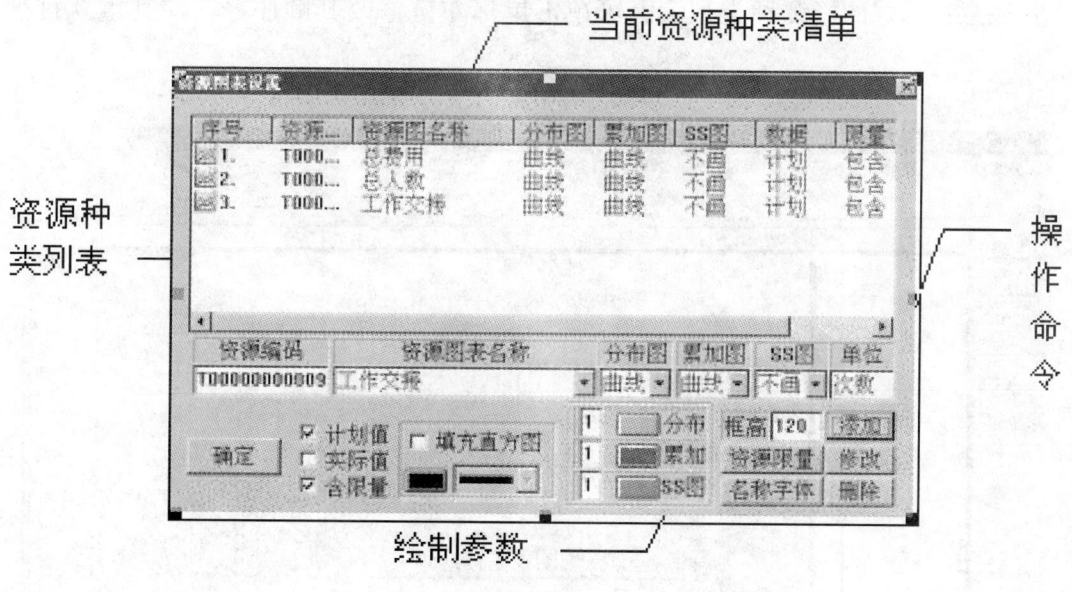

图 9-7

三、设置资源图表

&操作步骤

☞第一步：

从资源种类列表中选择合适的内容；

☞第二步：

设置合适的绘图方式和绘图参数；

☞第三步：

添加到要绘制的资源曲线清单中；

☞第四步：

当感觉不满意时，可以从资源分布清单中选择一项修改或删除；

建设项目网络计划编制软件实训教程

☞ 第五步：

结束设置。

此时，曲线是否绘制，要看当前是否是时标逻辑图、时标图或横道图显示方式，并且，资源图表与相应网络图的关系是"含资源图"或"只画资源图"状态，如图9-8所示。

注意：选好的资源种类列表，可单击鼠标左键修改其顺序号，使其重新排列顺序。

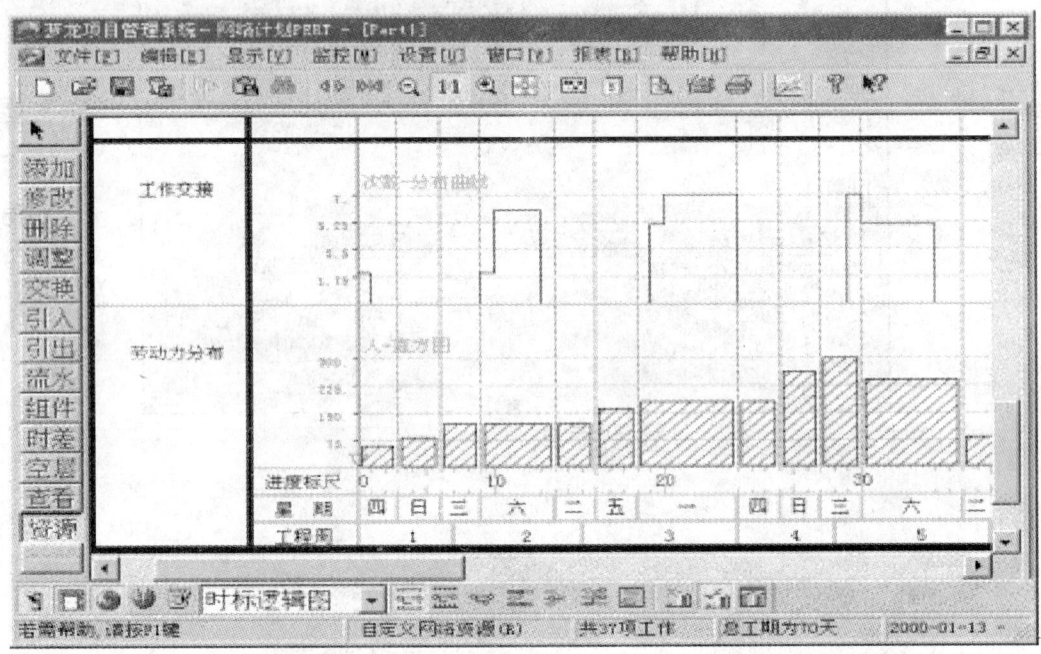

图9-8

第10章 数据库维护

10.1 资源数据库维护

资源数据库的维护包括定义资源的种类,对资源单位、各种表示方式以及资源配比等参数进行设置等。

10.1.1 资源库目录结构的维护

选择菜单设置中的"资源数据库维护"项,会出现资源数据库维护窗口如图10-1所示。

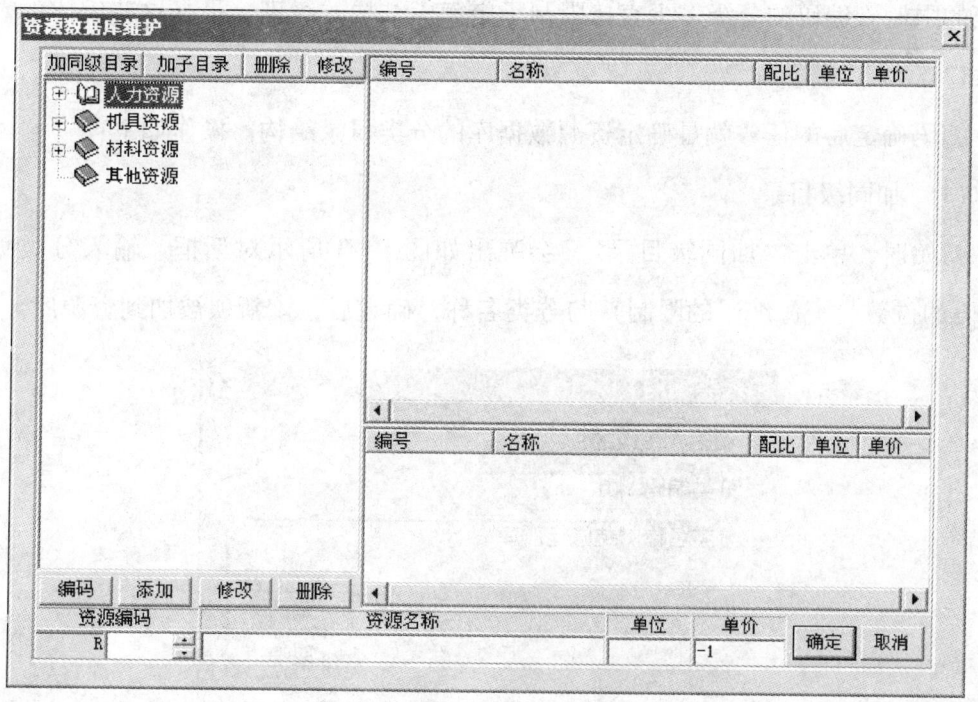

图 10-1

初始情况如图 10-1 所示。左边区域为基础类定额库结构，它包括人力定额库、机具定额库、材料定额库和其他定额库四类。这四个基础类是资源数据库固有的。你可以对这些基础定额类进行各种操作：包括加同级目录、加子目录、删除与修改四种。

对基础定额库（可以根据本地方定额库或建自己企业的内部定额库）进行操作时，应首先定义编码，即库的结构级别，单击编码，会弹出如图 10-2 所示窗口。

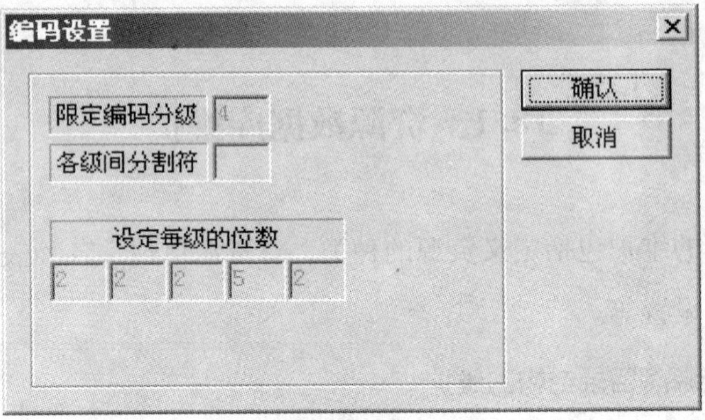

图 10-2

其中：限定编码分级最大为 5，你可以设定每级的位数，它的多少直接受编码分级的限制。编码的分级多少直接限制了定额库结构的级别，另外这些编码的总位数≤12。

编码确定后的任务就是确定资源数据库的分类目录结构。操作如下：

（1）加同级目录

初始时，单击"加同级目录"，会弹出如图 10-3 所示对话框。输入分类编码（编码的位数受资源编码的限制）与分类名称，确定后，该新项被加到资源库。

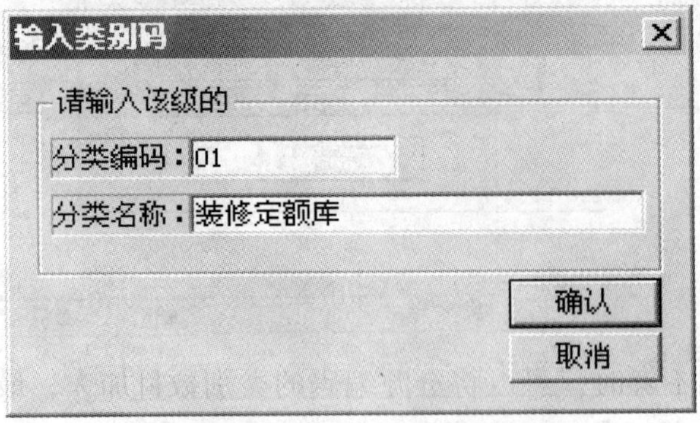

图 10-3

(2) 加子目录

首先选定要加子目录的定额库，如图 10-4 选择了人力定额库后，单击"加子目录"，会弹出图 10-3 所示的"输入类编码"的对话框，将分类编码与分类名称输入后，确定即可，如图 10-4 所示。

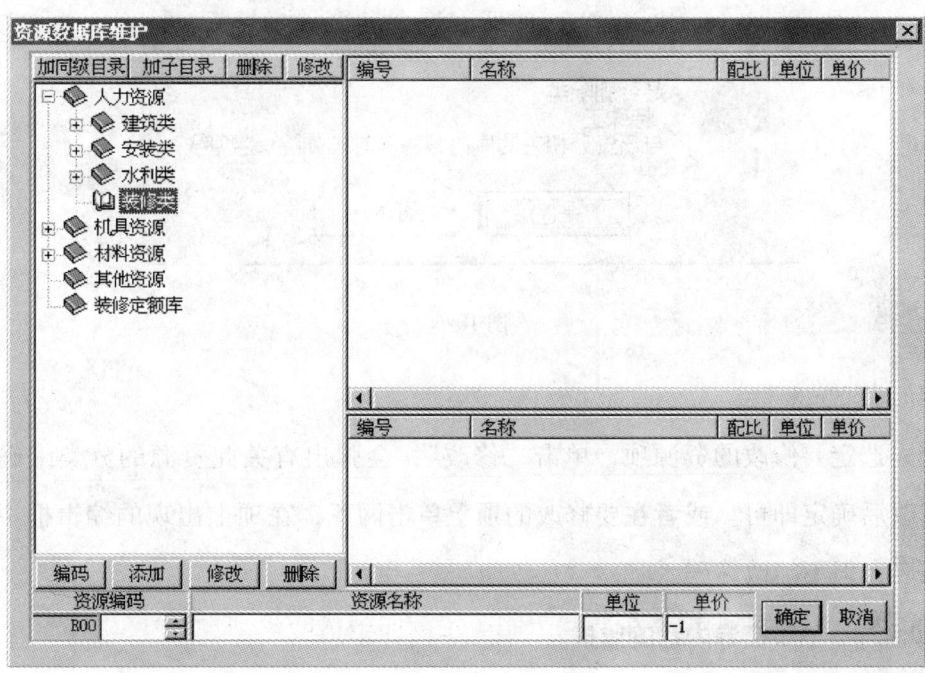

图 10-4

注意：加子目录的级别受资源编码的直接限制。如果超过级别，会给予如图 10-5 所示提示。

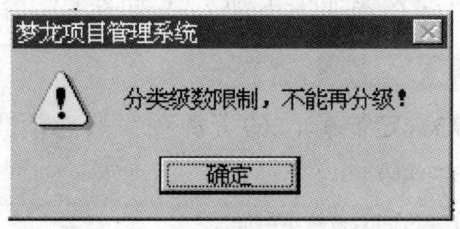

图 10-5

当所设的级别不够时，可以将资源编码的类别数目加大，最大为 5 级。

(3) 删除

首先选定要删除的资源类别，然后选确定，如图 10-6 所示，将人力资源中的"装修类"删除，会出现如图 10-5 所示的提示，选"Y"后，会将与此类资源相关的内容一起删除。

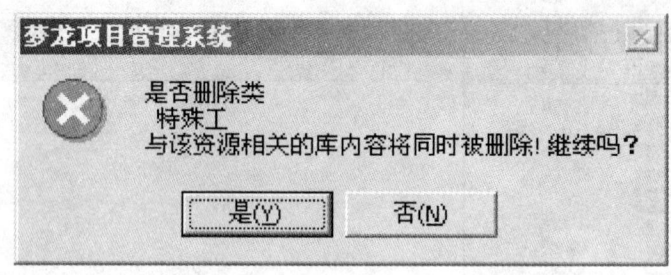

图 10-6

(4) 修改

首先选定要修改的资源项，单击"修改"，会弹出有关此资源的分类编码提示框，修改后确定即可。或者在要修改的项上单击两下，在项上出现的编辑框中可以修改项名，但不能改编码。

10.1.2 基本资源内容的维护

当基础资源库确立，就可以进行基本内容的定义。对其操作包括以下几种：添加、修改和删除（图 10-7 的左下方）。

(1) 添加操作：选定要添加的基础数据库类别，如图 10-7 所示。

首先选中"普通工"，然后在图 10-7 所示的位置输入编码、名称、单位与单价等内容，单击"添加"，即在普通工下加入"架子工"。以此类推，加完该类的内容。

(2) 修改操作：首先选定要修改的资源项，然后输入修改后的内容，单击"修改"即可。

(3) 删除操作：与"修改"的操作过程基本相同。

(4) 编码操作：输入的资源编码由两部分构成，前半部分也表明目录分类树的路径，后半部分表示该类中的序。

最终可以得到如图 10-8 所示的窗口。

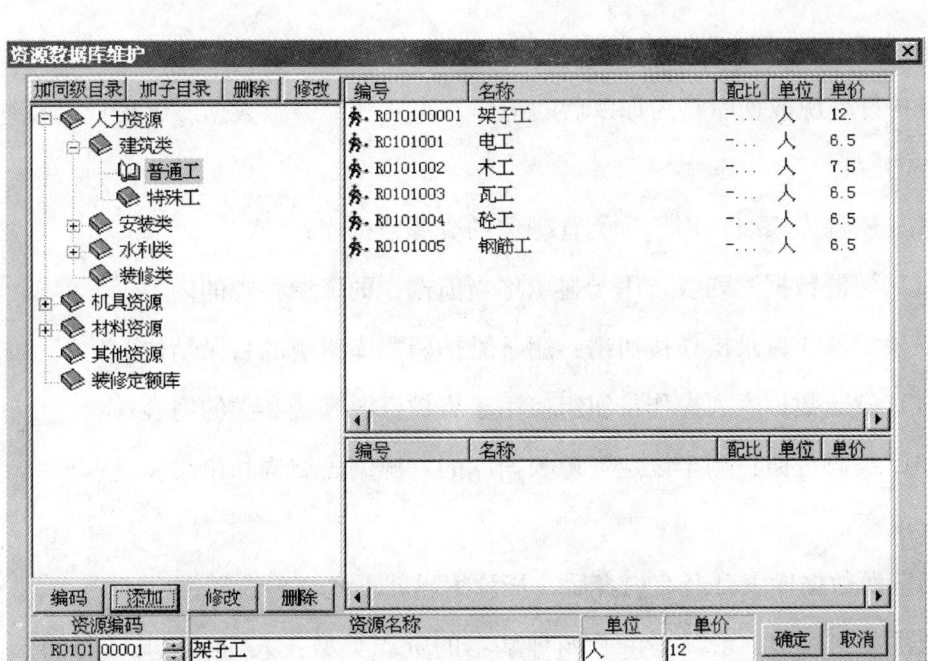

图 10-7

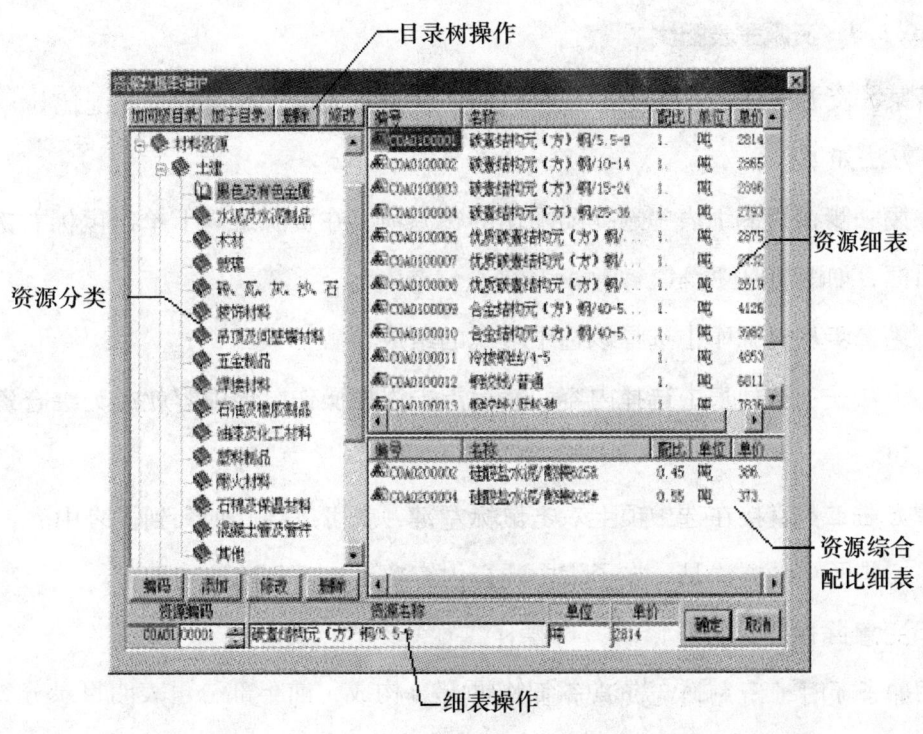

图 10-8

★说明：

维护好资源数据库将为你以后的工作带来便利。资源数据库维护对话框包含这样一些内容：

（1）资源库索引：用于分类管理你的资源数据库；

（2）资源数据库列表：用于显示你当前选中的资源种类的内容；

（3）资源库目录操作按钮组：用于维护资源库索引的目录结构；

（4）资源数据库列操作按钮组：用于维护资源库最小类的内容；

（5）编码按钮：用于设定资源数据库的资源编码结构和位数。

★注意：

当资源数据库表已经有内容后，资源编码就不允许再改动。

资源数据库中，系统提供了四种基本的资源类型：人力、机具、材料、其他，这几项内容作为基础类不允许被删除。

仔细确定正确的资源分类（尤其是在建立企业自己的内部资源数据库时）。

10.1.3 资源子表配比

若某一资源项是由其他资源项组成的，就需要为该资源进行资源配比。

☞方法如下：

☞第一步在资源细表中选择要配比的资源项，在资源编码上单击鼠标右键，出现对话框，如图10-9所示。

☞第二步从资源库中选择该选中资源的组成项。

☞方法一：从列表中选择内容，然后点击添加操作，该内容就成为综合资源的一个子项。

☞方法二：直接在选中项上双击鼠标左键，就可以将其加入到子表中。

☞撤销子项的方法是：在子表中选择内容项，点击删除按钮即可。

☞注意：

添加子项时，请先确定资源子项的配比。

若输入的资源配比值不正确，可以从子表中选中它，从上部的输入点输入正确的值，点击修改即可。

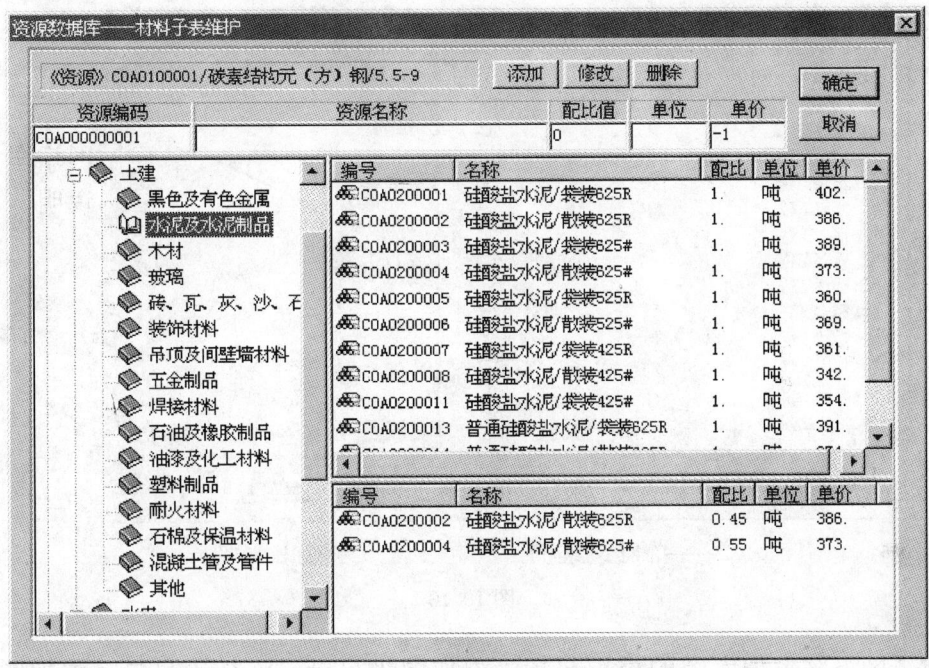

图 10-9

☞ 第三步当完成子项的配比后，确定退出，得到该资源项的组合。

☞ 注意：

（1）一个综合资源不能成为另一个资源的子项；

（2）一个资源不能是自己的子项。

10.2 网络图库维护

你可以将平时所积累的具有一般意义的网络图作为标准网络件存放到网络图数据库里，供以后重复使用或他人共享使用。

各种标准工艺、样板网络或模板网络以一个组件库的形式存放，并以目录树形式管理。

网络图数据库维护

选择菜单设置中的"网络图数据库维护"，出现网络图数据库维护窗口。初始情况如图 10-10 所示。

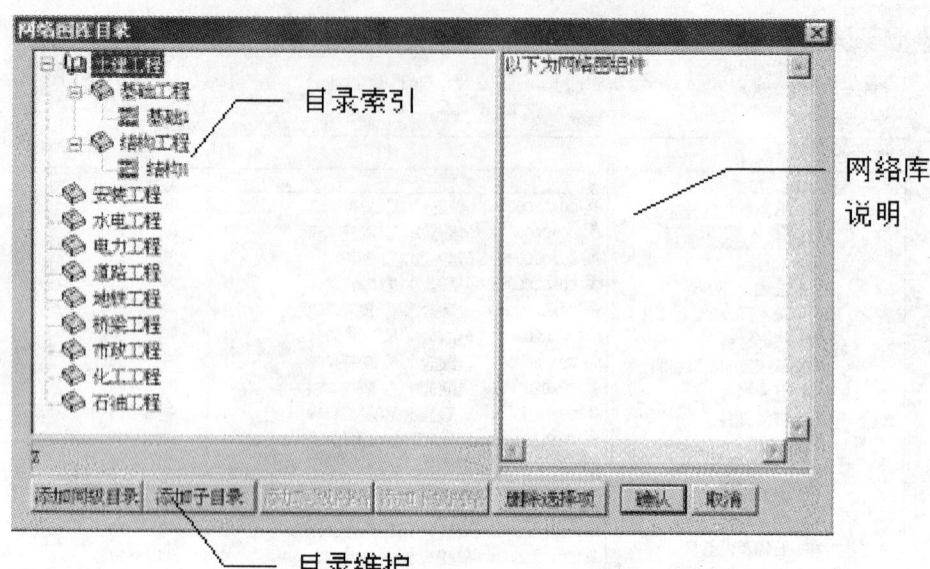

图 10-10

对于网络图数据库图的维护包括：添加同级目录、添加子目录、添加同级网络、添加下级网络、删除选择项五种。其中"添加同级网络"与"添加下级网络"只能在"工作引出"时才能使用。

    参见：第八章-怎样编制网络计划-工作引出操作。

    参见：第五章-工具条-引出状态（43）。

具体操作如下：

（1）添加同级目录

选择要"添加同级目录"，会弹出如图10-11所示对话框。输入分类编码与分类名称即可。在添加每一级目录项时可以同时加上对它们的说明。

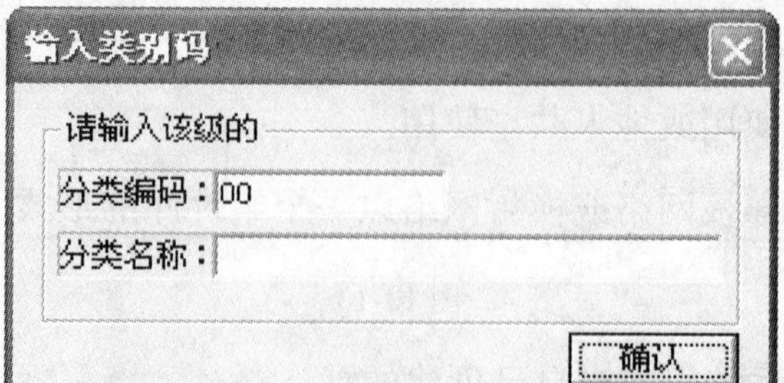

图 10-11

（2）添加下级目录

首先选择要添加的库，然后单击"添加下级子目录"，如图10-12所示。

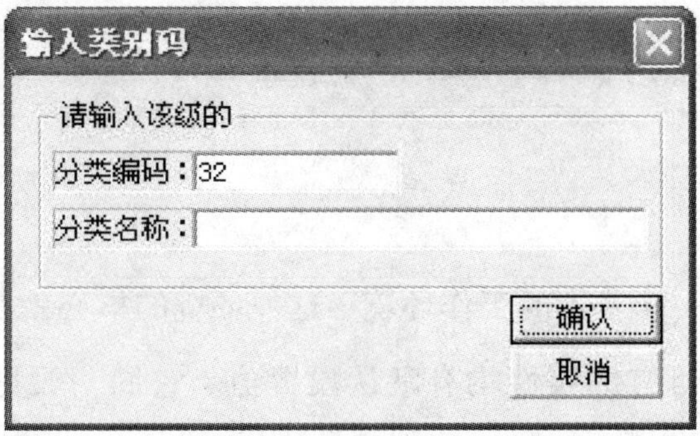

图10-12

输入分类编码与分类名称后，确定即可加入。

（3）删除选择项

将当前鼠标所选中的网络图删除。

10.3 数据库定位与信息交换

定义各种数据库的存放位置，单击此项会弹出如图10-13所示对话框。

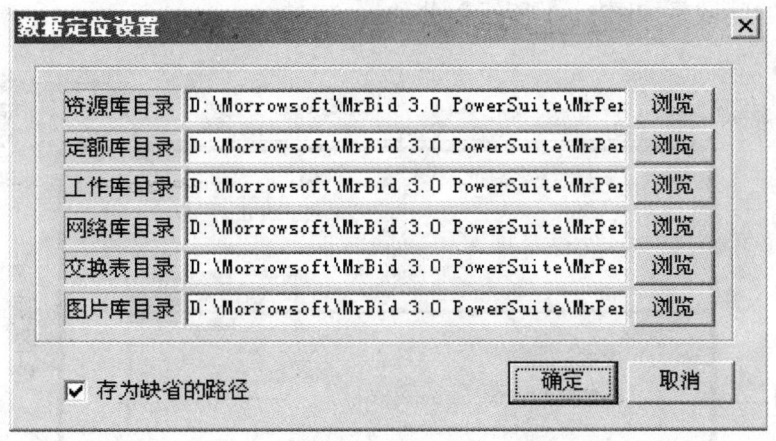

图10-13

图中所示路径为系统安装时自己创建的默认路径，当需要更改时，可以单选择此项功能进行更改，重新定位。

☞ 注意：数据定位的路径也可以是网络路径。

第 11 章　网络图属性设置

编辑操作总需要一个基本的工作环境，这一环境的核心就是网络图的属性。在本软件系统中，几乎所有的属性均有默认设置值。它们一般是比较合理的或常用的，用户可以根据实际的需要进行调整设置。

11.1　区域划分

对网络图属性的调整和设置方法有两种：集中调整设置和分散调整设置。集中调整设置是通过"设置"菜单中的属性设置项打开的"网络图属性设置"对话框设置的。分散调整设置则是通过在网络图的各个区域点击鼠标右键而出现的设置对话框实现的。集中设置和分散设置各有各的好处。

网络图的区域是按图 11-1 所示划分的。

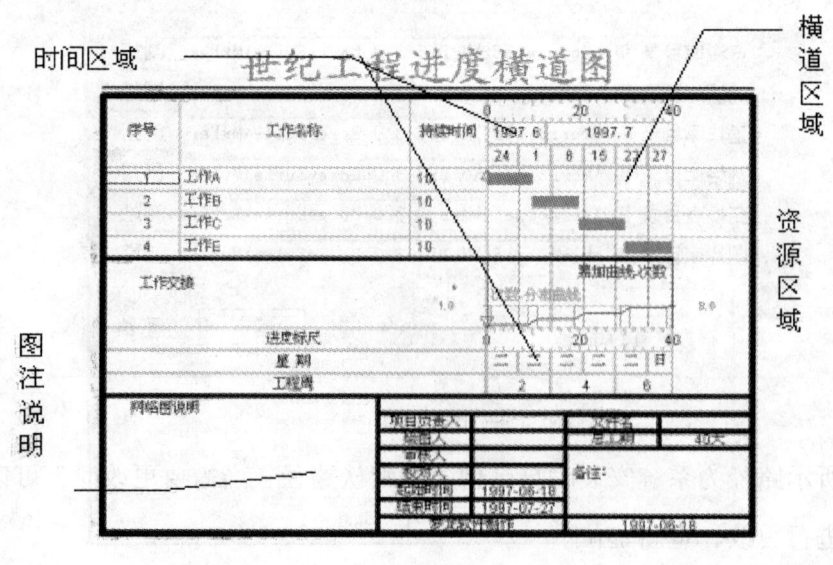

图 11-1

11.2　一般属性设置与网图选项

一般属性设置只能通过集中方式进行。

☞ 参见第五章-工具条操作（13）。它是最基本的属性，网络图选项设置则确定了整个网络图的绘图风格和模式，如图11-2所示。

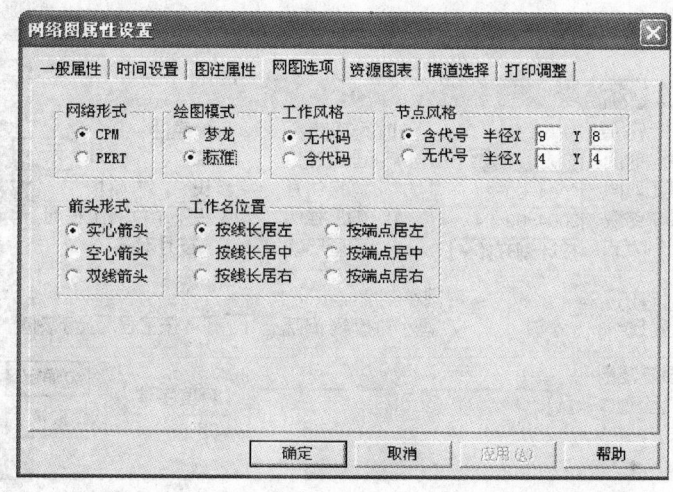

图 11-2

☞ 用右键在网络图绘图区域处点击出现对话框。此时可以对图11-3所示参数进行设置。

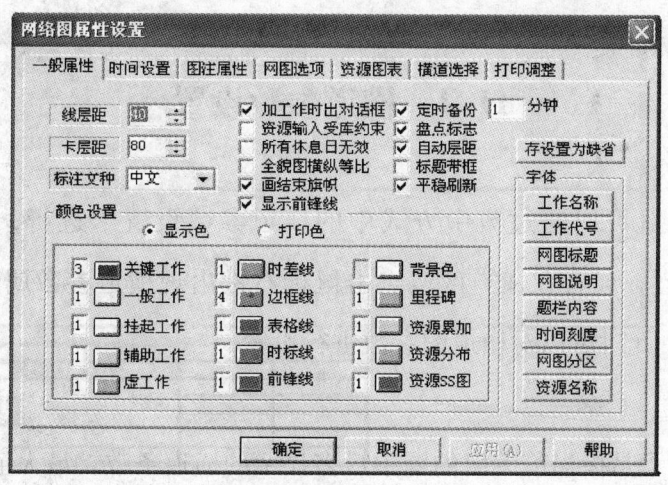

图 11-3

☞ 对话框中的的默认设置方式很简单，请注意改变选择和设置后网络图的变化。

11.3 时间属性设置

时间属性设置可以通过集中方式中的时间设置卡进行，参见工具条中（13）网络图属性，或者在时间区域点击鼠标右键出现时间属性设置对话框，如图11-4所示。

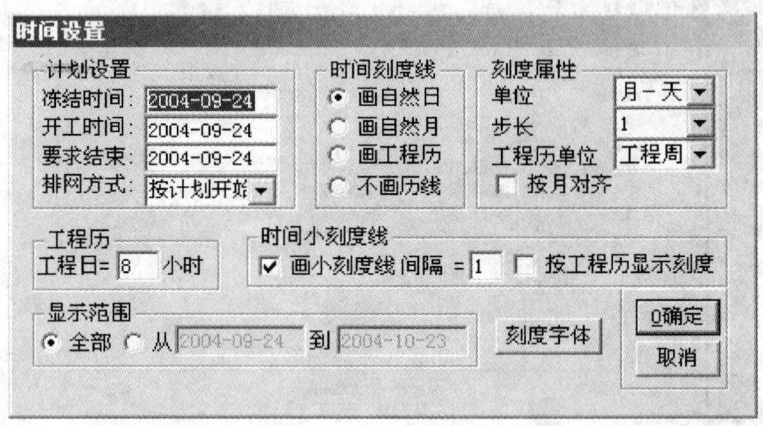

图 11-4

此时，可以对图中所列选项进行设置。若你要以工程历时间刻度标注时间刻度，可以在此设置：按工程历显示时间刻度。

11.4 横道参数设置

横道参数设置可以通过集中方式中的横道参数设置卡进行，参见工具条中（13）网络图属性，或者在横道区域点击鼠标右键出现横道参数属性设置对话框，如图11-5所示，此时可以对横道图参数进行设置。

☞ 说明：

横道分页显示是指当前编辑的图中最多显示的横道条数，最大值是120条。

你可以在图中以三行或单行（缺省）方式显示横道条。单行方式可以从下面所列的各个内容中任意挑选。三行显示时，只能从基本信息、统计信息、时差信息、开始时间和结束时间分类中选择。

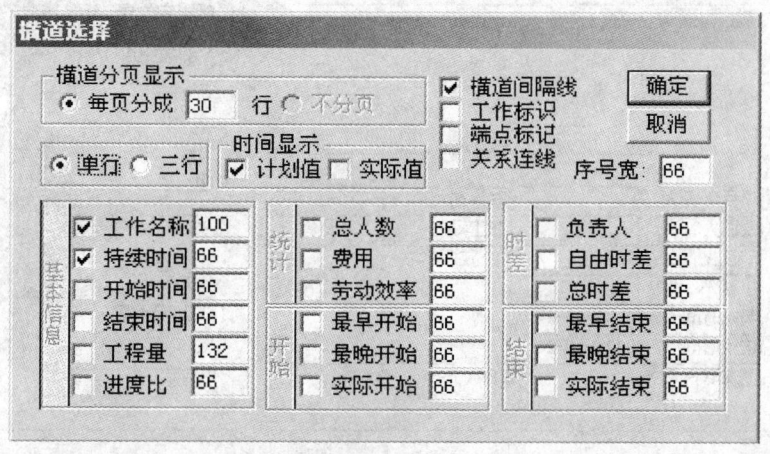

图 11-5

当调整了名称宽度，其他所选的信息显示宽度也会随之变化。

☞ 参见：第五章-工具条操作（32）。

11.5　图注属性设置

图注属性设置可以通过集中方式中的图注属性设置卡进行。参见：第五章-工具条操作（13），或者在图注区域点击鼠标右键出现图注参数属性设置对话框，如图 11-6 所示。

☞ 开始时间、结束时间与总工期是系统自动提取的，不可改变，但其名称可以更改或去掉。

☞ 左边距、右边距：设置说明的内容距离左右边框的距离。

☞ 说明选项：宽、高可以进行设置，但宽高的值变小时有可能使说明栏中的字体显示不下而需要将其字体变小。

☞ 说明字体、题栏字体：其颜色、型号等都可以进行设置。

在图 11-6 中起始时间为网络图制作时间，此时间默认值是提取系统当天的时间，若自己输入，当以用户输入的内容为准。

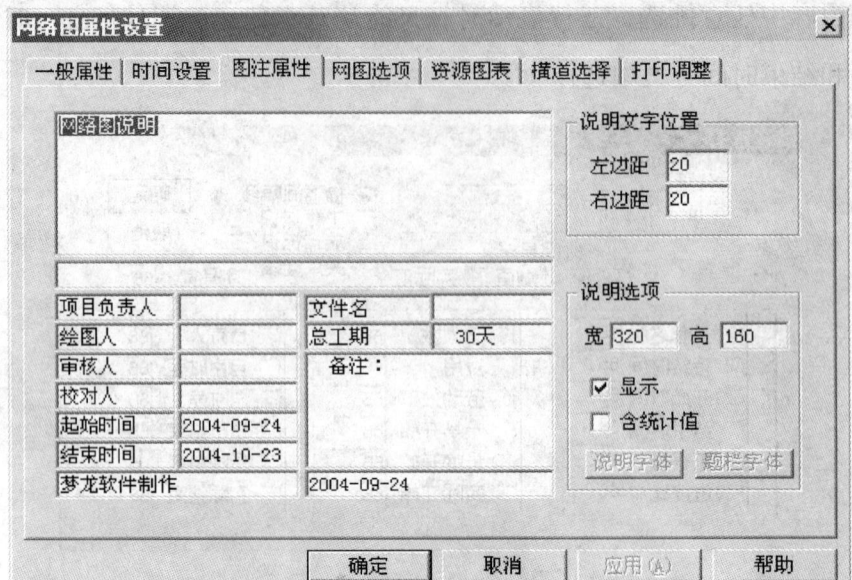

图 11-6

11.6 资源设置

资源参数设置可以通过集中方式中的资源设置卡进行，或者在资源区域点击鼠标右键出现资源参数属性设置对话框，如图 11-7 所示。

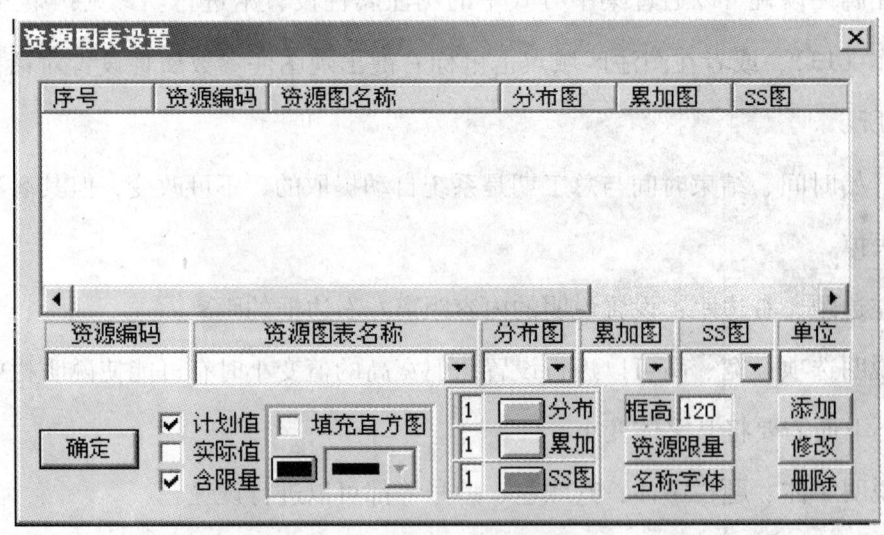

图 11-7

☞ 参见：第九章-资源处理。

11.7 名称设置

在标题区域点击鼠标右键出现"网络计划一般属性"对话框，如图 11-8 所示。

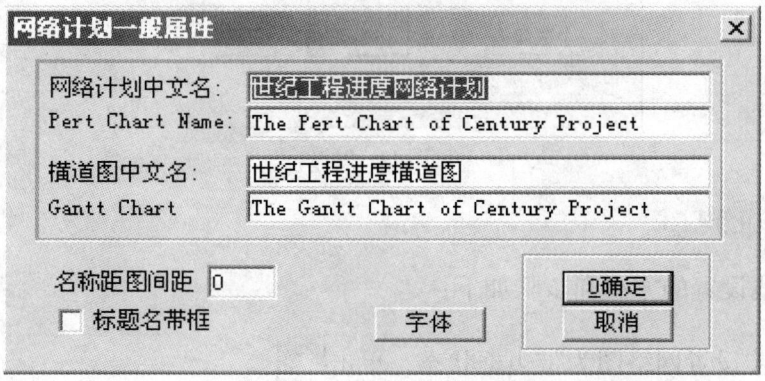

图 11-8

在此可同时修改网络图和横道图名称，通过对话框可修改名称，字体、颜色、标题名是否带边框等参数。

11.8 区域分割设置

区域分割设置有两项内容：区域设置和分割线设置。直接在分割取点按鼠标右键，出现对话框如图 11-9 所示，在此可以设置名称和字体。

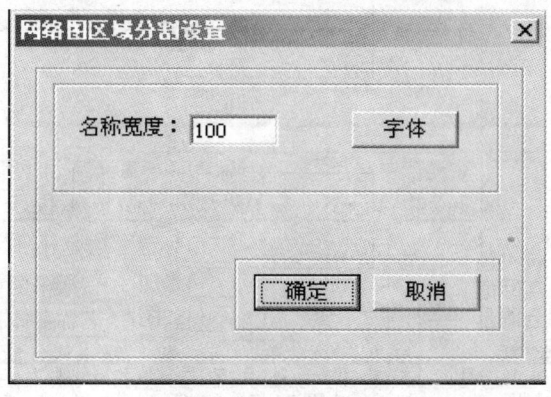

图 11-9

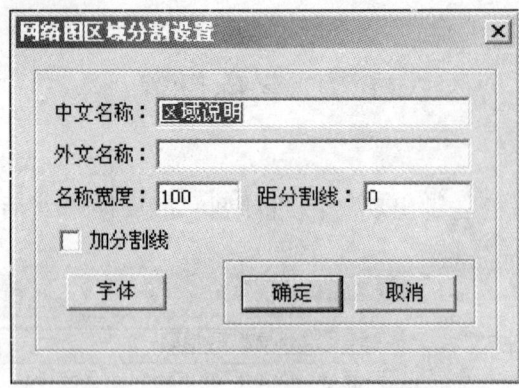

图 11-10

一、添加分割线

分割线设置的方法和步骤如下：

☞ 第一步设置网络图为带边框状态，单击。

☞ 第二步选网络图编辑条为"添加"状态。

☞ 第三步在分割区要分割的位置双击左键，加入名称。

☞ 第四步在字的位置出现手型光标点击鼠标右键出现对话框，如图 11-10 所示，选分割线即可，也可修改对话框内容：可设置分割区域的字体和名称宽度。确定对话框，结果如图 11-11 所示。

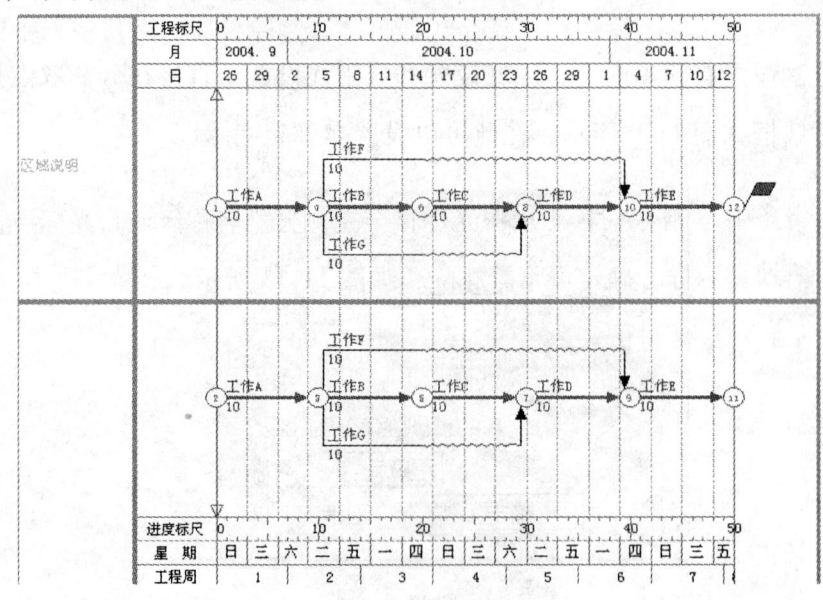

图 11-11

分割线位置可能与某层对齐，若对齐，需要将分割线的位置调整，将鼠标放在线的附近，鼠标形状变为手状时，按住鼠标左键即可拖动到合适的位置，调整的位置如图 11-11 所示：

然后，在区域列处双击增加"区域说明"字样，再按右键出现对话框，如图 11-10 修改名称，不选分割线，加入第二个名称。确定后如图 11-12 所示。

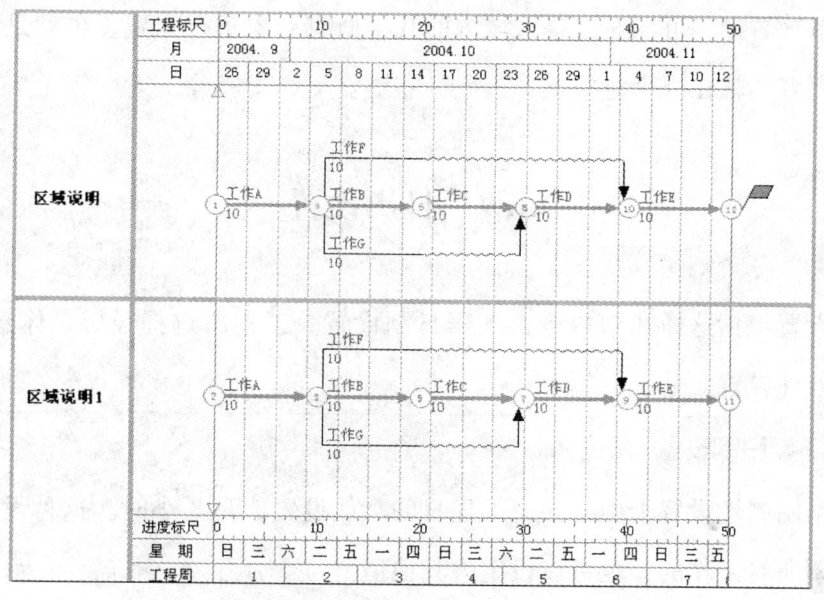

图 11-12

同样方法，可加多条分割线，且光标捕捉到分割线时，按住鼠标左键可上下移动分割线到指定位置上。

二、删除分割线

选择编辑条中"删除"状态，将光标移至左侧分割名称区域。光标捕捉到分割线后，双击出现提示框，确定可将其删除，如图 11-13 所示。

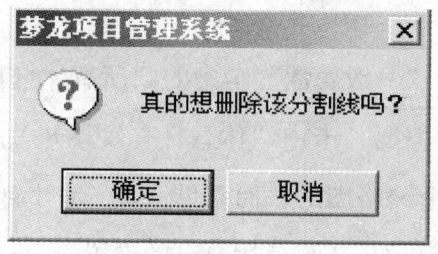

图 11-13

三、修改分割线内容：

参见添加分割线操作。

在分割线上双击鼠标左键，在对话框中改动即可。

分割线用途也很多，像在分项工程，分类作业，大型工程中都能很好地发挥其作用。

通过鼠标右键，可以对屏幕区域内的几乎所有对象进行设置，也就是说，您想设置哪个内容，就在哪个对象上单击鼠标右键。

11.9 日历设置

日历设置包括这样几项内容：工程日制设置、工程历选择设置、休息日设定、休息日有效性设置。

一、工程日制设置

在网络图属性设置卡中，一个工程日的默认设置值是8小时。这种设置是针对整个网络图所有工作的，也可以设定为其他值。

在工作信息卡中，一个工程日的默认设置值是8小时，这种设置是针对该工作的。若该工作特殊，它可以不遵循系统的默认设置。一个工程日可以是任意可选的时间单位，但它只影响自己不影响其他工作。

二、休息日设定

在设置菜单中，我们可以通过"日历设置"来设置整个网络计划工期内的休息日情况。参见：第五章-工具条操作命令（14）。但是，这些设置的休息日是否有效，有一定的条件：

（1）在属性设置卡的"一般属性"卡中的"所有休息日无效"开关的真假；

（2）在工作信息卡"概况"卡中"休息日有效"开关的真假。

条件（1）是针对整个网络图的，而条件（2）是针对指定工作的。当工作中的这些值与整体的值不一致时，工作使用自己的设置。

第 12 章　打印处理

12.1　打印网络图和横道图

12.1.1　打印设置

打印设置主要是选择打印机、纸张大小、纸张来源、打印方向等，设置的结果将影响打印效果。在实际打印输出前，请先预览一番，满意后再输出。对彩色打印机，还要调好各线型的颜色及字体颜色等。参见文件菜单中的打印设置，如图 12-1 所示。

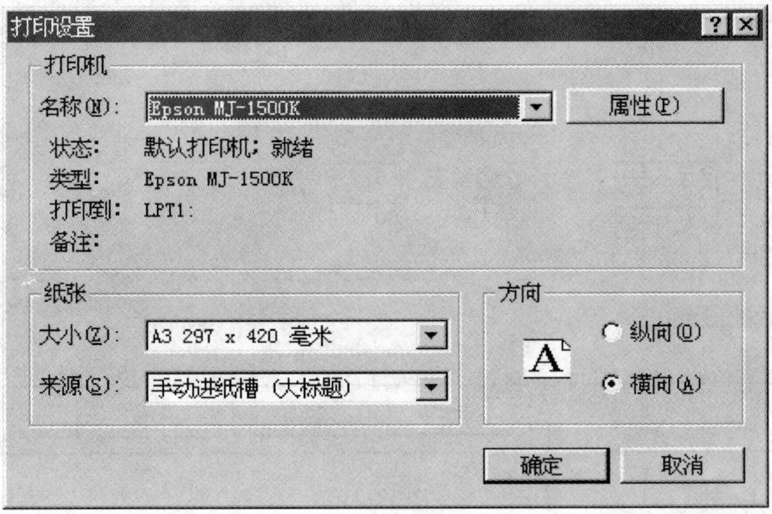

图 12-1

为打出满意的网络图或横道图，本系统在属性设置中专门设置的打印色，为图形输出设定了一个比较合理的颜色搭配。若你不满意，则可进行调整。

不同的打印机，对它们的设置要注意：

注意打印质量和分辨率：打印的网络图的大小、质量与打印机参数设置（尤其是分辨率与图形方式等）密切相关。分辨率越高，输出的图形越小，反之，图形则越大。当不满意输出时，可以多调试几次。

进纸方式的设置：打印纸类型的设置与进纸方式相关。

12.1.2 打印预览

用该命令，使要打印的活动文档模拟打印显示。在模拟显示窗口，你可以选择单页或双页方式显示（双页显示可以看到页与页间的重叠度）。打印预览工具条提供了一些预览的选项。

12.1.3 打印调整

本系统采用所见即所得的打印方式。因此，你打印的网络图或横道图就是你当前屏幕的显示内容。为灵活起见，系统打印比例可以在打印前进行调整，如图12-2所示。

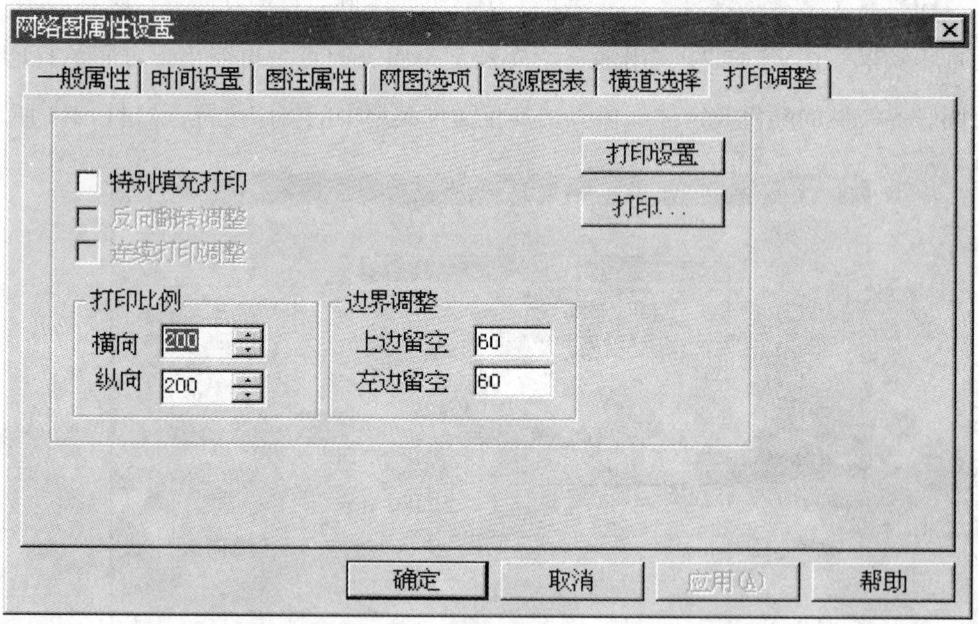

图 12-2

为此系统中有专门的打印调整对话框：

（1）通过网络图属性设置菜单中打印调整卡进行调整，在此图形的横纵比例均可调；

（2）通过工具条中的调整按钮打开对话框，在此图形的横纵向等比可调。

由于不同打印机在某些方面会有所不同（分辨率、纸张大小、色度、填充等都可能有所差异），故此，你可以先通过打印预览操作，查看打印效果是否满意，若有问题可以通过打印调整卡进行适当的调整，以便使你打出满意的结果。

当用打印调整对话框不能满足需要时，需要用网络图撑长或压缩命令配合。这些调整均可以在预览状态实现。

通过对话框中打印比例的调整可以设置网络图及横道图的实际输出大小，为了能有更好的效果，系统提供了横向、纵向比例，它们可分别调整，可调范围在 10～1000 之间。

另外你可以调整边界，使打印出的图形在合适的位置上，可调整上下和左右的位置，可调范围在 10～1000 之间。

12.1.4 特别说明

（1）针式打印机的设置要注意连续打印等问题。

下面以 LQ-1600K 为例：首先确定已经在操作系统中装好了打印驱动，然后选择该型号打印机，选择纸张来源 Tractor（导轨走纸），再选择属性并选择自定义纸张，如图 12-3 所示。

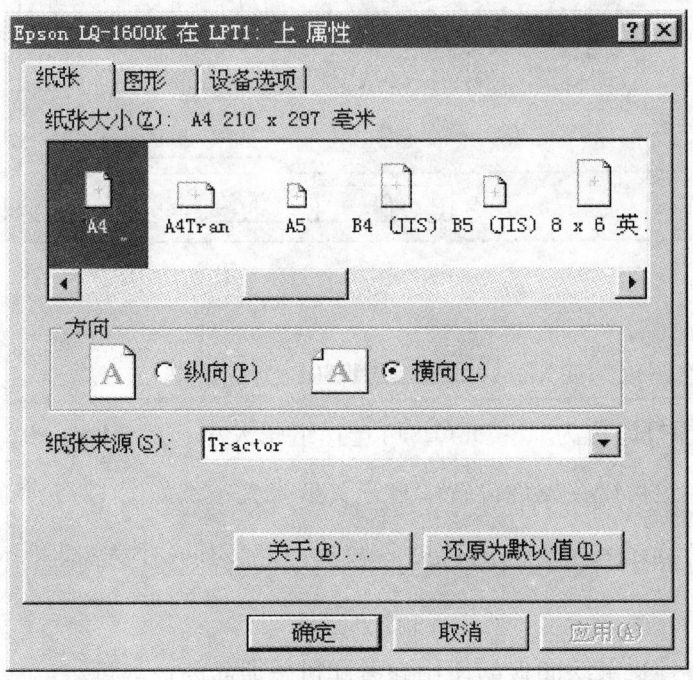

图 12-3

☞ 注意：连续打印应将长度设成2794mm，宽设成4191mm，长度不能太长，也不能太短，否则不能连续打印。LQ-1600k 长度最长不超过 23119mm，LQ-1500，CR3240 等打印机的操作同上。

（2）用激光打印机时，注意选择图形方式。

打印设置属性中，若有"图形方式"选项打印图形方式时，注意选择使用光栅图形方式，见图12-4。因为有些打印机对矢量图形打印支持不好。

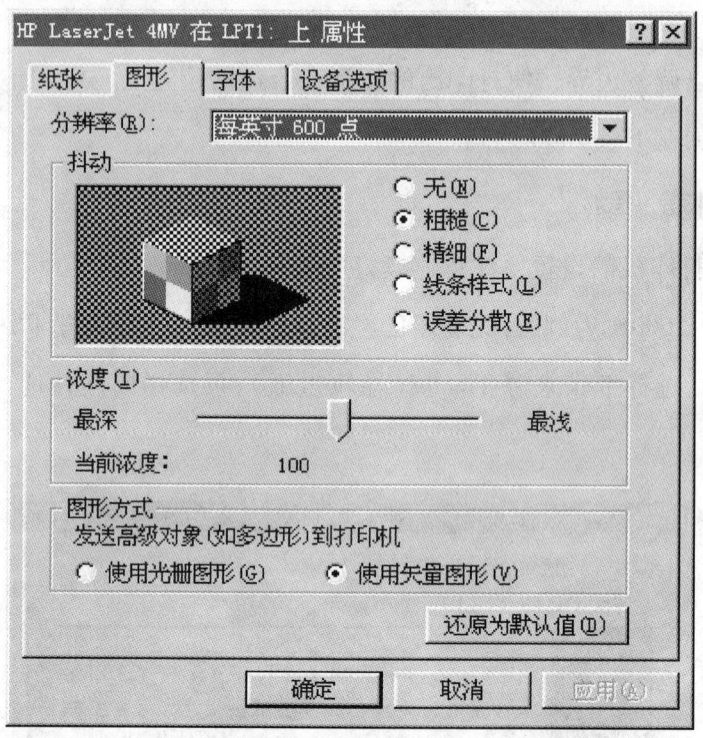

图 12-4

（3）喷墨绘图仪的使用，下面以 HP-750C 为例说明。

图 12-5 选择打印机为 HP-750C，可选择纸张大小，从 A4 到 A0，可以打印大幅面彩色网络图。也可以在属性设置中自定义纸张大小，如图 12-5 所示。

在对话框中选过大尺寸并选择更多尺寸，定义其大小为：3000mm×910mm 见图 12-7 对话框。

注：关于打印机及绘图仪的使用参考随机手册。

第12章 打印处理

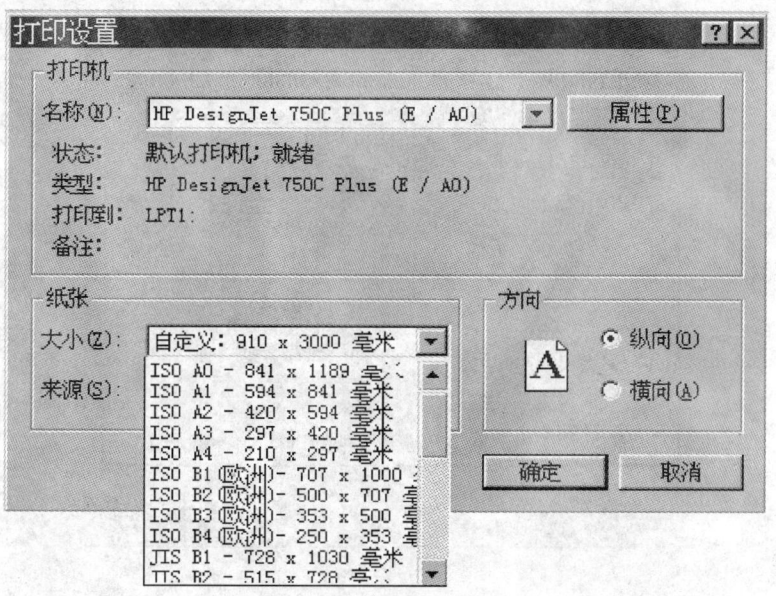

图 12-5

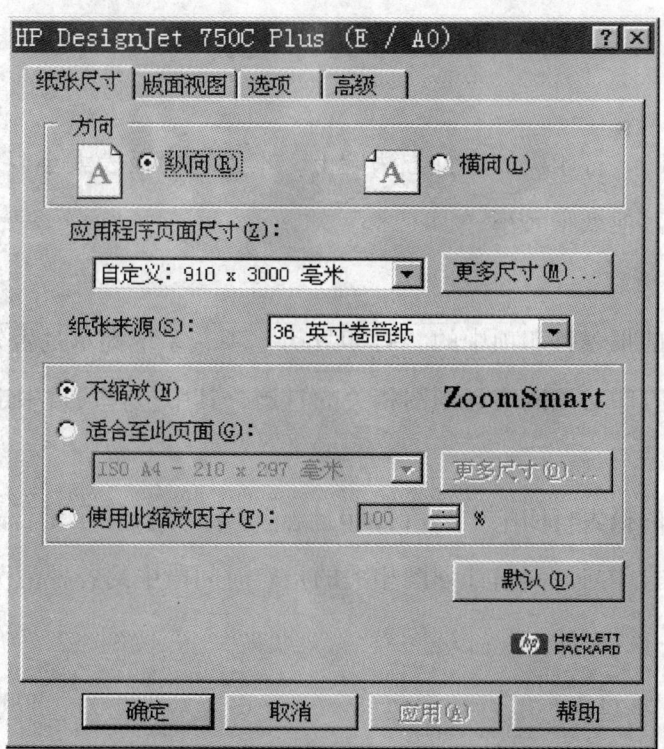

图 12-6

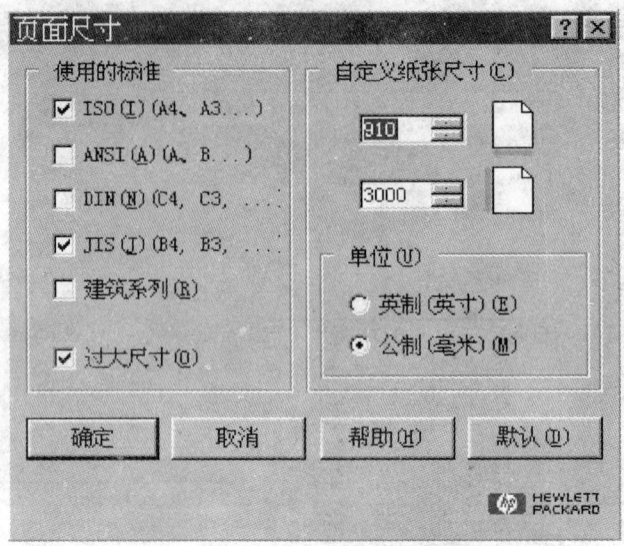

图 12-7

12.2 打印报表

在打印报表时，打印机的设置方法同上，本系统的报表大小以 A4 尺寸为基准设计，可以选定其他纸张大小。

（1）打印日历

点按菜单中的报表打印项中的"打印日历"项，系统提示是否先预览，选择输出方式。预览或打印与该网络计划图相关的日历，其中包含项目中定义的休息日。

（2）打印日志

点按菜单中的报表打印项中的"打印日志"项，系统提示是否先预览，选择输出方式。预览或打印与该网络计划图相关的指定时间段中的各种情况记录和日志。